国家社科基金后期资助项目
出版说明

后期资助项目是国家社科基金设立的一类重要项目，旨在鼓励广大社科研究者潜心治学，支持基础研究多出优秀成果。它是经过严格评审，从接近完成的科研成果中遴选立项的。为扩大后期资助项目的影响，更好地推动学术发展，促进成果转化，全国哲学社会科学工作办公室按照“统一设计、统一标识、统一版式、形成系列”的总体要求，组织出版国家社科基金后期资助项目成果。

全国哲学社会科学工作办公室

国家社科基金
GUOJIA SHEKE JIJIN HOUQI ZIZHU XIANGMU
后期资助项目

依法律行政
行政法的基础构造

Administration by Legislative Statutes
The Foundation of Administrative Law

王贵松　著

法律出版社
LAW PRESS · CHINA
——北 京——

图书在版编目（CIP）数据

依法律行政：行政法的基础构造 / 王贵松著. 北京：法律出版社，2025. -- ISBN 978-7-5197-9958-8

Ⅰ. D922.104

中国国家版本馆 CIP 数据核字第 2025204QT8 号

依法律行政:行政法的基础构造
YI FALÜ XINGZHENG:XINGZHENGFA DE JICHU GOUZAO

王贵松 著

责任编辑 陆帅文
装帧设计 李 瞻

出版发行 法律出版社
编辑统筹 教育出版分社
责任校对 李慧艳
责任印制 刘晓伟
经　　销 新华书店

开本 710 毫米×1000 毫米 1/16
印张 15.25 **字数** 258 千
版本 2025 年 1 月第 1 版
印次 2025 年 1 月第 1 次印刷
印刷 北京盛通印刷股份有限公司

地址:北京市丰台区莲花池西里 7 号(100073)
网址:www.lawpress.com.cn
投稿邮箱:info@lawpress.com.cn
举报盗版邮箱:jbwq@lawpress.com.cn
销售电话:010-83938349
客服电话:010-83938350
咨询电话:010-63939796

书号:ISBN 978-7-5197-9958-8
定价:59.00 元

凡购买本社图书,如有印装错误,我社负责退换。电话:010-83938349

基金项目
国家社会科学基金后期资助项目，项目批准号：21FFX010

目　　录 Contents

绪言:法律与行政关系的基础构造

依法律行政原理虽然是传统的行政法基本原理,但对于当下的我们而言却相对陌生。这一原理对于行政法学而言可谓基础,但如何理解其内容和构成,其对于中国人民代表大会制度下的行政法治实践意味着什么,尚需深思细琢。

一、法与法律

相对于“依法律行政”而言,我们现在更熟悉“依法行政”。其间的差别从文字上来说首先就是“法律”与“法”的差别。

在古汉语中,多使用“法”和“律”的概念,而极少出现“法律”的概念。① “法”通常是抽象的事物,而“律”则是国家制定法的统称,后来专指刑律。② 清末之后,“法律”一词受日语词的影响而得到了广泛的使用。在清末有较大影响的奥田义人的《法学通论》一书指出,用“法律”翻译西方典籍时有三种做法:(1)不问成文法与习惯法,指示国家之法;(2)仅指示成文法;(3)指示依法律的名称公布的法则。他的用法是概指国家之法。③在中华民国时期,“法律”还被用来指称国家立法机关制定的规范。此前古汉语“法”和“律”的区别由此演变成“法”和“法律”的区别。

新中国成立之后,“法律”还是被用来指称国家立法机关制定的规范。但在改革开放初期,法理学教科书开始出现了广义法律和狭义法律的分类:“‘法律’一词在现代汉语中,有广狭二义,狭义的法律专指拥有立法权的国家机关依照立法程序制定和颁布的规范性文件;而广义的法律则指法的整体,即国家制定或认可并由国家强制力保证实施的各种行为规范的总和。为了同狭义的法律相区别,通常把广义的法律称为‘法’。”④这种广狭二义的法律概念影响深远,不仅抹去了“法”的正义性,使“法”变得通俗化,甚至庸俗化,还模糊了“法律”的权威,稀释了国家权力机关的崇高性。

---

① 参见刘星:《“法律”字词的使用是怎样实践的?——在“康熙世界”与“孟德斯鸠世界”之间》,载《清华法学》2007年第3期。

② 参见俞江:《“法律”:语词一元化与概念无意义?——以〈法律探源〉中的“法”、“律”分立结构为立场》,载《政法论坛》2009年第5期。

③ 参见[日]奥田义人:《法学通论》(第3版),卢弼、黄炳言译,图书发行所1910年版,第95页。

④ 孙国华主编:《法学基础理论》,法律出版社1982年版,第43页(程筱鹤执笔)。

与这种混用“法”与“法律”的乱象相比，马克思、恩格斯的著作却明确区分两者。两者的反差促使学界探究其背后的缘由。此后，对于“法”与“法律”的关系，在法的本质层面上，学界有过长达20年的论争。马克思主义法学是在欧洲法的语境中生成的。在拉丁语中有一对概念Jus和Lex。Jus既是指法，又是指权利，还有公平、正义等富有道德意味的含义。Lex的原意是指罗马王政时期国王制定的法律和共和国时期各立法机构通过的法律。一般来说，Lex具体而确定，而Jus只具有抽象的性质。这种语言现象在印欧语系具有较为普遍的意义，类似的有法语droit与loi、德语Recht与Gesetz、意大利语Diritto与Legge、西班牙语Derecho与Ley。在欧洲法律史上，这种词义乃至观念上的二元对立有其客观依据，并具有深远的影响。①法是客观的，不以个别人意志为转移，是立法（法律）的根据；而法律是国家意志的体现，是人为制定的规范。马克思、恩格斯的相关理论在一定程度上也处于这一延长线上。在《共产党宣言》中，有一句名言：“正像你们的法不过是被奉为法律的你们这个阶级的意志一样，而这种意志的内容是由你们这个阶级的物质生活条件来决定的。”②这里不仅区别使用了“法”与“法律”概念，而且指出了其背后的经济条件。在法理学的当代论争中，学界的基本共识是“法”与“法律”应当区分，主要分歧在于马克思主义法学如何准确定位“法”与“法律”（在方法上是自然法学的二元论还是辩证的一元论，在定性上是社会存在还是社会意识）。③

不过，这种“法”与“法律”的法理学界共识并未成为全社会的共识，尤其是未为官方所接纳。《现代汉语词典》对作为名词的“法”的第一项解释是这样的：“体现统治阶级的意志，由国家制定或认可，受国家强制力保证执行的行为规则的总称，包括法律、法令、条例、命令、决定等。”对“法律”的解释是：“①由立法机关或国家机关制定，国家政权保证执行的行为规则的总和。包括宪法、基本法律、普通法律、行政法规和地方性法规等规范性

---

① 参见梁治平：《“法”辩》，载《中国社会科学》1986年第4期。

② 《共产党宣言》，载《马克思恩格斯选集》第1卷，人民出版社2012年版，第417页。

③ 相关探讨可参见支复生：《关于法与法律两概念的探讨》，载《江汉大学学报》1983年第1期；李肃、潘跃新：《法与法律的概念应该严格区分——从马克思、恩格斯法学思想的演变看法与法律概念的内涵》，载《法学研究》1987年第1期；公丕祥：《论法与法律的区别——与李肃、潘跃新同志商榷》，载《法学研究》1987年第4期；汪永清：《在马克思主义法学思想中，法与法律概念没有严格区分——与李肃、潘跃新同志商榷》，载《法学研究》1987年第6期；公丕祥：《再论法与法律的区别》，载《江苏社联通讯》1989年第1期；郭道晖：《论法与法律的区别——对法的本质的再认识》，载《法学研究》1994年第6期；孙国华：《关于“法”与“法律”的区别的对话》，载《甘肃政法学院学报》2002年第2期；刘士国：《“法”与“法律”的区别与民法解释》，载《法制与社会发展》2004年第6期；等等。

文件。②在我国,指由全国人民代表大会制定的基本法律,如民法、刑法;由全国人民代表大会常务委员会制定的其他法律或一般法律,如婚姻法、律师法。”①在官方的文件中,大抵是将“法”与“法律”作为通用词使用。例如,国务院要求各级政府“认真学习宪法和法律、法规……通过学习,不断增强法律意识和法制观念,不断提高依法行政的能力和水平,善于运用法律手段管理国家事务、经济与文化事业和社会事务”。② “法”成为各种规范的总称(法=法制=法律);而“法律”一方面与“法”同义,另一方面又专指法律渊源中全国人大及其常委会制定的规范性文件。在法学界,混用、通用“法”与“法律”两个概念的现象至今仍较为常见。

古汉语中“法”和“律”的区别以及近代汉语中“法”和“法律”的区别,在当代汉语中已难以找到对应的概念。面对如此局面,也有学者曾呼吁:“为实现法的概念表现形式的科学化,有必要消除弊病得以存在的根源,有必要在法的概念表现形式上实行改革,不在与‘法’同义的意义上使用‘法律’一词,仅在单指中国一种法的形式(全国人大及其常委会制定的法律)的意义上使用‘法律’一词,使‘法’成为表现法的概念的专有形式。”③从概念的历史脉络来看,适当区分“法”与“法律”是有必要的。从确立和尊重全国人大及其常委会制定的“法律”权威角度而言,也应当区分“法”与“法律”,使“法律”专指全国人大及其常委会制定的法律。

当然,依法律行政,与依法行政不仅仅是“法律”和“法”的语词差别,也因为“法律”专指全国人大及其常委会制定的法律,使行政与“法”或“法律”的关系,不再只是行政受拘束于法的规范,摆脱人治之弊,还显示出法律与行政之间的基本关系,突出了全国人大(法律)对国务院(行政)的制度意义。依法律行政原理决定着中国行政法的基础构造,对于建设法治国家、建设法治政府而言都具有重要作用。

二、法律与法治国家

众所周知,1999 年宪法修改,“中华人民共和国实行依法治国,建设社会主义法治国家”被写入宪法第 5 条第 1 款,“依法治国”成为治理国家的一个基本方略,“法治国家”成为我国的一项重要建设目标。

① 中国社会科学院语言研究所词典编辑室编:《现代汉语词典》(第 5 版),商务印书馆 2005 年版,第 369-371 页。

② 国务院《关于全面推进依法行政的决定》(国发〔1999〕23 号),载《国务院公报》2000 年第 1 号。

③ 周旺生:《法、法律、法规诸概念使用和表现形式的改革》,载《法学杂志》1993 年第 5 期。

（一）法治国家

法治国家是与警察国家相对的概念，意味着国家权力受法的支配，而不受人的支配。对于法治国家，存在不同的理解方式和发展阶段。现今我们常见的是两对概念。一是自由法治国和社会法治国。自由法治国是以自由主义为指导的法治国家，它秉持自由思想，国家无法律根据即不得侵犯私人自由领域，更多地体现为消极面向（不受国家干预的自由）。而社会法治国则是以社会正义为指导的法治国家，它秉持具体的平等理念，要求国家开展生存照顾和社会调整，促进社会安全，更多地体现为积极面向（依靠国家的自由）。二是形式法治国和实质法治国。形式法治国受法实证主义影响，重视规则之治，强调国家受法律的控制。但历史表明，法律一旦违反了正义要求，形式法治国就容易变形为不法之国。实质法治国重视原则和价值，强调法律自身应当合乎正义、国家权力应当保障人权。另外，还有一对我们不熟悉但也很重要的概念是主观意义的法治国家与客观意义的法治国家。主观意义的法治国家着重从基本权利保障的角度对国家提出要求，要求国家保障人权；而客观意义的法治国家则着重从法秩序保障的角度对国家提出要求，要求国家受法律和法的拘束，并采取制定和实施法的方式实现公共利益。① 上述三对概念之间并非简单的优劣关系或替代关系，它们在很大程度上作为反映不同面相的重要要素，共同构成了法治国家的内涵。

依法治国是基本方略，与社会主义市场经济的确立是分不开的。1982年宪法第15条第1款第1句规定，“国家在社会主义公有制基础上实行计划经济”。虽然几经探索调适，计划经济仍然严重束缚了经济自由，妨碍了经济发展。1993年宪法修改，将宪法第15条第1款修改为“国家实行社会主义市场经济”。之所以如此修改，是因为“改革开放的实践证明，社会主义市场经济是促进物质产品不断丰裕的经济机制，它有利于解放和发展生产力”。宪法的“这一修改，必将极大地推动我国经济的发展”。② 后来的事实也证明了这一点。1999年宪法再次修改，将“发展社会主义市场经济”写入宪法序言，成为国家的根本任务之一。在20世纪90年代，“市场经济本质上是法治经济”，成为社会的一种普遍共识。因此，1999年修宪

---

① 山本隆司「行政の主体」磯部力ほか編『行政法の新構想Ⅰ行政法の基礎理論』（有斐閣，2011年）93頁参照。

② 《中共中央关于修改宪法部分内容的建议的说明（1993年3月14日）》，载全国人大常委会法制工作委员会宪法室编：《中华人民共和国制宪修宪重要文献资料选编》，中国民主法制出版社2021年版，第146页。

时,增加了“中华人民共和国实行依法治国,建设法治国家”条款。当时的修宪草案说明指出了法治国家与社会主义市场经济之间的关系:“将‘依法治国,建设社会主义法治国家’写进宪法,对于坚持依法治国的基本方略,不断健全社会主义法制,发展社会主义民主政治,促进经济体制改革和经济建设,具有重要的意义。”①2004 年宪法修改,将“国家尊重和保障人权”写入宪法,“体现了社会主义制度的本质要求”。② 实行社会主义市场经济,要求依法治国;建设社会主义法治国家,要求尊重和保障人权。三次修宪具有内在联系,体现了主观意义法治国家的重要要求。

这样的法治国家对依法行政、法治政府的建设也有相应的要求。这种要求与传统的依法律行政原理是相契合的,它要求政府非依法律不得侵犯私人的自由和权利。“政府要转变‘全权政府’观念,主动适应市场的需求。”一方面,政府调控市场的方式应当规范化,以法律制度规范作为调控的首要依据,增强市场主体的可预测性。另一方面,政府调控市场的方式应当程序化,保障公众程序权益。③ 改革开放之后的历次机构改革都有一项基本目标,那就是转变政府职能。现今,政府职能基本定位于“经济调节、市场监管、社会管理、公共服务、生态环境保护”(2023 年《国务院工作规则》第 6 条)。中国自加入世界贸易组织前就开始分批次大幅度取消、下放和调整行政审批或行政许可事项,着力恢复市场自由、释放社会活力。这在一定程度上也体现了客观意义法治国家的要求。

法治国家原理由社会主义市场经济而来,面临首要的现实任务就是尊重和保障人权,尤其是对自由和财产的尊重,即对自由权的尊重。这是整个国家活力的不竭源泉。法治国家的建设也应时时注意呵护自由权,以尊重自由权为基本立场,再以社会主义理念加以调和,确定国家权力的行使规则和界限。

(二)法治国家的实现机制

法治国家是对人治国家的否定。法治国家在很大程度上可以说是实行法律统治或受法律支配的国家,其中重要的机制就是制定一般性的法律。法律的一般性本是一个古老的思想,但直到近代才被赋予现实的意义。卡尔·施密特(Carl Schmitt, 1888—1985 年)曾将法规范的一般性称

---

① 田纪云:《关于中华人民共和国宪法修正案(草案)的说明——1999 年 3 月 9 日在第九届全国人民代表大会第二次会议上》,载《全国人民代表大会常务委员会公报》1999 年第 2 号。

② 王兆国:《关于〈中华人民共和国宪法修正案(草案)〉的说明——2004 年 3 月 8 日在第十届全国人民代表大会第二次会议上》,载《全国人民代表大会常务委员会公报》2004 年特刊。

③ 参见韩大元:《中国宪法上“社会主义市场经济”的规范结构》,载《中国法学》2019 年第 2 期。

作“法治国家的阿基米德支点”。他将法律一般性的意义归纳为以下五点:第一,只有当法律被理解为一般性规范时,权力分立制才有意义。如果没有一般性,立法、行政和司法的区分将不复存在。第二,法治国家的独特保护机制立足于一般的法规范与法官或行政机关对这类规定的运用之间的区分。对自由和财产的侵犯是法官或行政机关依据法律进行的,法律是一般前提,而非侵犯的工具。第三,法律的一般性有助于维护德国的联邦制度。如果联邦与各邦之间的权限分配不是按事项的一般性规定,而是针对同一事项按照立法、行政、司法分别规定,那么,主管某一事项的国家立法机关滥用法律的形式随意制定个别措施、实施行政行为或作出一项判决时,就会彻底破坏合宪系统。第四,法律面前人人平等是法治国家的法律概念的内在属性。而法律只有是一般性规范时,才能谈得上是平等的。第五,其他法治国家的安排和一切特殊的法治国家保障也预设了法律的一般性。例如,只有坚持法律的一般性,法官才是独立的,否则将听命于立法机关的特殊指令,进而变成了它的下属。① 施密特对法律一般性的价值分析虽然是针对德国的,但对于我们理解法律在法治国家建设中的意义在某种程度上也有启发。

法治国家不仅是实行法治的国家,还是有若干制度支撑的国家。立法与行政之间需要区分,司法应当根据法律独立行使审判权,中央和地方国家机构职权的划分应当能够充分发挥地方的主动性和积极性,国家应当平等地对待私人,保障私人在市场和社会中的自由主体地位,如此种种均有赖于法律的一般性来实现。当然,相对于行政法规和规章等行政立法而言,法律除一般性之外还具有民主性,具备经由选举制度保障的民主正当性。

三、依法律行政原理与人大制度

法治政府是法治国家的重要组成部分,也是建设法治国家的重点领域所在。《中共中央关于全面推进依法治国若干重大问题的决定》提出,“坚持依法治国、依法执政、依法行政共同推进,坚持法治国家、法治政府、法治社会一体建设”。② 法治政府的建设应当在法治国家的框架之内着力推进。

---

① 参见[德]卡尔·施米特:《宪法学说》,刘锋译,世纪出版集团、上海人民出版社 2005 年版,第 162-168 页。

② 《中共中央关于全面推进依法治国若干重大问题的决定——二〇一四年十月二十三日中国共产党第十八届中央委员会第四次全体会议通过》,载《人民日报》2014 年 10 月 29 日,第 1 版。

(一)人大制度*

宪法第 1 条确定了中国的国体,第 2 条确定了中国的政体,第 3 条规定了民主集中制的原则。国家的一切权力属于人民,人民行使国家权力的机关是全国人民代表大会和地方各级人民代表大会。全国人大和地方人大都由民主选举产生,对人民负责,受人民监督。国家行政机关、监察机关、审判机关、检察机关都由人大产生,对它负责,受它监督。人民代表大会制度是我国的根本政治制度,以人民代表大会为基石,涵盖了人民—人大—其他机关之间的多重关系。人大—行政机关的关系是人大制度的重要组成部分,处理人大—行政机关关系的问题,必须将其置于人大制度之下来思考。正是因为人大是人民行使国家权力的机关,人大的意志——特别是法律和地方性法规——也被赋予崇高的地位。依法律行政原理使行政服从于人大制定的法律,可以说是人大制度的基本要求之一。

在政权组织形式方面,卡尔·罗文斯坦将源自法国大革命的苏联模式作为独立的一种统治类型,称作"大会政府"。"大会政府就是:由公众选举的立法会议拥有对其他机关的不可争辩的至上地位,它只服从作为主权者的选民,选民通过定期的选举来更新它。与议会制的双重结构相对应,大会政府至少在理论上预设了两个独立的权力持有者:大会和政府,它们相互配合。"①"大会政府"的确凸显出这一政体的特色,不过他没有将"大会政府"与其他政体之间的共性作更多说明。

中国的政体究竟属于何种类型?宪法只是规定,我国实行人民代表大会制度。这属于何种类型的政体,那是学理问题。在学理上,现有的立法机关和行政机关关系被归纳出合议制、议会内阁制、总统制等几种类型。②人大制度自然不属于合议制、总统制,那是否属于议会内阁制?我们的讨论并未简单沿用过去定型的政体类型术语,而是结合马克思主义理论和实践展开的。对此的讨论大致经历了议行合一说、议行合一否定说、议行结构再反思的演变。相关探讨或在把握中外的共性所在,或在寻找中国的特色所在。仅就最新的议行复合结构说而言,该说将议行关系分为全国人大和国务院的关系与全国人大常委会和国务院的关系,前者延续议行合一的形式,后者相互独立,并无从属关系。③ 姑且不论"从属"规范意涵不清,将全国人大与全国人大常委会作为两个机关来认识,是该说的前提,但这不

* 编者注:便于行文方便,下文将人民代表大会制度简称为人大制度,人民代表大会简称为人大。

① [美]卡尔·罗文斯坦:《现代宪法论》,王锴、姚凤梅译,清华大学出版社 2017 年版,第 60 页。

② 参见王世杰、钱端升:《比较宪法》,商务印书馆 2010 年版,第 307-311 页。

③ 参见杜强强:《论我国宪法上的议行复合结构》,载《法学研究》2023 年第 4 期。

符合国家法人说的原理。宪法第 57 条规定,“中华人民共和国全国人民代表大会是最高国家权力机关。它的常设机关是全国人民代表大会常务委员会”。这一规定表明,全国人大是国家的机关,而全国人大常委会则是全国人大的机关,即二级机关(国家机关的机关)。而国务院却是最高国家行政机关,是国家的行政机关,即一级机关。将二级机关与一级机关分别作为主体,并与另一个一级机关建立复合结构,这本身就是不妥当的。人大制度自有其中国特色,但仍与议会内阁制具有一定的共性。政体提供了分析法律与行政关系的大致框架,具体问题还需结合宪法专门制度和法学原理才能作出合理的解答。

(二)人大制度中的法律与行政

我们常说的是依法行政,依法行政强调行政要受到法的控制,但不强调受到何种法的控制。而依法律行政是强调行政要受到全国人大及其常委会制定的法律的控制,确保行政权在人大制度之下运行,这是一种民主化的他律机制,也是实现法治国家的必由之路。“依法律行政”是行政法的核心原理之一,是确定法律与行政之间基本关系的重要原理,理应在新时代得到重新审视。

行政法原理具有普遍性,行政法的实践具有国别性。怎样的行政法才是适合国情、也是中国需要的行政法?我们需要从大处着眼,把握方向,抓住关键。人大制度是我国的政权组织形式和根本政治制度。《中共中央关于坚持和完善中国特色社会主义制度　推进国家治理体系和治理能力现代化若干重大问题的决定》强调:“坚持和完善人民当家作主制度体系,发展社会主义民主政治;坚持和完善中国特色社会主义行政体制,构建职责明确、依法行政的政府治理体系。”①这些构成了中国行政法的制度背景,行政法应当自觉地置身于这一体系之中,促进这一目标的实现。坚持和完善人大制度,充分发挥人大对行政机关的作用,是题中应有之义。首先要确定行政权在整个国家权力结构中的地位,从总体上把握法律与行政的关系,在事前确立起行政权的行为规范。这就是依法律行政原理。法律高于行政,行政不得违反法律,行政权的行使应当根据法律、符合法律。在私主体认为自己的合法权益受到行政行为侵害时,就可以提起行政诉讼。法院依照法律作出裁判,保护私人的合法权益,确保行政的合法律性。这样就能从根本上保证行政权合乎目的地规范运行。

① 参见《中共中央关于坚持和完善中国特色社会主义制度　推进国家治理体系和治理能力现代化若干重大问题的决定——2019 年 10 月 31 日中国共产党第十九届中央委员会第四次全体会议通过》,载《人民日报》2019 年 11 月 6 日,第 1 版。

中国行政法是社会主义法律体系中的一个子系统,依法律行政原理对法律与行政的关系作出调整,决定着中国行政法的基础构造,集中反映出中国行政法的基本特质。面对形形色色的行政活动和日新月异的社会现实,行政法要保持安定性和可预见性,需要既有坚守又有灵活,需要在一定指针的指导下展开制度设计和现实运用。依法律行政原理适合我国的政体,适合作为中国行政法的“定海神针”。唯有如此,中国行政法才能成为一个有价值追求和内在逻辑的体系,而非一种支离破碎的技术规范。

依法律行政原理的具体内容学界已有一定的探讨,但作为一项完整的原理,在中国的研究还不充分。因此,我们需要在已有研究的基础上思考如何与中国的政体,即人大制度更好地结合,形成符合中国当代实际的基础理论。

四、本书的前提与构成

本书的一个基本思考是,以人大为法治国家建设的主体,在人大制度之下充分发挥法律的作用,适当处理好法律与行政之间的关系。

(一)本书前提的说明

在本书的研究过程中,时常会受到一些质疑或批评。在这些批评中,有的涉及有关本书主张的一些前提性认识,这里先尝试着作出些许说明。对于具体观点的批评,将在后文中再作回应。

第一,如此重视法律和代议制民主,是否有必要?议会、代议制民主是近代国家产生的重要标志。但选举民主、议会民主在各国都存在一定的局限性,于是,精英民主、参与式民主、审议性民主、协商民主等新式民主方式兴起。相比之下,代议制民主的确出现了弱化的迹象。在笔者看来,“全过程人民民主”理念的提出在很大程度上是对唯票选民主的否定。但值得注意的是,“全过程人民民主”绝不是对选举民主、代议制民主的否定,相反,选举民主、代议制民主是全过程人民民主的重心,这是由我国政体所决定的。代议制民主具有制度性保障,并不会被其他民主方式所取代,其他民主方式是代议制民主的补充。举例而言,行政机关在制定法规、作出决定时也会通过召开座谈会、论证会、听证会等多种形式听取有关机关、组织和公民的意见,体现了参与民主的要求。但这种参与程序很难有选举制度那样人员的广泛性、利益的代表性、程序的严格性保障。虽然应当着力完善和加强法律和代议制民主,但首先是应当予以坚持和维护。

第二,中国的人大能否承担起所期待的重任?强调依法律行政原理,自然需要重视人大法律的作用。在机构的民主性、立法过程的审议性、立法能力的充分性等方面,人大曾存在某些不足并受到一定的批评。但国家一直着力完善人大制度,推进人大在组织、立法、审议、监督等方面的改革。早先的"橡皮图章"批评现在已不复存在。目前,人大在立法和监督等方面均取得了较大的成效,这是有目共睹且不容否认的。虽然人大的实际状态与依法律行政原理是两个问题,但如果人大自身表现不佳,强调依法律行政原理必然会受到批评。在人大自身朝着理想的目标努力时,强调依法律行政原理也会更有底气。

第三,是否轻视了行政的意义,特别是国务院的作用?依法律行政原理确实是课予行政遵守法律的要求,在行政的组织设置、基本活动方式等方面提出种种限制。这是人大制度的应有之义。但即便如此,法律对行政的限制仍然是有限的,并不会要求所有的行政活动都要有法律的根据,仍然为行政留下很大的空间。即使是纯粹执行的事项,国务院也因为法律的原则性而保有一定的空间。在中国这样一个大国,必须重视中央人民政府的传统优势,必须发挥国务院在制定政策、宏观调控、统筹部署、统一执行等方面的重要功能。

第四,为弥补法律的不足,主张在地方发挥地方性法规的作用,这是否合乎单一制国家的结构形式要求?在中国这样一个大国,仅仅强调法律的作用当然是不够的,但强调地方性法规的作用也未必突破单一制的国家结构形式要求。单一制与联邦制的确存在一定差别,①但并没有绝对的标准,联邦制之下的地方未必权限很大,单一制之下的地方未必权限很小。在制度设计和研究中,遵守宪法第 3 条第 4 款"中央和地方的国家机构职权的划分,遵循在中央的统一领导下,充分发挥地方的主动性、积极性的原则"要求,真正用好用足宪法赋予地方性法规的权限,才是重要的坚守。

(二)本书框架的说明

本书所说的依法律行政原理,既是对历史和现实的梳理,对当下中国基本制度的解释,也有基于这一原理对某些做法的修正建议。

本书第一章是依法律行政原理的继受与嬗变整体脉络。依法律行政原理在权力分立之下借由议会法律的合理性控制行政的恣意,并获得法的安定性和民主性,是近代形式法治国家的产物,是自由主义与民主主义的结合。德国的依法律行政原理经由奥托·迈耶的提炼基本定型(法律的法规创造力、法律优位、法律保留三原则),后经由美浓部达吉等人传至日本,进而又直接影响了我国早期的行政法学。中华民国时期在宪法和学术

---

① 参见王世杰、钱端升:《比较宪法》,商务印书馆 2010 年版,第 367-370 页。

的层面上也全面接纳了依法律行政原理,但在 20 世纪 30 年代后也出现了依法行政的论调。在新中国,依法行政逐渐得到强调,依法律行政则几乎无人问津。这种转变既有行政立法高涨的现实影响,也有方法论上的原因,但其背后更多的是源于全国人大—行政机关—司法机关的国家权力格局。从全国人大与国务院的宪法关系来看,应当重新确立依法律行政原理,并从行政诉讼上为依法律行政提供保障机制,同时摒弃依法行政中的某些错误观念,以确保法治国家的真正实现。

第二章是法律与行政关系的分析框架。本章从国务院的宪法地位切入,从总体上把握立法机关与行政机关的关系,提供在中国分析法律与行政关系的大致框架。国务院的宪法地位形成于 1954 年宪法,也体现于 1982 年宪法第 85 条。作为“最高国家权力机关的执行机关”,国务院负责执行最高国家权力机关的意志,接受其监督,且不具有任何实质的反制手段,但这也并不意味着全国人大是国务院的上级机关。作为“最高国家行政机关”,国务院行使行政权,但并非行政权都归属于国务院;国务院领导的国家机关都是行政机关,所有的行政机关也应当实质性地接受国务院的领导。国务院的职权源自宪法和全国人大及其常委会的授予,“行政”只能是集合性概念,对“行政”采取消极说的界定并不妥当。在最高国家权力机关的执行机关与最高国家行政机关的关系上,应当首先确定应由最高国家权力机关决定的领域,国务院在非执行的领域可以享有一定的自主空间。虽然不能从国务院的宪法地位导出国务院的具体职权,但其能为国务院的权限划出一定的范围。

由此,法律与行政的关系大致可以分为两个方面:一方面,法律高于行政,行政不得违反法律,即处理法律与行政消极关系的法律优位原则(第三章)。另一方面,行政执行法律,即处理法律与行政积极关系的广义法律保留原则(第四章至第六章)。某些行政事项的权限保留给法律来规定,先有法律,再有行政,法律通过授权使行政获得从事一定活动的资格。虽然可以泛泛地将此称作法律保留,但那也只是广义的法律保留,其间存在发展脉络、理论根据、考虑事项等方面的不同。对此,需要探讨行政在何种范围内需要以法律为前提,具体又区分行政立法与行政行为来讨论,行政立法是否根据法律才能制定,即处理法律与行政立法关系的法律的法规创造力原则(第四章);行政行为是否根据法律才能作出,即处理法律与具体行为积极关系的传统法律保留原则(第五章);接着又对行政的内外关系讨论,即处理法律与行政组织设置的组织性法律保留原则(第六章)。应当说,这四章体系的内容和顺序与奥托·迈耶的依法律行政原理或法治三原则的内容和顺序是存在一定差异的,也就是说,本书依循了奥托·迈耶的体系和逻辑,但稍微作了一些调整和扩充。本书是基于法律高于行政、行政执行法律这两种法律与行政的关系来安排体系的,法律高于行政就是法律优位(第三章),行政执行法律就是广义的法律保留(第四章至第六章),与奥托·迈耶一样,区分了立法和具体行为,分为行政立法的法律保留(法律的法规创造力)与具体行为的法律保留。较奥托·迈耶稍有拓展的是行政组织的法律保留,这在奥托·迈耶的理论中还不属于行政法学的问题。

分解来说,第三章是法律优位原则。法律优位是依法律行政原理的重要组成部分,它不仅在我国宪法上有表现,而且植根于全国人大的最高地位,源自国家的民主性与理性化要求。法律优位的"法律"应当是全国人大及其常委会依照立法程序所制定的法律,应当是具有规范性、明确性和合宪性的法律。法律优位要求一切行政活动不得违反现行的法律,法律只能由法律变更、废止。在观念上,行政机关不得以改革创新、提升行政效能等为借口,突破法律的范围。在制度上,法律优位虽非绝对原则,允许有例外存在,但应严格限定于有更强理由的情形,以确保法的安定性。

第四章是法律保留(一)行政立法,即法律的法规创造力原则。立法机关与行政机关在立法上的权限分配是一个经典课题,不同的宪法体制可能有不同的解答。在行政机关缺乏民主正当性,且被定位为立法机关的执行机关时,不宜承认其可以直接依据宪法制定法规范。法律的法规创造力原则主张,凡含有法规(法律事项)者,均由法律创造。随着立法机关地位的强化,法律事项的范围也在扩大,法规的界定亦随之扩张。就我国宪法而言,应将一般性规范作为判断法律事项的标准。国务院只能在宪法规定的职权范围内根据法律制定执行性的行政法规,或者在法律的专门授权时制定补充性、创制性行政法规。如此,方能在人大制度之下理顺法律与行政立法之间的关系,维护发端于人民主权的自上而下的法秩序。

第五章是法律保留(二)具体行为,即传统的法律保留原则。传统的法律保留以国家与社会二元对立为理论前提,是保障公民自由权的重要手段。伴随着国家从君主立宪到国民主权的转变,法律保留理论发生了重大改变,在出发点上由保障人民的自由扩及对行政的民主性控制,在保留事项上由侵害性行政行为扩大至权力性行政、重要事项等,在内容上由仅仅关心将行政的何种行为权限保留给法律延展至保留给什么样的法律。在这一变迁背后是"立法—行政—人民"三者关系结构的变化。中国自清末民初时期从日本引入法律保留理论之后,对实行法律保留具有一定共识，但在保留的法规范、保留范围和强度上存在分歧。在当代中国，既要考虑上述三者之间的关系结构，也要考虑宪法的规定以及现阶段的国家任务等因素，应当坚持侵害行政法律保留的立场，并适时扩充侵害的内涵，以贯彻法治国家保障公民自由权的基本要求。

第六章是法律保留(三)行政组织。由何种主体以何种方式在何种程度上决定行政机关的组织事项，是涉及行政机关的民主性与效率性的重要问题。日本的行政组织法曾经历过天皇官制大权、高强度的法律保留、相对宽松的法律保留三个阶段变迁，有行为法、组织法、民事法等径路来确定行政组织的法律事项，充分验证了议会与行政组织关系的种种可能。我国自清末借鉴日本经验实施官制改革以来，在行政组织规定的权限上也有种种探索。囿于认识的局限性和改革的进行时，行政机关的组织法制有待进一步完善。从民主主义的要求出发，凡有权代表国家行使对外管辖权的行政机关均应由法律规定其产生、任务、权限事项、领导体制和相互关系等，内部组织的具体设置和分配可由行政法规、规章规定，其他组织事项可以仅接受法律的规范。如此，既可保证行政机关的民主性，也让行政机关具有一定的自主性和效率性。

上述分析构成了依法律行政原理的主体内容，如图 1 所示。

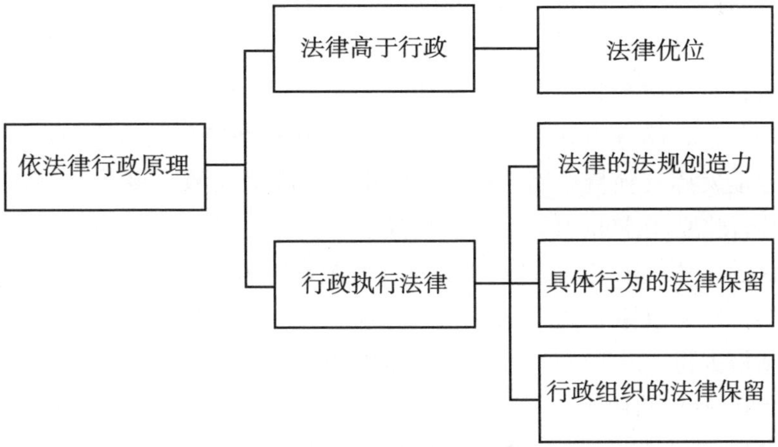

图 1　依法律行政原理的基本构成

第七章是地方性法规与依法律行政原理之间的关系。依法律行政中的“法律”是指全国人大及其常委会制定的法律，主张依法律行政势必会遭遇法律供给不足的困境，而且，这也未必合乎中国这样一个大国的多样性需求。如果能发挥地方性法规的作用，其实也能为走出这一困境提供思路。这也可能成为人大制度之下大国实行依法律行政原理的一大特色。

故需要专门探讨地方性法规与依法律行政原理之间的关系。地方性法规在宪法上具有正当性,它既与法律具有同质的民主正当性,可以发挥类似的作用,也有不同于法律的民意基础和距离,拥有自身的独特空间。宪法、《立法法》,以及“行政三法”(即《行政处罚法》《行政许可法》《行政强制法》)对地方性法规的制定权限都有一般性规定,但总体上仍然是不能做什么的规定。以法律对某一事项是否有规定为标准,可将地方性法规分为执行法规和自主法规两类。在全国人大常委会法制工作委员会解答或审查过的地方性法规案件中,执行法规不能违反上位法的规定,不能逸出上位法设定的范围,不得违反相关法律设置的界限;自主法规不得规定国家专属的法律事项,不得违反相关法律的目的,还应具有合理性。以地方性事务限定地方性法规的事项范围并不妥当,其仅相当于非国家专属事务。地方性法规的制定权限很难给出正面的列举,放弃对地方性事务的界定,转而采取制定权限负面清单的做法,会更符合现行法律的一般规定,也更符合地方性法规的宪法地位。在遵循一定界限的前提下,依地方性法规行政与依法律行政可以并行。

依法律行政原理的整体框架体系大抵如此。如此建构起来的依法律行政原理,也是希望借由学术脉络的力量,形成整体上观察、分析现实的理论标尺,探索在现行宪法和人大制度之下法律与行政关系的应有之道。

第八章是行政协议无效的认定与依法律行政原理之间的关系,这一章可以说是依法律行政原理在行政协议效力认定上的一次应用。虽然行政协议与前述具体行为具有相通之处,但依法律行政原理对行政协议无效的判断也能发挥其独特作用。行政协议作为行政活动的一种方式,需要遵守依法律行政原理,同时其具有契约的属性,也要遵守契约的基本原则。在行政协议的无效认定时,可以适用行政行为无效的标准,但仍可存在针对行政协议的特别无效标准;也可以准用民事法律行为的无效标准,但仍需要与公法原则相协调。行政协议无效标准的确定与选取,需要在依法律行政原理与契约严守原则、法律优位与法安定性、信赖保护原则之间进行价值衡量。

最后,本书附录“法治主义在日本的继受与展开”,对依法律行政原理的背景性宪法秩序作出进一步说明。日本在“二战”前继受了德国式法治国家观(法律的支配),法治主义这一日本式的概念也确立起来。围绕明治宪法下立法权对行政权的控制范围和程度也曾展开一定程度的论争。“二战”后,对于《日本国宪法》究竟有没有采纳英美型法治(法的支配)、英美型法治与“二战”前的法治主义之间是什么关系,日本公法学界展开了论争。在当代行政改革、司法改革时期,又出现了一场大论争,其实质是在法合乎正义的前提下如何实现法治、如何把握日本国家权力构造的应有状态。依法律行政原理属于法律的支配,属于立法机关在行政领域的支配。这种法治行政与英美法系法的支配之间有何不同,在体制上能否适应中国的实情,值得进一步思考。附录是对日本学者对于两者在日本的状况思考的梳理和介绍,在一定程度上也会对我们自身的思考有所启发。

第一章　依法律行政原理的移植与嬗变

"依法律行政"是法治行政的核心原理之一,也曾是理解行政法,乃至把握一国法治状况的一把钥匙。然而,这一名词不仅在如今中国的政法界、甚至在行政法学界相当陌生,更是鲜有使用。人们更加熟识、常用的是"依法行政"。由依法律行政蜕变为依法行政,折射出的不仅是100多年来法律与法及其背后社会认知的变化,更是国家理念和国家权力结构的变化。这一段变迁史值得回味和反思。

一、依法律行政原理的基础与构造

依法律行政,强调法律在行政中的支配性地位,它以权力分立为前提,承认议会的优势地位。依法律行政,是西方近代资产阶级革命后的一大成果,虽然因时因地而在制度上有不同的表现,但得到了大陆法系各国的承认。而中国的依法律行政原理则是德国法中依法律行政(Gesetzmäßigkeit der Verwaltung)经由日本转介而来的。

(一)依法律行政的法治国家背景

依法律行政是法治国家的重要内容之一。众所周知,德国在近现代史上经历了从形式法治国向实质法治国的转变。在18世纪90年代,德国虽处于警察国家体制之下,也曾有过古典法治国的思想。康德、早期的费希特、洪堡等学者均将法治国家建立在人的自由和权利之上。他们基于理性法的立场主张,所谓法,是让自由而理性的存在者能够共存,调和人与人之间恣意和自由的各种条件的总和。国家是法之下多数人的结合,国家为了保障人的自由和权利而去维持法。[1] 古典法治国家思想虽然在制度保障

---

① 畑中和夫「『法の支配』と『法治国家』」畑中和夫、[德]T. Würtenberger 編著『現代法治国家論』(晃洋書房,1994年)16頁参照。康德等人的相关主张,可参见[德]康德:《法的形而上学原理》,沈叔平译,商务印书馆1991年版,第139-146页;[德]费希特:《自然法权基础》,谢地坤、程志民译,商务印书馆2004年版,第174、206-209页;[德]威廉·冯·洪堡:《论国家的作用》,林荣远、冯兴元译,中国社会科学出版社1998年版,第119-123页。

上较为空疏,但在内容上与实质法治国较为近似,①从自由主义的国家思想出发,强调法的目的性。

18世纪末至19世纪初,法治国家(Rechtsstaat)概念形成。但法治国家也出现了形式化的倾向,起决定性的影响者就是施塔尔(F. J. Stahl,1802—1861年)。② 他将国家的目的和内容与实现其的方法和形式完全分离,并将前者界定为伦理国家,后者界定为法治国家,从而实现了法治国家概念的完全形式化。伦理国家是人格在一切关系中的统治,也就是人格之国。国家只能通过法的方法实现人伦的理念。他对法治国家有一个著名的界定:

> 国家应是法治国家。它是近代的标语,近代发展的实际推动力。国家应以法的方法严密界定其活动的方法、界限以及其国民的自由领域,不可侵犯而予以保障。国家只应在法的限度,即不可或缺的限度内直接(强制)实现人伦的理念。这就是法治国家的概念。国家维持行政目的或仅仅是(为了保障)法的秩序,或者完全只是保护个人的权利,这并非法治国家的概念。法治国家原本并不是意味着国家的目的与内容,而仅仅意味着实现国家目的、内容的样态与性质。

他将所有实质性要素从法治国家概念中放逐出去。法治国家就是通过法施行国家目的和内容的国家。该法治国家概念的界定无论是其赞成者还是反对者均予承认,③成为一直到魏玛宪法时期的通说。

起初,实现国家目的的手段是依法(Recht)。法治国家观念,系相对于警察国家而言,不仅主张法的目的、自由主义的消极性国家目的,也主张不是依据君主的意志而是依据法来进行国家活动。这种对合法性的要求在近代立宪主义的潮流中当然就意味着要依据议会的法律(Gesetz)。在1848年欧洲革命后,即使是立宪国家化较晚的普鲁士也实行立宪化,法律

① 当然,德国学者伯肯弗尔德(Böckenförde)认为,古典法治国家思想不可归为形式法治国与实质法治国中的一种,而是一种在实质和形式方面都颇具特色的统一的国家原理。E. -W. Böckenförde「法治国家概念の成立と変遷」同『現代国家と憲法・自由・民主制』初宿正典編訳(風行社,1999年)31頁参照。中文版可参见[德]恩斯特-沃夫冈・伯肯弗尔德:《法治国家概念的形成与发展》,载[奥]汉斯・凯尔森等:《德意志公法的历史理论与实践》,王银宏译,法律出版社2019年版,第123页。

② 高田敏『法治国家観の展開——法治主義の普遍化的近代化と現代化』(有斐閣,2013年)61-68頁参照。

③ 参见[德]奥托・迈耶:《德国行政法》,刘飞译,商务印书馆2002年版,第60页。

成为法的核心,在制度上得以确立。在立宪主义和议会主义之下,法律由国民代表的议会制定,具有普遍性,受到社会的信赖。[①] 这种民主性的“法律”也是区分近代法与前近代法的标志。

1871 年德意志帝国成立以后,康德式作为自由主义的国家目的的法治国家概念明显减少,而施塔尔式作为国家目的实现手段的法治国家概念则得到了普遍的使用。[②] 确定上述倾向的就是奥托·迈耶(Otto Mayer,1846—1924 年)于 1895 年所著的《德国行政法》。

(二)奥托·迈耶的法治三原则

在德国 19 世纪末的通说中,立法权不受制约,所谓法治国家仅仅意味着依法律行政与依法律司法,但后者是不言自明的。因此,法治国家与法治行政就成为同义词。法治行政包含两个方面的内容,一是依法律行政原理,二是保障依法律行政原理得以实现的行政裁判制度。因而,在形式法治国时期,就形成了“法治国家=法治行政=依法律行政+行政裁判”的等式。

被誉为德国行政法学之父的奥托·迈耶认为,法治国家的本质在于,国家以法的方法对臣民做出的行动作出规定,国家在行政上也承认并保持法秩序和臣民的权利。与警察国家相比,法治国家的所有作用“都是以法律的形式决定的”。显然,这一说法与施塔尔是一脉相承的,甚至更为纯粹。那么,如何实现法治国家的要求呢?奥托·迈耶认为,“司法自始就没有问题”,所要规范的是司法之外的国家行为。因而,“法治国就是经过理性规范的行政法国家”。[③] 借鉴过去发展阶段的司法经验,法治国家意味着尽可能使行政采取司法的模式。[④]

奥托·迈耶认为,法治(法律的支配或法律的统治)是由三个原则组成的:第一个原则,法律的法规创造力。所谓法规(Rechtssatz),是指由一般性标准显示构成要件,对符合构成要件的所有人就什么是法所作的规定。依据宪法,法律的法规创造力是以前应经议会协赞辅佐后由君主发布,现在仅由议会发布的法律的特有能力。国家意志的其他表现形式从其性质而言本来并不具有这种能力。这种能力并不是通过法律保留才开始有的观念。由立法权垄断对这种一般性规范的创造,也可以通过委任立法实现这种能力。奥托·迈耶主张,法规在行政关系中也具有双重拘束

---

① 高田敏『法治国家観の展開』(有斐閣,2013 年)308 頁参照。

② 高田敏『法治国家観の展開』(有斐閣,2013 年)258、260 頁参照。

③ 参见[德]奥托·迈耶:《德国行政法》,刘飞译,商务印书馆 2002 年版,第 60 页。

④ 参见[德]奥托·迈耶:《德国行政法》,刘飞译,商务印书馆 2002 年版,第 64-65 页。

力，一方面规定人民相对于公权力的应为和可为之事，另一方面为国家机关应依法行事的法定拘束奠定基础。奥托·迈耶将自己的逻辑植根于自由主义的权力分立理论，同时使将国家与私人的关系理解为一种法律关系成为可能。①

第二个原则，法律优位。法律是国家意志最强烈的表达。司法是适用法律并服务于法律的，而行政则是一种自行形成的国家意志。因此，以法律形式表达的国家意志依法优先于所有以其他形式表达的国家意志，法律可以废止所有与其相冲突的意志表达。

第三个原则，法律保留。法律是司法活动的必要基础，任何裁判都必须以法律规定为依据。行政活动则不具有这种依存关系。法律应在特定范围内排除行政的自行作用，没有法律的授权，则不得行动。② 奥托·迈耶所说的特定范围实际上也就是法律保留的范围。当时的宪法和学术通说采取的都是侵害保留说，也就是说，没有法律的授权，国家不得侵犯个人的自由和财产。而在此之外，行政仍可自行作用，只是不得违反法律而已。

第一个原则是要阐明法律支配的直接内容，第二、第三个原则是要显示行政与司法的不同之处。第二个原则是司法中默认的观念，有必要给行政特别明确化，而第三个原则是表明法律支配在行政上的界限。奥托·迈耶使法治的内容得以体系化，他让该体系化的构造在形式法治国要求与行政——本来自由且功能不断增强——要求的相关关系上得以成立。③

（三）依法律行政原理的特质

依法律行政原理是法治国家的重要内容之一。在实行法治国家之前，德国实行的是君主制，今天所谓立法、行政、司法三权混为一体，统合于君主一身。为了限制君主的权力，权力分立思想伴随着资产阶级革命的胜利而得到实施。行政必须依据人民代表机关（国会）所制定的一般性规则而行动。依法律行政可谓是“权力分立思想在行政法平面上的一个投影”。④ 国会所制定的一般性规则就是法律。依法律行政中的“法律”也仅仅是指这种国会在一定程序和形式下所制定的规范，即形式意义上的法律。依法律行政实际上就是在谈行政权与立法权之间的关系，强调的是立法权相对于行政权的优势地位。

① 塩野宏『オットー・マイヤー行政法学の構造』（有斐閣，1962 年）112-113 頁参照。

② 参见［德］奥托·迈耶：《德国行政法》，刘飞译，商务印书馆 2002 年版，第 70-72 页。

③ 塩野宏『オットー・マイヤー行政法学の構造』（有斐閣，1962 年）111-112、116 頁参照。

④ ［日］藤田宙靖：《行政法总论》（上卷），王贵松译，中国政法大学出版社 2023 年版，第 50-51 页。

依法律而行政,而法律代表着议会的意志,是民主的产物。但这并不意味着依法律行政原理与国民主权原则之间存在必然的关联。其原因在于,彼时德国的主权并非由代表全国人民的机关行使,而是由代表各邦君主的机关行使,国会既不能完全代表人民,也没有使政府进退之权。普鲁士议会采两院制,上院为贵族院,下院为众议院,不以普遍平等的选举权为根据,而采用所谓三级制,富人的选举权远大于穷人。① 这种议会构成也难以让法律的内容吸纳多少国民的意志。依据法律就在事实上意味着服从经妥协而产生的支配性势力的意志,当然也是获得各方认可的国家意志。奥托·迈耶在其著作的第一版中也坦承,"国民主权思想并未成为我国国家法的基础"。② 但随着普鲁士宪法为魏玛宪法所取代后,帝制已轰然倒塌,而议会则成为民选的机构。这时的法律则不但是议会内部民主的产物,更是国民主权的体现,依法律行政亦可谓民主主义的要求。③

依法律行政是形式法治国的产物,易言之,依法律行政的"法律"只问形式,不论实质。形式法治国与当时德国资产阶级及前近代势力的要求是吻合的。保障自由是近代初期资产阶级得到强化的要求。但随着资本主义的发展,无产阶级开始对资产阶级构成威胁,赋予前者实质的自由与平等对后者不利。当时的法大致能保障形式的自由与平等,将实质的自由与平等排除出法律内容的方法得到采纳。更重要的是,形式法治国的理论也反映了前近代势力的要求,它可以在近代法治国家的外观下装入前近代的实质内容。在思想上,实证主义是 19 世纪特别是其后半时期占据主导地位的理论,在法学领域则形成了法实证主义。法实证主义视国家的制定法为唯一或绝对重要的法,进而通过将价值排除出制定法,将制定法正当化、绝对化。法与实定法是同义词,实定法之外不存在法。制定法的绝对化必然推导出制定法之核心的法律,进而是合法律性的绝对化。④

依法律行政原理是通过确保行政的合法律性,来保障私人的权利和自由。⑤ 19 世纪德国的各宪法中采用了法律保留的条款,这是议会与君主抗

---

① 参见钱端升:《德国的政府》,北京大学出版社 2009 年版,第 8-9 页。

② [德]Otto Mayer(美濃部達吉訳)『獨逸行政法(第一巻)』(有斐閣,1903 年)118 頁参照。

③ 从历史的观点来看,那种"法治主义的思想起源于权力分立与国民主权"的观点[柳瀬良幹『行政法教科書』(有斐閣,1969 年)21 頁参照]未必是妥当的。

④ 高田敏『法治国家観の展開』(有斐閣,2013 年)43-44 頁参照。

⑤ 当然,伯肯弗尔德也提出一定的辩护:"法治国的形式特色绝不意味着它只具有空洞的形式,而是对法治国的基本原则——自由与财产安全的形式化与客体化,它是通过形式和程序来抵制以社会重新分配资源为目的的直接对个人财产的干预。"参见赵宏:《法治国下的目的性创设——德国行政行为理论与制度实践研究》,法律出版社 2012 年版,第 67 页。

争的结果。无法律授权，即不得侵害人民的自由和财产；同时借由法律的一般性规定可使法获得可预见性和安定性。由此可谓，依法律行政是自由主义的产物。但反过来，有法律就有可能侵害限制人民的权利自由。如果不问法律的内容或实质，法律也能成为侵害人民自由和财产的工具。依法律行政原理“通过法律来防止对于自由和财产的行政侵害，但没有准备设置对于法律内容本身的防波堤”。① 这在另一角度上也说明，依法律行政原理中所包含的自由主义缺乏坚实的基础。之后的纳粹暴行就反证了依法律行政的问题所在。

二、依法律行政原理在旧中国的移植与展开

中国本无“依法律行政”的观念。它源自日本，而日本又是移植于德国。依法律行政原理在清末民初经日本传播而来，逐渐成为中国行政法和行政法学的基本原理之一。

(一)依法律行政原理在日本的传播

日本在近代化过程中，取法欧美，最终确立以德国为模范。当时的德国，法治国家与立宪国家同义，密不可分。因而在日本采取德国型立宪国家化的过程中，自然继受了法治国一词。②

曾留学德国 6 年的穗积八束于 1889 年提出“法治主义”的概念，“法治主义”并无对应的德语，意为法治国的原理。他认为，法治国是指这样一个国体，它将法律作为最高权力，限制君主及政府的行为，臣民只有义务服从依据法律的主权者。③ 穗积八束于 1896 年发表了题为“法治行政”的论文。所谓法治行政，就是在行政关系中贯彻官民受同一法律拘束之法理的制度。④ 与德国一样，日本的法治国家也是意味着采用法治行政的国家。如果采用了法治行政及其保障制度(行政裁判、国家赔偿)，就视为具备了法治国家的要件。1900 年前后，日本的法制大致具备该要件，从立法政策转向法解释成为法学的着力点，形式法治国的理解适合明治宪法的解释。⑤ “毋庸置疑，从前的‘依法律行政’原理至少是将重点放在无法律根

---

① [日]盐野宏：《行政法总论》，杨建顺译，北京大学出版社 2008 年版，第 44 页。

② 日本对于法治国家的早期理解及其变化，参见王贵松：《法治主义在日本的继受与展开》，载《交大法学》2014 年第 4 期(本书附录)。

③ 穗積八束「法治主義ヲ難ス」上杉慎吉編『穗積八束博士論文集』(1913 年)186–192 頁参照(初出国家学会雜誌 3 巻 33 号，1889 年 11 月)。

④ 穗積八束「法治行政」上杉慎吉編『穗積八束博士論文集』(1913 年)368–371 頁参照(初出法学新報 67 号，1896 年 10 月)。

⑤ 高田敏『法治国家観の展開』(有斐閣，2013 年)358 頁参照。

据即不得侵害人民权利自由上。"①换言之,侵害保留说的法律保留是依法律行政原理的核心要素。但日本在明治时期(1869—1912 年)仅限于论及发动行政权要符合法律(所谓法律优位),对法律的授权(法律保留)则几乎没有论及。直到进入大正时期(1912—1926 年)后,才有了对法律保留的精确说明。②

1903 年,曾留学德国的美浓部达吉(1873—1948 年)将奥托·迈耶的《德国行政法》译成日文(共四卷本),积极传播其法治国家的思想。在该书中,奥托·迈耶的法治三原则分别被翻译为法律保留、法律的最强力(=法律优位)和法律的拘束力(=法律的法规创造力),③与后来定型的三原则表述稍有不同。

美浓部达吉在其行政法著作中常以权力分立开篇,将其立足于立宪政治,如此以法治主义为原则便顺理成章。他一再强调行政权的作用要严格依据法律,明确行政权的界限,这也显示出他自由主义、民主主义的志向。起初,他论及行政与法律的关系时基本上是直接转述奥托·迈耶的观点,即法律保留、法律的最强力和法律的拘束力三点,并在命令的界限、处分权的界限中予以申述,不得违反法律,没有法律授权不得侵犯臣民权利。④

美浓部达吉在其后期的著作中更为清晰地阐明了依法律行政原理的内容,并将其具体化为四个原则:第一个原则,行政权的作用,不得与法规相抵触。第二个原则,行政权若非以法规的根据为基础,则不得以义务之名命令人民或侵害其权利。第三个原则,行政权若非根据法规,则不得免除特定人法规所规定的义务,或为特定人设定权利。第四个原则,即使行政权的自由裁量为法规所准许,其裁量权亦须依法规所准予的界限,遵循其所准予的内容,服从法规的限制。⑤ 与先前的表述相比,"法规"取代了"法律"。他的所谓法规,是指在国家与人民间规定一种新的意志的规范,具有拘束双方的效力。美浓部达吉认为,立法是制定法规的行为,而行政则为依据此法规而进行活动的行为。立宪政治以法治主义为原则。法治政治是依法律而行的政治。行政权的运用也须依据法律,并不得违反法

① 田中二郎『法律による行政の原理』(酒井書店,1954 年)26 頁参照。

② 高田敏『法治国家観の展開』(有斐閣,2013 年)367 頁参照。

③ [德]Otto Mayer(美濃部達吉訳)『獨逸行政法(第一巻)』(有斐閣,1903 年)124-132 頁参照。

④ 参见[日]美浓部达吉:《行政法总论》,熊范舆译述,丙午社 1907 年版,第 13-17、119-120、140 页。

⑤ 参见[日]美浓部达吉:《日本行政法撮要》(上卷),杨开甲译,考试院 1933 年版,第 15-28 页。

律。关于人民的权利义务，只有依法律方可规定。只有在例外的情况下，由命令或条约在一定界限内才能就人民的权利义务作出规定。这是因为明治宪法广泛承认警察命令，可以命令创设限制人民自由的规定。①明治宪法采取了法律与敕令的二元立法构造，规定了独立于法律的紧急敕令②和独立命令。③美浓部达吉一方面坚持依法律行政原理，另一方面囿于明治宪法的规定，对依法律行政作出了存在例外的解释。同时，他认为免除义务或设定权利也需要法规的根据，这已超出侵害保留的古典范畴。

（二）依法律行政在中国制度层面上的接纳

“法治”一词虽然在中国古典中早已存在，④但对于西方法治的介绍则始于晚清。⑤ 1904 年，身处日本的梁启超已较早使用了“法治主义”概念，他在《中国法理学发达史论》中专门论述了“法治主义之发生”。⑥但针对政府的法治模式讨论，则发生于清末。

清末民初，中国的制度设计面临着种种抉择，德国式法治国家与英国式法治在中国存在着竞争关系。英国式法治——Rule of Law——的典型表述出现于 1885 年戴雪的《英宪精义》一书中，其法治三原则是：第一，恣意权力的不存在。未经普通法院依普通的法定方法查明违法，任何人不受处罚，其身体和财产不受侵犯。第二，普通法与普通法院优位。法律面前人人平等。任何人不在法之上，且不分贫富贵贱均服从于普通法，服从于普通法院的裁判权。第三，宪法原则形成于普通法院的判决。宪法原则不是个人权利的渊源，而是法院就个案中的个人权利所作出裁判的结果。⑦戴雪反对行政法的存在，更反对设立行政法院。戴雪的这一思想在清末民

---

① 参见［日］美浓部达吉：《日本行政法撮要》（上卷），杨开甲译，考试院 1933 年版，第 2、4-5、14-16 页。

② 明治宪法第 8 条规定：“天皇为保持公共之安全或避免灾厄，依紧急之必要，于帝国议会闭会期间，可发布替代法律之敕令。”“此敕令应于下次会期提交帝国议会，若议会不予承认，政府应公布其面向将来失去效力。”

③ 明治宪法第 9 条规定：“天皇为执行法律或保持公共安宁秩序及增进臣民之幸福，得发布或使令政府发布必要之命令，但不得以命令改变法律。”当然，美浓部达吉认为，“增进臣民之幸福”的命令因系将利益提供给人民而没有“法规”的性质。美濃部達吉『憲法撮要』（有斐閣，1932 年）529 頁参照。

④ 古典中的“法治”大致有三种形态，即“法”的“治”之状态、作为名词的“法治”和“以法治国”的短语。参见程燎原：《古代汉语典籍中“法治”语词略考》，载《学海》2009 年第 1 期。

⑤ 相关介绍可参见李贵连：《法治是什么：从贵族法治到民主法治》，广西师范大学出版社 2013 年版，第 99 页。

⑥ 参见梁启超：《中国法理学发达史论》，载《饮冰室合集》第 2 卷，中华书局 1989 年版，“文集之十五”第 69-94 页。

⑦ 参见［英］戴雪：《英宪精义》，雷宾南译，中国法制出版社 2001 年版，第 244-245 页。

初传至中国,留英归来的章士钊等人对行政裁判制度进行了戴雪式的猛烈批判。但形势使然,在宪法上,1908 年《钦定宪法大纲》采用了日本、德国的立宪模式;在行政法上,1906 年,清政府提出了《行政裁判院官制草案》,1910 年的《法院编制法》确立了二元制审判;1914 年,中华民国政府设立平政院,制定了《行政诉讼法》。这种行政裁判模式的确立让德国式法治国家占据了上风,英国式法治观也在此后偃旗息鼓。①

从 1908 年开始,中国就在宪法性文件中出现了法律保留的表述。诸如《钦定宪法大纲》在“臣民权利义务”中规定,“臣民非按照法律所定,不加以逮捕、监禁、处罚”。即使该规定徒为宣示之用,也将法律的地位凸显出来。1912 年《中华民国临时约法》第 15 条规定,“本章所载人民之权利,有认为增进公益,维持治安或非常紧急必要时,得依法律限制之”。法律背后的议会形态姑且不论,其宪法上的地位在此确立起来。1914 年《中华民国约法》第二章中关于人民权利义务的规定均被冠以“于法律范围内”或“非依法律”、“依法律所定”的限定,第 19 条规定,大总统可发布命令,但不得以命令变更法律,确立了法律优位的原则。但在第 20 条中却也赋予大总统发布与法律有同等效力之教令的权力,虽然也有立法院的事后监督,但仍构成了法律优位的例外。1923 年《中华民国宪法》在第四章“国民”中、1931 年《中华民国训政时期约法》在第二章“人民之权利义务”中作出了与《中华民国约法》类似的规定。1947 年《中华民国宪法》第 23 条规定:“以上各条列举之自由权利,除为防止妨碍他人自由,避免紧急危难,维持社会秩序,或增进公共利益所必要者外,不得以法律限制之。”这一规定与《中华民国临时约法》第 15 条的规定内容相近,但意味不同:临时约法是在说法律在某种情况下可以限制人民的权利,这是对人民权利的限制;而这一规定是在说如果没有某种情况,法律就不得限制,这是对法律限制人民权利的限制。该宪法第 170 条又规定,“本宪法所称之法律,谓经立法院通过,总统公布之法律”,第 171 条、第 172 条还规定,“法律与宪法抵触者无效”,“命令与宪法或法律抵触者无效”。这就是法律优位原则。这些规定可谓全面继受了奥托·迈耶的主张,稍有不同的只是立法院与西方议会的细微差别。

(三)学术层面对依法律行政的接纳与辩驳

在学术上,美浓部达吉的著作早在清末就被译成中文,在中华民国期

---

① 相关论争可参见李启成:《清末民初关于设立行政裁判所的争议》,载《现代法学》2005 年第 5 期;王贵松:《论近代中国行政法学的起源》,载《法学家》2014 年第 4 期。

间其被译成中文的著作日渐增多，共计 23 部之多。① 美浓部达吉关于行政与法律之间关系的界定，亦为中国公法学者所接纳。

20 世纪 20 年代，钟赓言（东京大学法学士）的朝阳大学法律科讲义《行政法总论》刊行，这是我国第一部中国化的、影响深远的行政法教材。该教材以美浓部达吉的日本行政法学为基础，对其又有所发展。与大陆法系一样，钟赓言将命令分为法规命令和行政规则两种。他认为，命令有积极的界限和消极的界限。在积极的界限上，一切法规原则上不可不以法律定之（亦即“法律的法规创造力”原则），但有两个例外，即直接依据宪法的授权和依法律的授权。在消极的界限上，一方面，命令不得与法律相抵触，钟赓言沿袭我国早期对美浓部达吉著作的译法称为“法律之最强力”（亦即“法律优位”原则）；另一方面，宪法上特别保留给立法权的事项，不得以命令规定，这在美浓部达吉的理论中称为“法律之留保”，但钟赓言则称为“立法权之留保”。② 虽然他没有更为妥当地确立依法律行政原理在行政法学体系中的地位，但他在著作中却处处运用这一行政法的基础原理分析问题。

白鹏飞（东京大学法学士）作为美浓部达吉的弟子，其在 20 世纪 20 年代末 30 年代初的著作中几乎原封不动地将美浓部达吉的依法律行政论照单全收。③ 20 世纪 40 年代，留学美国的马君硕博士将依法律行政论表述为“行政上之法律支配”或“法治行政”，内容与美浓部达吉的观点并无多大差异，只是将其观点扩充为五点要求：第一，行政行为须遵守法律且不得与法律相抵触；第二，限制人民自由及权利或使其负担义务须有法律根据；第三，为人民设定权利或免除义务须有法律根据；第四，行政上的羁束裁量行为仍须合乎法规要求；第五，应以法律规定的事项不得以行政命令规定。④

与此同时，在行政法学界又出现了另一种倾向，即主张“依法行政”或“依法规行政”，甚至认为“依法律行政”并不妥当。20 世纪 30 年代，同样曾留学日本的范扬（东京大学法学士）在其《行政法总论》一书中提出了“依法行政”的概念。行政权应受法的拘束，这是法治主义的中心思想，这也被称作依法行政。“所谓依法行政者，乃于法规之下而行，或于法规范围

---

① 参见王贵松：《美浓部达吉与中国的公法学》，载《比较法研究》2010 年第 5 期。

② 参见钟赓言：《钟赓言行政法讲义》，王贵松、徐强、罗潇点校，法律出版社 2015 年版（原书为 1927 年版），第 60-61 页。到 20 世纪 30 年代，钟赓言的这种写法仍得到传承，只是“留保”被改作“保留”。参见赵琛：《行政法总论》，上海法学编译社 1933 年版，第 199-202 页。

③ 参见白鹏飞：《行政法大纲》（上卷总论），好望书店 1935 年版，第 16-22 页。

④ 参见马君硕：《中国行政法总论》，商务印书馆 1947 年版，第 49-53 页。

内而活动也。”法治主义的成立基础有两大根本思想,其一,法律平等的思想,其二,依法限制的思想,非依法律,不得任意侵害。在行政权的界限中,范扬沿袭了美浓部达吉的后期说法,也将依法行政的内容分为四个方面。其中对于传统的法律保留,他的表述是,“非有法规根据,不得侵害人民权利,或使人民负担义务”。“行政机关,除权限上所有之立法作用外,必须有法律或至少有命令及习惯法之根据,始得制限人民之自由财产,或使负担其他义务。”①虽然他也知道当时的《中华民国训政时期约法》本意在于,非依法律不得侵害自由财产,但他仍然作出了这样的表述,其缘由或许在于其对法律与法规关系的理解。从该书的“序言”来看,他的这一表述或许与其认为“颇有可采之处”的纯粹法学学说亦有关联。

20世纪40年代,朝阳大学法学士、曾留学日本明治大学的林纪东在法治国家的历史部分指出,“行政权亦应依照法律而行使”,“对于人民之权利义务,欲加以变动时原则上亦仅能依照法律为之”。接着他萧规曹随,亦将美浓部达吉对行政权的四个原则奉为行政法的基本原则,所用术语也由“法律”改为“法规”。② 他后来对于这一改动的缘由给出了说明:③

> 旧日为“依法律行政”,非有法律根据,行政权不得为各种行政行为。现代为“依法规行政”,为行政行为之根据者,不限于立法机关通过之狭义之法律,且包括宪法、条约、命令等在内……命令之为行政行为之根据,原为昔日已有之现象,惟现代由于委任立法之发达,与命令范围之扩大,内容之加强,命令作为行政权作用之根据者,乃益见增加,故现代行政法之基本法则,为“依法规行政”,而非“依法律行政”。惟仍以法律为其主要依据耳。

(四)依法行政出现的缘由与局限

我国经由日本将德国通行的依法律行政原理转介过来,并在制度和学术两个层面也接纳了这一原理。在中华民国时期,议会民主主义得以确立,国会及后来的立法院在规范和事实上均有较高的权威性。在学术界,依法律行政也一直是主流声音,只是在后来才出现了“依法行政”或

① 参见范扬:《行政法总论》,中国方正出版社2005年版(原为商务印书馆1937年版),第24-26页。

② 参见林纪东编著:《中国行政法总论》(第5版),正中书局1947年版,第14-17、221页。

③ 林纪东:《行政法》,台北,三民书局1994年版,第75-76页。

"依法规行政"。①

由依法律行政到依法行政的转变,似乎主要是因为授权立法的出现和增加,但奥托·迈耶的依法律行政原理并非没有考虑到委任立法的现实。他明确指出,"法律还可以将其立法权力在一定方面、为一定目的授予另一机构的方式,实现其最初单独所具有的这种能力。这样就形成了法规命令和自治"。② 他所提的这种能力就是法律的法规创造力,没有法律就不能创造限制国民权利的法规效力。其背后是立宪国家、法治国家的历史和现实考量。

在由依法律行政到依法行政的转变之初,隐约还有方法论上的原因。在 20 世纪二三十年代,纯粹法学迅速影响到了日本和中国。美浓部达吉曾专门著书批判凯尔森的纯粹法学,其弟子等也撰文介绍纯粹法学,甚至翻译凯尔森的一般国家学等著作。在中国,范扬等人明确表明对纯粹法学的肯定之意。在法与行政的关系上,纯粹法学者默克尔(Merkl)于 1927 年明确区分了政治性、历史性、制度性、实质性意义的考察方法与从纯粹法学出发的理论性、形式性意义的考察方法。从纯粹法学的观点看来,法与国家具有自同性,基于统一认识法现象的理论要求,应赋予各种法的活动一定的体系性地位。所有的行政活动都是应归属于国家的法的活动,它必须在上位的法上获得有效的根据。近代立宪国家的行政活动必须是作为上位法之法律的具体化执行。行政活动当然亦须符合法律。美浓部达吉的弟子田中二郎于 1938 年撰文认为,在概念上也应当区分依法律行政和依法行政,其一是表明法与行政的本质性、法理性关系的"依法行政"或"行政的合法性",其二是从法政策上主张的"依法律行政"或"行政的合法律性"。行政合法性原理是一条法理性法则,基于所有国家活动作为法的活动的本质而产生,其不论时空对于所有行政领域均为有效。合法律性原理则是法政策的要求,基于法政策的要求,立法针对法律与行政的关系可能有种种形态的规定。即使可以承认所有行政必须依法进行,也必须承认实定行政法的重要问题在于,什么在何种范围内必须以法律为依据。③ 方法

① 这里顺便提及,历史上尚有另一种意义的"依法行政"。这里的"法"并不存在"法律"或"传统的法"的形式,而是更为"实质的"或"真的"法,例如将忠实于特定世界观或思想(如伊斯兰教义)的规范视为法,或者将由直接民主获得真正的民意作为应当有效的法。信赖圣职者、指导者、大众等,排斥行政的恣意是其一大基础。藤田宙靖『行政法の基礎理論(上)』(有斐閣,2005 年)12 頁参照。这种"依法行政"其实是以超实定的秩序来控制或支配行政,是否属于近代法治类型,仍殊为可疑。

② [德]奥托·迈耶:《德国行政法》,刘飞译,商务印书馆 2002 年版,第 69-70 页。

③ 田中二郎『法律による行政の原理』(酒井書店,1954 年)12-18 頁参照。

论上的差别直接影响了概念乃至观点、理论的提法。可以说,奥托·迈耶代表的是历史实证主义进路,依法律行政原理是基于自由主义、民主主义的法治国家的产物;而默克尔代表的则是逻辑实证主义进路,依法行政是法与行政的逻辑结论。① 但对于因时因地因事而有所不同的法律保留,依法行政并不能给出合理的说明。对法律保留的态度可谓是依法行政与依法律行政的重要分水岭。

三、依法律行政原理在新中国的嬗变

1949 年后,依法律行政原理已近乎“泥牛入海”,其原因林林总总,这里仍不妨先来考察法政层面与学术层面的观念转变。

(一)依法律行政在法政层面的吸纳与转换

新中国伊始,具有临时宪法性质的《中国人民政治协商会议共同纲领》对国家的方方面面作出了系统规定,但全文仅有三处使用了“法律”的概念。其中两处出现于第 17 条,即“废除国民党反动政府一切压迫人民的法律、法令和司法制度,制定保护人民的法律、法令,建立人民司法制度”。另一处出现于第 8 条,即“国民均有……遵守法律”的义务(该规定与约束国家权力的法治国家原则相悖)。“依法”“合法”等概念也只是在共同纲领中零星地出现了几次。这无疑与当时立法机关的实态和国家的工作重点是相关的。

在完成人大选举之后,国家建立了人民代表大会制度,强化法律在国家中的地位就成为一种可能。1954 年宪法接纳了依法律行政原理。该宪法第 22 条规定,“全国人民代表大会是行使国家立法权的唯一机关”,确立了法律的法规创造力原则;第 31 条第 6 项规定,全国人大常委会有权“撤销国务院的同宪法、法律和法令相抵触的决议和命令”,这在规范性文件的层面确立了法律优位的原则;在总纲及公民的基本权利义务部分,宪法也多次使用“依照法律”来处理国家与公民之间的关系,这是对法律保留原则某种程度上的确认。但后因“文化大革命”的发生,全国人大及其常委会在长达 10 多年的时间里处于闭会状态,宪法的规定亦形同具文。

1978 年 12 月 13 日,邓小平同志在中共中央工作会议上提出了法制工作的十六字方针:

① 有学者指出,在纯粹法学看来,行政法要否定对象上的政治色彩。如果连在根本上存在政治色彩都不能否定,也只有将民主主义法关系的优越性当作前提。鵜飼信成『行政法の歴史的展開』(有斐閣,1952 年)170-171 頁参照。

> 为了保障人民民主，必须加强法制。必须使民主制度化、法律化，使这种制度和法律不因领导人的改变而改变，不因领导人的看法和注意力的改变而改变。现在的问题是法律很不完备，很多法律还没有制定出来。往往把领导人说的话当作“法”，不赞成领导人说的话就叫作“违法”，领导人的话改变了，“法”也就跟着改变。所以，应该集中力量制定刑法、民法、诉讼法和其他各种必要的法律……经过一定的民主程序讨论通过，并且加强检察机关和司法机关，做到有法可依，有法必依，执法必严，违法必究。国家和企业、企业和企业、企业和个人等等之间的关系，也要用法律的形式来确定；它们之间的矛盾，也有不少要通过法律来解决。①

“有法可依，有法必依，执法必严，违法必究”这十六字方针曾被认为仍属于法制范畴，视法制为工具。但联系邓小平讲话的时代背景及上下文，很明显具有限权目的。而且有意思的是，这段话有意无意地区分了“法”与“法律”。他认为，当时的问题是法律很不完备。有此认识之后，才有了 1979 年五届全国人大二次会议一次性通过 7 个法律案的空前壮举，才有了 1982 年宪法着力强化全国人大常委会职权的非常举措。

1982 年宪法“将原来属于全国人大的一部分职权交由它的常委会行使，扩大全国人大常委会的职权和加强它的组织”，着力“加强人民代表大会制度”。② 如此，法律的地位也随之而升。1982 年宪法第 5 条第 3 款、第 4 款规定：“一切国家机关和武装力量、各政党和各社会团体、各企业事业组织都必须遵守宪法和法律。一切违反宪法和法律的行为，必须予以追究。任何组织或者个人都不得有超越宪法和法律的特权。”第 67 条第 7 项、第 8 项规定，全国人大常委会有权撤销与法律相抵触的国务院制定的行政法规、决定和命令，以及省级国家权力机关制定的地方性法规和决议。它从具体行为和规范性文件两个方面确立了法律优位的原则。在总纲、公民的基本权利义务及国家机构部分，宪法也多次使用“依照法律”“由法律规定”等措辞，法律保留虽在范围大小上尚存在一定争议，但仍获得了宪法的承认。与 1954 年宪法第 22 条规定不同的是，1982 年宪法第 58 条规定，“全国人民代表大会和全国人民代表大会常务委员会行使国家立法

① 《解放思想，实事求是，团结一致向前看》，载《邓小平文选》第 2 卷，人民出版社 1994 年版，第 146-147 页。

② 彭真：《关于中华人民共和国宪法修改草案的报告——1982 年 11 月 26 日在第五届全国人民代表大会第五次会议上》，载《人民日报》1982 年 12 月 6 日，第 1 版。

权”,全国人民代表大会不再是“行使国家立法权的唯一机关”。国务院制定的行政法规(宪法第 89 条)、国务院部委制定的规章(宪法第 90 条)、省级人大及其常委会制定的地方性法规(宪法第 100 条)均在宪法上获得了承认。这让法律的法规创造力原则是否得到维持变得扑朔迷离。

然而,依法律行政在制度层面的落实不容乐观。1993 年,李鹏同志的政府工作报告首次在政府文件中提出“依法行政”的概念,指出“各级政府都要依法行政,严格依法办事”。① 1999 年 3 月 15 日,“中华人民共和国实行依法治国,建设社会主义法治国家”被写入宪法修正案。1999 年 11 月 8 日,为了贯彻宪法修正案的法治国家原则,国务院认识到“依法行政是依法治国的重要组成部分,在很大程度上对依法治国基本方略的实行具有决定性的意义”,首次以文件的形式推进依法行政的工作,即国务院发布的《关于全面推进依法行政的决定》。② 但该文件宣示性内容较多,缺乏可操作性。因而,2004 年 3 月 22 日,国务院发布《全面推进依法行政实施纲要》,③提出“全面推进依法行政,建设法治政府”,明确了依法行政的基本要求,提出 10 年左右基本实现建设法治政府的目标。其中,对“合法行政”的要求是:

> 行政机关实施行政管理,应当依照法律、法规、规章的规定进行;没有法律、法规、规章的规定,行政机关不得作出影响公民、法人和其他组织合法权益或者增加公民、法人和其他组织义务的决定。④

从其内容来看,这里的“合法行政”形似于法律保留中的侵害保留(没有法律的授权,不得侵害私人的合法权益),相较于过去无疑是一大进

---

① 参见李鹏:《政府工作报告——1993 年 3 月 15 日在第八届全国人民代表大会第一次会议上》,载《国务院公报》1993 年第 9 号。

② 国发〔1999〕23 号,载《国务院公报》2000 年第 1 号。

③ 国发〔2004〕10 号,载《国务院公报》2004 年第 16 号。

④ 国务院《关于加强法治政府建设的意见》(国发〔2010〕33 号)第 14 条也有类似要求:“各级行政机关要自觉在宪法和法律范围内活动,严格依照法定权限和程序行使权力、履行职责……没有法律、法规、规章依据,行政机关不得作出影响公民、法人和其他组织权益或者增加其义务的决定。”在实务中,有使用依法律行政原理的概念阐释“合法行政”内容的做法。例如,有法院认为:“合法行政的基本原则有两方面要求,一是法律优先,是指行政机关实施行政管理,应当依照法律、法规、规章的规定进行,不得抵触现行有效的法律规定。二是法律保留,是指行政机关应当依照法律授权活动,不得法外设定权力。无授权则无行政,有授权才有行政。”何某平诉南平市公安局交通警察支队公安交通行政处罚案,福建省南平市延平区人民法院(2020)闽 0702 行初 3 号行政判决书,2020 年 6 月 30 日。当然,其中法律优位的内容只是相当于立法优位。

步,但它将狭义的"法律"扩大至法律、法规、规章,不仅有人大制定的法律和地方性法规,还包括了行政机关制定的行政法规和规章,使合法行政本应包含的民主主义和自由主义价值有所减损。为了防止机械适用法律法规造成不适当的后果,在合法行政之外,该纲要又提出了合理行政、程序正当、高效便民、诚实守信、权责统一五项基本要求。值得一提的是,"国家尊重和保障人权"于 2004 年 3 月 14 日写入宪法(第 33 条第 3 款),保障人权由此成为法治国家的目的。

在法律层面上,1996 年《行政处罚法》规定限制人身自由的行政处罚只能由法律设定,其他处罚则分别授权给行政法规、地方性法规和行政规章设定。① 2000 年《立法法》第 8 条规定了 10 项只能制定法律的事项,2015 年《立法法》增加了一项法律事项,直接关乎私人权利的 4 项是犯罪和刑罚,对公民政治权利的剥夺、限制人身自由的强制措施和处罚,税种的设立、税率的确定和税收征收管理等税收基本制度,对非国有财产的征收、征用,对于前两项实行绝对保留,不得授权行政立法。《立法法》采取了极为重要事项保留标准,法律事项的范围相对较小。2003 年《行政许可法》将限制私人自由权的行政许可设定权分别授予了法律、行政法规、地方性法规和省级政府规章(临时性的行政许可)。2011 年《行政强制法》对行政强制执行的设定权实行法律保留,对行政强制措施的设定权则分别授予了法律、行政法规和地方性法规。

在实施层面,自由民主意识渐渐增强,法律保留原则逐渐受到重视。收容遣送、劳动教养等制度均在很大程度上因违反法律保留原则而被废除。税收立法权也逐渐从国务院转回到全国人大的手中。但在制度性保障方面,法院对于违反法律的法规、规章缺乏必要的审查权,往往要通过请示批复才能解决法律适用的冲突问题,②实务中也很难看到因缺乏全国人大及其常委会的法律依据而撤销被诉行为的情形。而在法律优位上,违反法律也不再局限于违反实在的法律规范,还包括了违反法定或未法定的法律原则等,拓展了传统法律优位中法律的范围。同时,司法的审查基准也不再局限于法律,违反所有的上位法均为违法。

（二）依法行政原理在学术层面的确立

1983 年,新中国第一部行政法学统编教材《行政法概要》认为,"在进行国家行政事务管理活动中需要依法办事,这是普遍公认的原则"。具体

---

① 参见 1996 年《行政处罚法》第 9—14 条(2021 年《行政处罚法》第 10—14 条、第 16 条)。

② 参见王贵松:《法院对法律冲突问题的应对:现状与前瞻》,载《法商研究》2010 年第 2 期。

包括两个方面的要求:第一,各级国家行政机关和管理国家行政事务的部门必须严格按照宪法、有关法律和行政管理法规的规定处理,维护法制的统一和尊严,坚持依法办事。第二,全国各族人民都必须遵守宪法的规定,遵守有关法律和行政管理法规的规定,维护法制的统一和尊严,坚持依法办事。① 在改革开放初期,虽然依法办事得到重视,但现实却无法让人提出依法律行政的要求。私人守法也被当作依法行政的要求之一,这种观点后来受到批评。私人无法进行行政活动,也就无从谈起行政合法性。对于私人的违法,行政机关拥有必要的惩戒制裁手段,而对于行政机关来说,则必须强调行政合法性原则。②

1989 年,罗豪才在第二部行政法学统编教材《行政法学》中提出了"行政法治"的概念,③他认为,行政法治是法治原则在行政领域的具体运用,具有自身的特殊性。他将行政法治原则分解为合法性原则与合理性原则。合法性原则具体而言,包括四点要求:第一,任何行政职权都必须基于法律的授权才能存在;第二,任何行政职权的行使都依据法律、遵守法律;第三,任何行政职权的委托及其运用都必须具有法律依据、符合法律要旨;第四,任何违反上述三点规定的行政活动,非经事后法律认许,均得以宣告为无管辖权或无效。但罗豪才所称的"法律"是指广义法律,即包括宪法、法律、法规等。这也使行政合法性原则的前两点要求与法律保留变得形似而实异。对此,他作出了如下解释:

> 合法性原则有时也称作"依法行政原则"。这一原则的内容曾经历了一系列的演进。在早期资产阶级国家中,合法性原则的"法"仅指议会制定的法律,或宪法与议会法。那个时期国家事务不多,行政是消极的,因此议会根据宪法制定法律交由行政机关执行,并对其执法进行监督,便可实现国家目的。随着商品经济的发展,资本主义国家开始全面地干预社会,原有的政治体制已经不能适应新形势了。在

① 参见王珉灿主编:《行政法概要》,法律出版社 1983 年版,第 58-60 页。这里顺便提及,1985 年,有学者引用美浓部达吉在《日本行政法撮要》中的四个原则观点,并认为美浓部达吉的这些概括的基本精神可称为"依法行政",是资本主义行政法的基本原则。参见应松年、朱维究编著:《行政法学总论》,工人出版社 1985 年版,第 109 页。

② 参见张尚鷟主编:《走出低谷的中国行政法学——中国行政法学综述与评价》,中国政法大学出版社 1991 年版,第 69 页。

③ 他首次提出这一概念是在 1988 年,但他将行政法治、民主与效率相协调并列为行政法的两大基本原则,行政法治的核心是依法行政,具体又包括合法性、合理性、越权无效、应急性四项内容。参见罗豪才主编:《行政法论》,光明日报出版社 1988 年版,第 26-27 页。

此情况下，西方出现的“委任立法”现象，这种现象直到今日仍久兴不衰。“委任立法”的出现改变了人们的依法行政观念，人们逐渐觉得，行政不仅应遵循宪法与议会法，还应遵循行政立法。这样，经过战后的发展，行政合法性原则内容扩大了，行政活动不仅应符合宪法、议会制定的法律，而且应符合行政机关依议会授权制定的法规。在我国，行政合法性原则要求行政机关进行行政活动时应遵循宪法、基本法、法律、行政法规、地方性法规、自治条例和单行条例等。①

这与前述林纪东的解释是类似的，均看到了委任立法的现实影响。这种对依法行政的认识也成为此后行政法学界的通说。我们从中也可以看到，传统的依法律行政原理及其“依法行政”的变体在时隔40多年后再次获得继承。

与上述倾向有所不同的是，1990年，姜明安认为，依法行政的要求是：第一，“行政机关进行一切活动必须根据法律的授权”；第二，“行政行为的内容必须符合法律，不能与法律相抵触”；第三，“行政行为必须按照法定程序进行”。② 虽然他认为，依法行政的“法”包括宪法、法律、法规和规章，但政府行为的最终依据应该是宪法和法律。法规、规章与宪法、法律相抵触时，应当服从宪法、法律。因为只有宪法、法律是由全国人民代表大会及其常委会制定的，反映全国人民的意志和利益。③ 因而，其依法行政论具有纯粹法学的成分，是依法行政与法位阶的结合，只是较传统理论多了程序法上的要求。2005年，姜明安又进一步拓展了依法行政的法的范围。他认为，依法行政首先要依据宪法、法律行政；其次，不仅要依据法的明文规定，还要依据法的原理、原则行政；再次，不仅要依据行政管理法的规定，还要依据行政组织法和行政程序法的规定；最后，要求政府对私人依法实施管理。④ 这是“形式法治和实质法治的结合，既追求‘有法可依，有法必依，执法必严，违法必究’，又追求‘良法之治’”。⑤ 传统依法律行政原理规范的是行政活动，而不包括行政组织；所依据的法律是行政实体法，而不

---

① 参见罗豪才主编：《行政法学》，中国政法大学出版社1989年版，第35、38-39页。

② 参见姜明安：《行政法与行政诉讼》，中国卓越出版公司1990年版，第76-77页。

③ 参见姜明安：《法治的目标价值与手段价值》，载姜明安：《法治的求索与呐喊》(论文卷)，中国人民大学出版社2012年版，第262页(首发于《中央政法管理干部学院学报》1996年第6期)。

④ 参见姜明安：《行政法基本原则新探》，载姜明安：《法治的求索与呐喊》(论文卷)，中国人民大学出版社2012年版，第512-514页(首发于《湖南社会科学》2005年第2期)。

⑤ 姜明安：《发展、改革、创新与法治》，载姜明安：《法治思维与新行政法》，北京大学出版社2013年版，第16页(首发于《中共中央党校学报》2011年第4期)。

包括行政程序法。姜明安已在很大程度上破除了传统依法律行政原理的形式法治性、仅作用于行政行为法等种种局限,但也模糊了根据规范与组织规范、规制规范之间的差别。①

2007年,留学日本的杨建顺提出,一方面,行政必须坚持依法律行政的理念;另一方面,在法律保持沉默或空白乃至法规范本身存在相互抵触或者不一致的某些领域中,推行作为创造性活动的行政,同样也必须进行合法性的考虑。他将合法性、合理性和公开列为行政法的基本原则,合法性原则亦称依法行政原则,行政权力的存在、运用必须依据法规范、符合法规范,不得与法规范相抵触。合法性的"法"包括法律、法规、规章,甚至也应纳入其他规范性文件,不仅包括实体法,还包括程序法。② 他实际上是将依法律行政与依法行政结合起来,同时也不拘泥于传统的依法律行政,不过分扩大法律保留的范围。

(三)依法行政的特质

在新中国,依法行政和依法律行政的境遇形成了霄壤之别。法治行政首先面临着现实之困。在新中国成立最初的30年,行政无法可依,更遑论狭义的法律。改革开放后,依法律行政在很大程度上也仅停留于宪法的宣示层面。在国家权力格局中,全国人大及其常委会处于规范上的最高地位,虽然这种规范上的最高地位也有了逐步得到实现的迹象,③但国务院则拥有事实上的优势地位,而且这种优势地位也一直在维续着。全国人大及其常委会因存在人员多、会期短等结构性问题,无法充分供给社会所需的法律。又因国家发展不均、事态复杂,人大制定的法律较为原则,④至今,法律也不过300多部,没有充分涵盖行政的诸多领域,也没有足够明确具体的规定。全国人大及其常委会的现实状况,也从客观上无法让法律的地位、让依法律行政得到应有的强化。既然法律在行政乃至国家中的地位无法予以过高强调,那么以效率的实用主义为指导,⑤着重加强行政立法,就成为务实的选择。国家完善了行政立法的程序,希望吸纳更多的专

① 对于这三种规范的差别,可参见[日]盐野宏:《行政法总论》,杨建顺译,北京大学出版社2008年版,第46-47页。

② 参见杨建顺:《行政规制与权利保障》,中国人民大学出版社2007年版,第100、115-116页。

③ 参见韩大元主编:《公法的制度变迁》,北京大学出版社2009年版,第193-210页。

④ 初期的原则化问题或许是基于邓小平关于"宜粗不宜细"的指导(《解放思想,实事求是,团结一致向前看》,载《邓小平文选》第2卷,人民出版社1994年版,第147页)而产生的。后期的原则化问题则与立法的客观环境制约不无关联。

⑤ 其形象表述就是"黑猫白猫论"或"猫论"。参见邓小平:《怎样恢复农业生产》,载《邓小平文选》第1卷,人民出版社1994年版,第323页。

家、民众意见。《立法法》还建立了行政立法的抽象审查程序,[①]为确保行政立法的合法律性、合宪性提供制度保障。但该程序因缺乏现实有效的运作,也无法展现出法律的应有权威。

虽然不再强调法的民主性,但为传统依法律行政原理所忽视的法本身的合理性却受到重视。在学界,学者虽然强调执法必严,但也认为不能机械地适用法,要考虑法的目的、原则,甚至还要考虑法本身的合理性甚至合宪性。实质法治观也逐渐影响到了实务,正当程序、诚实守信等原则在未被实定化之前就在法院的判决中得到适用。[②] 当然,因宪法监督的束之高阁,虽然法的合理性得到强调,法律的合宪性却未能得到应有的强调和实际保障。

在强调依法行政时,行政程序的作用和价值受到重视。传统依法律行政依据的是行政实体法,着重从行政权限、行政权发动的条件等方面控制行政权。行政程序受到重视,或许是受到了英国式法治的影响。英国式法治重视法院在保障人权中的作用,行政机关要侵犯私人的合法权益,就必须像法院那样遵守正当法律程序,而其实体的法律控制则相对较少。美国行政法学家施瓦茨的《行政法》、我国行政法学家王名扬的《英国行政法》和《美国行政法》、英国行政法学家韦德的《行政法》于20世纪八九十年代出版,"正当程序"逐渐成为理论界和实务界耳熟能详的词汇。在行政程序中听取当事人甚至某些专家、"群众"的意见,成为程序正当的重要标准之一。这种做法试图以带有参与性的程序弥补行政机关民主性的不足,但它只是带有民主性,却并不是真正的民主。它只是咨询或听取个别人的意见,无法取代通过选举制度、人大制度等保障而形成的国家的整体意志,即法律。在一元制行政民主正当性的中国,只有法律才能给行政权的行使提供真正代表民意的民主正当性。行政程序可以发挥其补充性、限制性作用,但并不能减少行政对实体法律的民主需求。

值得警惕的是,在依法行政的框架下,有人还提及私人要守法。这种论调有时在理论上可以看到,在实务中甚至被视为"常识"。私人固然要守法,但依法行政却不是要求行政将法当成手段去查处违法的私人,而是要求行政机关依法执法。依法行政原本应处理的问题是行政与法之间的关系,而不涉及行政与私人之间的关系。之所以出现认识上的"依法治

---

① 参见2023年《立法法》第110条、第111条。

② 正当程序原则的相关案件如田某诉北京科技大学拒绝颁发毕业证、学位证行政诉讼案,载《最高人民法院公报》1999年第4期;诚实守信原则的相关案件如益民公司诉河南省周口市政府等行政行为违法案,载《最高人民法院公报》2005年第8期。

民”，或许与依法行政的去价值性相关。剥离了依法律行政的价值性，甚至连其背后的立宪主义原理一并抛弃，依法行政就存在变质的可能性。

四、现行宪法对于依法律行政的立场

依法律行政嬗变为依法行政，虽然并非从新中国开始，但是在新中国成立后转变得更为彻底。这种嬗变不但与方法论有关，更有现实的背景，但未必合乎现行宪法的要求。

（一）依法律行政与依法行政的关系

我们不妨回头去看看德国、日本依法律行政原理之后的变化。“二战”后的德国从国家形态上由形式法治国转变成了实质法治国。《德国基本法》第20条第3款规定，“立法权应受宪法秩序的限制，行政权与司法权应受法律与法的限制”。因此，行政所依之法也要发生变化。福斯特霍夫认为，奥托·迈耶的法律支配论三原则虽然在质的内容方面有程度上相对缓和的趋向，但其基本概念未见全然否定。行政所依之法（Gesetz）应理解为法规范（Rechtsnorm），即凡高权性的规定，以自由与财产条款为内容，对不特定多数人具有一般拘束力的规范，均属之，也被称为实质意义的法律或者实质法律。因而，凡依据法律的授权而由行政机关制定的法规命令，也属于“法”的范畴，只是不容许授权行政机关发布代替法律的命令。行政活动的主要目的实际上是对法律的执行，其法规命令的发布应有法律的授权，受法律的制约。① 同时，依法律行政处于宪法秩序之中，其中的“法律”应是合乎宪法的法律。与此类似，“二战”后的日本接受了美国的宪法改造，确立了国会的最高地位，②也加强了基本人权的宪法保障。③ 依法律行政原理得到全面确立，法律的合宪性也有了制度性保障。另外，在地方自治的地位在宪法上得到明确后，法律保留的根据已经不限于法律，也包括了地方公共团体（地方议会）的条例。④ 但依法律行政原理仍然是行政法学界不可动摇的通说。

依法律行政与依法行政两个概念代表着两套话语体系。两个概念固然可以并行不悖，但并非可以随意取舍。依法行政如果不强调依法律行政，实际上也就失去了对法的民主性要求。如果依法律行政没有下位法对

---

① 参见城仲模：《行政法之基础理论》，台北，三民书局1999年版，第8页。

② 《日本国宪法》第41条规定：“国会是国家的最高权力机关，是国家唯一的立法机关。”

③ 《日本国宪法》第97条规定：“本宪法所保障的日本国民的基本人权，是人类多年来为争取自由而努力的结果，这种权利已于过去几经考验，作为不可侵犯的永久权利被信托给现在及将来的国民。”

④ 宇賀克也『行政法概説Ⅰ行政法総論』（有斐閣，2023年）38頁参照。

法律的具体化,也会出现行政无序、擅权甚至专横的局面。依法行政之下的不得违法要求与依法律行政之下的法律优位要求,只要配合法位阶的法制统一性要求,就无实质的差别。两者的差别主要在于积极的依法行政部分,也就是依法律行政之下的法律保留。依法行政中的法包括了法律、法规、规章等,那么正如《全面推进依法行政实施纲要》所宣称的那样,有法的根据就可以侵犯私人的合法权益,法律保留所包含的民主要求就会荡然无存。另外,一般我们所了解的依法行政,法包括法律及行政机关自行发布的各种命令、规章,则"依法行政"在概念上将从"他律"而变质为"自律",并且将法律与位阶较低的规范混淆。①

从法政策的角度来说,在不同的历史时期,强调的重点应当有所差别。在德国,法律日益增多而且渐有泛滥之势(所谓"法律的洪水"),一方面强调宪法对法律的控制;另一方面强调对法律的具体化,再辅之以行政法院强有力的司法审查,成为时代的需要。而在时下的中国,法律的供应需继续加强,法律的实施也需进一步强化。简单的一句依法行政,容易将不正当的行政活动正当化,也难以实现法治国家的民主性要求。坚持形式意义上的近代依法律行政原理,同时将依法律行政原理置于宪法秩序之中,亦即既强调行政权的民主正当性要求,又恪守法律的合宪性要求,才是法治国家中的现代依法律行政原理。

(二)现行宪法与依法律行政

反观我国现行宪法,其重要目标之一就是让人大制度真正有效运转,实现人大在国家权力体系中的核心地位。虽然宪法承认行政法规、部门规章等行政立法的地位(宪法第 89 条第 1 项、第 90 条第 2 款),但仍强调法律的地位(宪法第 5 条第 4 款、第 5 款),并赋予全国人大常委会撤销国务院制定的同宪法、法律相抵触的行政法规的权力(宪法第 67 条第 7 项),这就确立了法律优位的原则。

而对于哪些事项须由全国人大及其常委会规定,亦即法律事项的范围则见仁见智。就宪法第 89 条,特别是其第 1 项"根据宪法和法律,规定行政措施,制定行政法规,发布决定和命令",行政法规能否在没有法律的情

---

① 参见吴庚:《行政法之理论与实用》(增订 8 版),中国人民大学出版社 2005 年版,第 52 页。据吴庚称,在近年来我国台湾地区的教科书中,已有学者不再将法律泛指为法规。参见吴庚,前揭书。例如,颇具影响力的陈敏的《行政法总论》就指出:"本书系以狭义之'法律'(制定法)理解'依法行政原则'中所谓之'法',但并不排除适用其他法源之可能性,期能涵盖法规命令不得抵触法律此一面向之法律优先,并符合法律保留非仅限定于干涉保留之学理发展。"[陈敏:《行政法总论》(第 8 版),2013 年自版发行,第 157 页。]

况下直接依据其来制定，易言之，能否直接具体化宪法，学界存在分歧。① 但如果结合宪法第 85 条来理解，则只能作出否定的回答。宪法第 85 条规定，“中华人民共和国国务院，即中央人民政府，是最高国家权力机关的执行机关，是最高国家行政机关”。1982 年《关于中华人民共和国宪法修改草案的报告》对国家机构有这样一段表述：

> 国家机构的设置和职责权限的规定，要体现这样的精神：在法律的制定和重大问题的决策上，必须由国家权力机关，即全国人大和地方各级人大，充分讨论，民主决定，以求真正集中和代表人民的意志和利益；而在它们的贯彻执行上，必须实行严格的责任制，以求提高工作效率。这种责任制对于发展社会主义民主，保证人民行使国家权力，是不可缺少的。人民通过国家权力机关作出决定以后，只有这些决定得到行政机关的迅速有效的执行，人民的意志才能得到实现。②

该报告阐述了人大与行政机关之间是决定与执行的基本关系。“法律的制定和重大问题的决策”其实是全国人大及其常委会的全部职权，也是行政机关执行的根据。国务院的执行机关定位源于 1954 年宪法。在制定 1954 年宪法时，对于“执行”一词的含义并无讨论。③ 1982 年宪法完全继承了这一规定。协助制宪、参与修宪的许崇德对“最高国家权力机关的执行机关”是这样解释的：

> 全国人民代表大会和它的常务委员会制定的法律和通过的决议，由国务院执行。国民经济和社会发展计划、国家预算经全国人民代表大会批准，由国务院执行。国务院是最高国家权力机关的执行机关，它不能违背最高国家权力机关的决定去处理国家事务，也不能去

① 原则否定说认为，行政法规只是“根据宪法和法律”作出具体化规定，原则上不具有创制规范的性质。参见蔡定剑：《宪法精解》，法律出版社 2006 年版，第 381－382 页。部分否定说认为，“有关公民权利方面的内容，除非有法律依据或者法律的明确授权，行政机关不得制定涉及这一内容的行政法规”。韩大元、林来梵、郑贤君：《宪法学专题研究》，中国人民大学出版社 2008 年版，第 536 页（郑贤君执笔）。

② 彭真：《关于中华人民共和国宪法修改草案的报告——1982 年 11 月 26 日在第五届全国人民代表大会第五次会议上》，载《人民日报》1982 年 12 月 6 日，第 1 版。

③ 对于 1954 宪法第 47 条的讨论情况，可参见许崇德：《中华人民共和国宪法史》，福建人民出版社 2003 年版，第 332－339 页。

做最高国家权力机关不批准的事情。①

对国务院同时还是"最高国家行政机关",许崇德的解释是:

> 国务院是最高国家行政机关,行使国家行政权……在国家行政机关系统中,国务院是最高国家行政机关。国务院有权根据宪法和法律,制定行政法规,发布决定和命令。行政法规、决定和命令虽然也是具有国家强制力的规范性文件,其效力仅低于宪法和法律,但国务院制定行政法规、决定和命令是行使行政权,不是国家立法活动,不是行使国家立法权。②

结合这几段说明来看,在宪法上,没有法律和决议,就没有执行(这相当于法律保留和法律的法规创造力);执行不得违反法律(这相当于法律优位)。虽然国务院有权制定行政法规,但行政法规只是执行的一种方式(这相当于法律的法规创造力)。依法律行政原理自当合乎现行宪法的内在要求。

目前,存在没有法律的情况下即制定了诸如《社会团体登记管理条例》《出版管理条例》等限制公民基本权利的行政法规的情形,简言之,没有施行法律保留,主要是因为,一方面是全国人大及其常委会暂时无法提供充分的、明确的法律,另一方面是法院因暂时缺乏法律适用的审查判断权,而无法为依法律行政、法律的应有地位提供适当的保障。如果依循"法治行政=依法律行政+行政裁判"这一简化的公式来说,全国人大是依法律行政的源头,司法审查则是依法律行政的担保机制。

五、依法律行政原理在中国的开拓线

依法律行政原理传至中国,渐渐形成了分支,而作为分支的依法行政却在新中国得到广泛认可。其中虽然有少许的方法论的原因,但更多地是源于国家权力格局发生了重大变迁。依法律行政不仅代表着行政与法律的关系,更代表了行政权与国家立法权之间的关系。在国家立法权无法伸

① 许崇德主编:《中国宪法》(第4版),中国人民大学出版社2010年版,第173页。许崇德针对1954年宪法第47条规定的国务院的性质和地位作出了同样的说明,只是在国务院执行根据的名称上有稍微差异。参见许崇德:《中华人民共和国宪法史》,福建人民出版社2003年版,第331页。

② 许崇德主编:《中国宪法》(第4版),中国人民大学出版社2010年版,第173-174页。

张、司法权无力也无权维护法律的权威时,依法律行政便无用武之地。但是,法律中所包含的安定性、民主性和自由主义,是法治行政无法舍弃的价值。虽然如今的法治行政不能像传统的依法律行政原理那样简单地以法律为根据,而应在宪法规范和价值指导下强调法律的合宪性、人权保障的目的性,甚至还要将程序的要求囊括在法律之中,但依法律行政的基本原理还是应当重新得到重视,这样才能与宪法对国务院的定位、与人民代表大会制度相吻合。反观近些年来的"法治政府"建设,在取得诸多成就之余,仍有值得思索之处。国务院、各省级政府发布了以《全面推进依法行政实施纲要》《法治政府建设实施纲要》为首的一系列行政机关自我约束的文件,虽然在行政权"处于强势"的我国也确有必要强调行政的自我拘束,但将行政机关自我确定的目标和方法作为实施和考核的准据,则失去了法治国家本应有的民主控制的诉求。行政的自我约束无法取得他律或异体监督的当然正当性。"纲要"更是将法律保留替换为法律、法规、规章的保留,这不是简单的行政权根据的扩大,而是对法律保留的实质改变。因此,在强调依法行政的同时,还应确立依法律行政的原理。重视法治行政中的依法律行政,在制度上,不仅要切实提高全国人大的有效性,还应赋予法院充分的审查权限,确保依法律行政的实现。在学术上,应恢复依法律行政的基本原则或基本原理的地位,这样将至少有助于迅速把握各种论题的法律问题所在;同时也应区别使用"法"与"法律"的概念,①这样不但能在观念上促进全社会对法的敬畏,更能树立起法律的权威。

---

① 在同样使用汉字的日本,曾经也存在同样的情形。星野英一「『法』と『法律』の用語法について一区别への提言」国家学会編『国家学会百年記念　国家と市民(第三巻)』(有斐閣,1987年)363 頁以下参照。但现在,日本的"法律"仅指国会制定的规范性法律文件,"法令"是所有实定法的总和,而"法"则可涵盖实定法和法理、法的目的等。

第二章　法律与行政关系的分析框架：从国务院的地位切入

依法律行政原理作为行政法的基本原理，是分析法律与行政关系的基本工具。法律与行政关系的分析需要置于中国当下，置于现行宪法之下，但又不是简单的现实描述。也就是说，宪法对于法律与行政关系的安排是一个应然的秩序，对于具体的立法和行政实践具有规范性指导意义。

一、法律与行政关系的整体把握

针对法律与行政或者立法与行政的关系，可以作出类型化的分析，但并不存在普适性的原理。中国当下法律与行政之间的关系，应当置于现行宪法之下来分析。既有的经验和学理可以发挥参考作用，但均以适合现行宪法的国家权力结构为前提。而当代中国的法律与行政关系，从机关的角度来看，就体现为全国人大与以国务院为代表的行政机关之间的关系，而这又可以在国务院的宪法地位中得到反映。故本章从国务院的宪法地位切入，为分析法律与行政的关系提供基本框架。

正确理解国务院的宪法地位，既是维护国务院应有地位的需要，也是规范国务院实际权能的前提，更是处理立法机关与行政机关、行政机关相互之间关系的准则。宪法第 85 条规定，“中华人民共和国国务院，即中央人民政府，是最高国家权力机关的执行机关，是最高国家行政机关”。在规范上，这一对国务院宪法地位的规定看似明确，却存在诸多难解之处：这三组概念能包含怎样的规范要求？三组概念的相互关系是什么？特别是最高国家权力机关的执行机关与最高国家行政机关的关系是什么，国务院是仅仅具有执行的权限还是能充分发挥最高国家行政机关的作用呢？这些问题与诸多理论困惑和实践疑难密切相关。

厘清国务院的宪法地位，对于法治国家建设或可发挥基础性指引作用。一方面是制度上的意义。作为国家权力结构中最重要的一对关系，如何确定全国人大与国务院之间关系的问题，从国务院角度而言，就是如何确定宪法第 85 条中“执行”和“行政”之间的关系。这种关系需要在人大制度的政体之下来理解，单单讲某一方面或者突出某一点都是不合适的。过于强调“执行”，甚至置宪法规定于不顾，“蚕食”乃至虚置国务院，固然有助于提升人大的权威,但忽视了人大自身的组织局限性。强调“行政”,固然合乎单一制大国对行政权威的客观需求,但可能与我国的人大制度产生紧张关系。现实的需要与规范的要求,如何协调,如何在规范之下提供解释的空间,设定一定的界限,需要对国务院宪法地位作整体的思考和把握。

另一方面是学理上的意义。明确国务院的宪法地位,就是在明确国务院在整个国家权力结构中的地位。学界有不少关于国务院某一方面职权的探讨,特别是行政法规的制定权限、法律保留的范围等。以国务院独立的行政法规制定权限(职权立法)为例,理论上存在两种论证方式。稍早的做法是个别权限的解释或比较。其只是对宪法第 89 条第 1 项国务院行政法规制定权限的规定作语义分析,或者把第 89 条第 1 项与第 58 条全国人大及其常委会的国家立法权放在一起比较分析,得出可承认国务院职权立法的结果,这是有欠妥当的。近来的做法则显得更为高明,通过宪法第 85 条“中央人民政府”的解释为从宪法第 89 条第 1 项中导出职权立法提供支持;①或者在宪法第 85 条的国务院宪法地位之下,通过对“执行”“立法”(宪法第 58 条)等概念作不同的解释来论证宪法第 89 条第 1 项的国务院的独立权限,为职权立法提供正当性;②或者通过分析全国人大—全国人大常委会—国务院之间的关系,论证国务院职权立法的正当性。③ 后一种论证方式虽然在结论上未必妥当,但是在方法上照顾到了体系的意义。脱离整个框架体系,可能导致一叶障目,而不能得出适当的判断。对国务院宪法地位作整体把握,有助于提升理论解释的融贯性,防止在做其他研究时左支右绌、前后矛盾。

宪法规范应是现实权力运作或相关改革的出发点。在国家机构相互作用渐趋频繁的今天,回归宪法文本,在整体上认识国务院的宪法地位,对于适当发挥国务院的功能、划定国务院的权限范围,确定立法机关与行政机关的适当关系,具有重要价值。

二、国务院宪法地位的确立

国务院并非现行宪法创立的全新组织,而是有其“前生今世”。回溯历史,两相对照,有助于认识现今国务院的宪法地位。

---

① 参见谢立斌:《论国务院的职权立法权》,载《政法论坛》2018 年第 6 期。

② 参见黄宇骁:《立法与行政的权限分配》,载《法学家》2020 年第 1 期。

③ 参见杜强强:《论我国宪法上的议行复合结构》,载《法学研究》2023 年第 4 期。

(一)旧中国国务院的对照

中华民国时期，已有“国务院”的设置。1911 年《中华民国临时政府组织大纲》采用总统制，不设国务院；而 1912 年《中华民国临时约法》改采用议会内阁制，则设立了国务院。1912 年 4 月 4 日，南京的参议院制定了《国务院官制》。该官制第 1 条规定，“国务院由国务员组织之”。1912 年 6 月 19 日，北京的参议院通过了《修正国务院官制》，并于 6 月 26 日由临时大总统正式公布。① 根据《中华民国临时约法》的规定，临时大总统经参议院同意可任免国务员(第 34 条)。国务员为国务总理及各部总长，国务总理为国务员首领，保持行政的统一。②

1914 年 5 月 1 日《中华民国约法》颁布，袁世凯下令废止《国务院官制》，组织总统府政事堂，政事堂为政务机关，对大总统负责。原呈报国务总理之事一律改呈大总统，委任国务卿以代替之前的国务总理，各部一律改为直隶于大总统。这样就取消了内阁制，加强总统的集权。直至 1916 年 5 月，为形势所迫，袁世凯又将政事堂改回为国务院。③

“国务院”一词首次在正式宪法文本中出现是在 1923 年《中华民国宪法》中，该宪法第八章“国务院”以专章的形式加以规定。国务院由国务员组成，国务总理及各部总长均为国务员。国务总理的任命须经众议院同意，国务员赞襄大总统，对于众议院负责；大总统所发命令及其他关系国务的文书，非经国务员副署，不产生效力，但任免国务总理不在此限。

南京国民政府时期实行五院制，国务院就不复存在了，国务院在中华民国时期共存续 14 年。历史表明，总统制不需要内阁式的国务院，国务院对应的政体是议会内阁制，国务员副署大总统的法律案、命令等，负有实际政治责任，向国会负责。国务院也有一定的反制措施：在国务员受到参议院弹劾时，临时大总统可以提交参议院复议一次(《中华民国临时约法》第 47 条)；大总统于国务员受不信任之决议时，非免国务院之职，即解散众议

① 参见谷丽娟、袁香甫：《中华民国国会史》(上)，中华书局 2012 年版，第 228-230、357-361 页。

② 但“国务院”一词并未规定在《中华民国临时约法》中，1913 年它首次出现在《中华民国宪法草案》(史称“天坛宪草”)上，该宪法草案第七章标题为“国务院”。针对其沿革，起草委员王鑫润说明如下：“查国务院之由来，系采用英国制，在英美二国行政机关略有不同。本委员会当时讨论及此，以为英美二国制度何者为完备，几经讨论最后乃决定采用英国制。按照国务院全章与外条文有相关联之处，不过多系属于学理上之研究，现在无须赘述。查国务院名称之由来，按之本国沿革历史，在随[应为‘临’——引者注]时约法大纲已有规定。不过彼系国务员，而非国务院而已。至其分别之原因，亦可略为说明。查国务员为一种机关，与大总统为对待的；国务院之意义较广，与国会为对待的，此系本国国务院之沿革也。”吴宗慈：《中华民国宪法史》，于明、王捷、孔晶点校，法律出版社 2013 年版(原书为 1923 年版)，第 224 页。

③ 参见钱端升等：《民国政制史》(上册)，上海人民出版社 2008 年版，第 82、116 页。

院;但解散众议院,须经参议院同意(1923 年《中华民国宪法》第 89 条第 1 款)。但这种府院关系的设计并未完全被新中国承继,与人大制度也存在部分抵触之处。

(二)新中国国务院的形成

在新中国,1949 年设立的政务院是"国务院"的前身。政务院由中央人民政府委员会组织,是"国家政务的最高执行机关"。① 1954 年宪法将政务院改为"国务院",国务院成为正式的国家机构,并以第二章第三节"国务院"专门一节的形式被写入宪法。国务院与政务院虽然只有一字之差,在性质上都属于最高国家行政机关,②但在地位、组成、机构设置、职权等方面都有重要差别,不可等同视之。③ 对于为何将政务院改名为国务院,尚未见权威说明。可能的解释是,国务院的职权和规模都远大于政务院,连 1952 年增设的直辖于中央人民政府委员会的国家计划委员会,即与政务院平行的机关,都改成了国务院的部门,而且在国务院之下也设立了国防部,因而,有必要更改名称。

1954 年 3 月 23 日,宪法起草委员会召开第一次全体会议,中国共产党中央委员会正式提出《中华人民共和国宪法草案(初稿)》。现行宪法第 85 条对应的条文是该宪法草案初稿第 45 条,即"中华人民共和国国务院是中华人民共和国的中央人民政府,是国家最高管理机关"。该宪法草案初稿说明指出,"国务院实质上是执行机关","国务院就是中央人民政府,等于苏联和人民民主国家的部长会议,是全国人民代表大会的执行机关。这和社会主义国家的属同一类型,有些差别,是根据我国具体情况规定的"。在 1954 年 5 月 28 日的第三次全体会议上,经讨论,该条被修改为"中华人民共和国国务院是中华人民共和国政府,是国家权力最高机关的执行机关,是国家最高行政机关"。1954 年 6 月 14 日,中央人民政府委员会审议通过《中华人民共和国宪法草案》,该宪法草案第 47 条规定:"中华人民共

---

① 参见《中华人民共和国中央人民政府组织法》第 5 条。关于名称上使用政务院而不用国务院的问题,董必武指出:"关于政务院的名称,原来有人主张用国务院,但国务院包括军事,不太合适;有人主张用行政委员会,但中央人民政府委员会是委员会,最高行政机关下还有指导性的委员会一级,其下还有各种委员会,这样名称容易混淆。至于部长会议或部会长会议也不合乎我们的实际,在我们的最高行政机关中,部长不一定是政务委员。所以最后我们仍采用了政务院的名称。"董必武:《关于草拟中华人民共和国中央人民政府组织法的经过及其基本内容的报告(一九四九年九月二十二日在中国人民政治协商会议第一届全体会议上)》,载杨建新、石光树、袁廷华编著:《五星红旗从这里升起——中国人民政治协商会议诞生记事暨资料选编》,文史资料出版社 1984 年版,第 522 页。

② 参见崔玉娈:《1949—1954 年中央行政体制相关问题略探》,载《党的文献》2008 年第 2 期。

③ 参见黄寒冰:《"政务院"与"国务院"的差别》,载《中国行政管理》1998 年第 5 期。

和国国务院，即中华人民共和国政府，是最高国家权力机关的执行机关，是最高国家行政机关。”之后，该宪法草案交付全民讨论。1954 年 9 月 15 日，第一届全国人大第一次会议召开，审议该宪法草案。“国务院，即中华人民共和国政府”被修改为“国务院，即中央人民政府”。① 1954 年 9 月 20 日，第一届全国人大第一次会议通过了宪法，宪法第 47 条规定：“中华人民共和国国务院，即中央人民政府，是最高国家权力机关的执行机关，是最高国家行政机关。”1975 年宪法第 19 条第 1 款规定：“国务院即中央人民政府。国务院对全国人民代表大会和它的常务委员会负责并报告工作。”这一规定虽然十分简略，但也明确了国务院与最高国家权力机关之间的关系。1978 年宪法第 30 条第 1 款基本恢复了 1954 年宪法第 47 条的表述。1954 年宪法第 47 条的规定也被 1982 年宪法第 85 条完完整整地继承下来。因而，1954 年宪法起草审议时的材料可以用于下文分析宪法第 85 条的含义。

（三）现行宪法第 85 条的规范特征

现行宪法第 85 条是对国务院的性质和宪法地位的规定。② 该条表明了国务院在国家权力体系中的地位，既明确了国务院与全国人大之间的关系，也明确了国务院在行政系统内部的地位。相对特别的是，“中央人民政府”的定位与“最高国家权力机关的执行机关”“最高国家行政机关”的定位是什么关系？

在各种宪法学教材中，主编通常在国务院的性质和地位之下分列三点。谢立斌明确指出，根据现行宪法第 85 条，国务院有三重身份：中央人民政府、最高国家权力机关的执行机关、最高国家行政机关。③ 但从文字表达上来看，“中央人民政府”前面的是“即”，后两者前面的谓语是“是”。该观点忽视了现行宪法第 85 条条文中“即”和“是”的差别。在 1954 年宪法起草委员会第六次全体会议上，对于“国务院，即中央人民政府”的“即”字，叶圣陶的解释是：“说明性质的，用‘是’字；插进去的，用‘即’字。”邓小平认为：“用‘即’字明确些，严密些。”而黄炎培认为：“用‘是’字庄严些。”

① 参见韩大元：《1954 年宪法制定过程》，法律出版社 2014 年版，第 272、273、279-280、369 页。

② 我国宪法上的国家机关除了国家主席、中央军事委员会之外，都存在这种定性的条款。这种对国家机关宪法地位作出规定的立法例是在新中国宪法才有的，在国外也不多见，近似的是，1936 年《苏联宪法》第 30 条关于“苏联国家政权机关为苏联最高苏维埃”，第 64 条关于“苏维埃社会主义共和国联盟国家政权之最高执行及号令机关为苏联人民委员会”的立法例；1946 年《日本国宪法》第 1 条关于“天皇是日本国的象征，是日本国民整体的象征”，第 41 条关于“国会是国家的最高权力机关，是国家唯一的立法机关”的立法例。

③ 参见谢立斌：《论国务院的职权立法权》，载《政法论坛》2018 年第 6 期。

刘少奇认为:“法律上以准确些为好,念起来不顺口是次要的。那就改为‘即’好了。”最后采用了“即”字。① “国务院,即中央人民政府”,国务院就是中央人民政府,中央人民政府就叫国务院,“中央人民政府”是在解释“国务院”,具有概括性,是在国家整体层面上谈国务院的地位;而最高国家权力机关的执行机关和最高国家行政机关是在相互关系中具体谈国务院的性质和地位。也就是说,现行宪法第 85 条规定的不是三重身份,而是两个层面上的三种地位。

现行宪法第 85 条的规定具有统领性,宪法第三章第三节之下的内容均处于该条的统摄之下。该条虽然是陈述句式,但带有肯定判断的内容,包含着对国务院宪法地位的应然判断。国务院的宪法地位是国务院职权职责的综合体现,该条规定为国务院职权划定了范围,很难允许逾越这种宪法地位设立机构、配置职权。我们无法从国务院的性质和地位中推导出国务院具体的职权,在其宪法地位允许的范围内,因为如何设立机构、配置职权,具有较大的立法裁量空间。下文拟结合制宪史资料对国务院的宪法地位逐一分解。

三、国务院作为中央人民政府

“国务院,即中央人民政府”,这是国务院的概括性宪法地位,需要解释的是“中央人民政府”的含义、在这一概念中能包含怎样的内容。

(一)中央人民政府的内涵与构成变迁

在新中国,“中央人民政府”一词经历过内涵的重大变迁。1949 年 9 月 27 日中国人民政治协商会议第一届全体会议通过了《中华人民共和国中央人民政府组织法》,该法第 3 条规定,“在普选的全国人民代表大会召开前,由中国人民政治协商会议的全体会议执行全国人民代表大会的职权,制定中华人民共和国中央人民政府组织法,选举中华人民共和国中央人民政府委员会,并付之以行使国家权力的职权”。1949 年 9 月 29 日通过的《中国人民政治协商会议共同纲领》第 12 条第 2 款规定,“国家最高政权机关为全国人民代表大会。全国人民代表大会闭会期间,中央人民政府为行使国家政权的最高机关”,第 13 条第 1 款作出与《中华人民共和国中央人民政府组织法》第 3 条相同的规定。董必武指出,“中央人民政府委员会选出后,人民政治协商会议选出的全国委员会即成为国家政权以外各党

---

① 参见韩大元:《1954 年宪法制定过程》,法律出版社 2014 年版,第 297 页。

派、各人民团体的协议机关"。[①] 中央人民政府委员会成为当时的最高国家权力机关。

1949年至1954年，中央人民政府包括中央人民政府委员会、中央人民政府主席、政务院、人民革命军事委员会、最高人民法院和最高人民检察署（1952年增设国家计划委员会）。当时，中央人民政府就是上述机关的总和，但并非上述机关的简单相加，而是一个有系统的、内部结构紧密的大政府。中央人民政府集立法、行政、审判和检察于一体，可以说是贯彻了"议行合一"原则。[②]

1954年宪法在政务院的基础上加以发展，设立了国务院，并使其具有了中央人民政府的地位。为了和新中国成立初期的中央人民政府委员会相区别，1954年宪法在确认国务院的性质、地位时，明确规定"国务院，即中央人民政府"。[③] 自1954年宪法起，"中央人民政府"仅指国务院，国务院的构成就是中央人民政府的构成。根据现行宪法第86条第1款规定，国务院由总理、副总理若干人、国务委员若干人、各部部长、各委员会主任、审计长、秘书长组成。而现行宪法之下的中央人民政府，即国务院，其组织构成是按照总理负责制设计的，是民主集中制在国务院的具体体现。

在理论上，对"政府"有不同理解，有大政府（包括整个国家机关）和小政府（仅为行政机关）之别。在1954年宪法起草委员会第三次全体会议上，董必武认为，"美国'政府'是包括立法、行政、司法的。苏联和人民民主国家的'政府'是立法机关的执行和号令机关。苏联政府即苏联部长会议，不包括最高苏维埃。我们把'中央人民政府'改称国务院好"。刘少奇也认为，"中国的习惯，'行政机关'就是指政府机关"。[④] 由此，我国采用了狭义的政府用法，只有国务院序列是政府。"政府"之前加上"人民"二字，体现了人民对政府的情感，[⑤]旨在强调政府的人民性、政府为人民服务的宗旨。政府还有与构成政府的职能部门相对的内涵。只有国务院可以

---

① 董必武：《关于草拟中华人民共和国中央人民政府组织法的经过及其基本内容的报告（一九四九年九月二十二日在中国人民政治协商会议第一届全体会议上）》，载杨建新、石光树、袁廷华编著：《五星红旗从这里升起——中国人民政治协商会议诞生记事暨资料选编》，文史资料出版社1984年版，第521页。

② 参见许崇德：《中华人民共和国宪法史》，福建人民出版社2003年版，第99页。现行宪法之下，是否仍秉持议行合一原则，可参见杜强强：《议行合一与我国国家权力配置的原则》，载《法学家》2019年第1期。

③ 参见吴杰、廉希圣、魏定仁编著：《中华人民共和国宪法释义》，法律出版社1984年版，第133-134页。

④ 韩大元：《1954年宪法制定过程》，法律出版社2014年版，第279页。

⑤ 参见韩大元：《1954年宪法制定过程》，法律出版社2014年版，第278、308页。

称为政府,国务院下属的部委等只是政府的职能部门。

在 1982 年宪法之下,中央人民政府不等于中央行政机关。中央行政机关包括国务院、国务院各部委、国务院直属机构、国务院直属特设机构和国务院办事机构,但中央人民政府仅为国务院。国务院与其他中央行政机关之间的关系属于下文“最高国家行政机关”定位所涵盖的范围。

(二)现今“中央人民政府”的四种解释

过去人们通常认为,国务院作为中央人民政府是相对于全国的地方各级人民政府而言的。例如,许崇德曾认为,“国务院是中央人民政府。它是中华人民共和国的政府,而不是地方性的政府。我国的地方政府……都要受中央人民政府的统一领导”。① 但是,联系宪法第 85 条表述的形成史来看,“国务院,即中央人民政府”的前一稿是“国务院,即中华人民共和国政府”,再往前的表述是“国务院是中华人民共和国的中央人民政府”,一直都在强调“中华人民共和国”,“中央人民政府”一词就很难没有对外的成分。

许崇德后来在其主编的教材中说:“在我国的对外事务中,国务院就是中华人民共和国政府,也即我国的中央人民政府。再从国内的政权组织体系来说,我国有许许多多地方人民政府……都要服从中央人民政府。我国是单一制的国家,全国只有一个中央人民政府,中华人民共和国的中央人民政府就是国务院。”②韩大元也较为精炼地指出,“国务院即中央人民政府有两重意义:一是在国际社会中,国务院是代表中华人民共和国的政府;二是我国的地方人民政府体系中,国务院是中央政府”。③

也有学者试图从这一定位中推导出更多的内涵,可称为概括性领导权说。谢立斌认为,既然宪法第 85 条规定了国务院的三种身份,它们就应该有各自的意涵,“中央人民政府”就应区别于国家权力机关的执行机关和国家行政机关。从历史衍变来看,从原来包罗万象的政府权力中分离出立法权和司法权之后,现代意义上的政府仍然享有广泛的国家领导职权。政府行使国家领导职权的原理,在我国宪法上也有体现,宪法第 89 条第 2 项到第 17 项就赋予了国务院一系列领导职权。④ 该学者试图从“中央人民政府”的地位中推导出保留给国务院的领导权,类似于外国法中的区别于

① 许崇德:《宪法关于我国最高国家行政机关的发展变化》,载《中学政治课教学》1983 年第 4 期。

② 许崇德主编:《中国宪法》(第 4 版),中国人民大学出版社 2010 年版,第 173 页。

③ 韩大元:《1954 年宪法制定过程》,法律出版社 2014 年版,第 400-401 页。

④ 参见谢立斌:《论国务院的职权立法权》,载《政法论坛》2018 年第 6 期。

立法、行政、司法的执政或统治权。但正是宪法第 89 条第 18 项显示出国务院权限的有限性，该项规定，国务院行使“全国人民代表大会和全国人民代表大会常务委员会授予的其他职权”。国务院并不享有明确列举之外的统治权，该统治权为全国人大及其常委会所享有，这也是中国宪法的特质之一。

还有一种可能更为准确的解释是，“中央人民政府”仅指代表中华人民共和国的政府，可称为国家代表说。国家与政府是两个不同的概念。“中华人民共和国”是一个国家，有权代表这个国家的是“中央人民政府”。按照毛泽东同志的理解，“按照外国的习惯，一个国家只有一个政府”，“全国只有一个政府，即国务院”。① 中央人民政府是国务院在总体上的概括性定位。需要以国家的形式出面时，就由国务院来代表。在对外关系上，国务院代表国家对外行使一般缔约权就是在这一意义上的适用；在对内关系上，国务院代表国家要比仅与地方政府相对的含义要广，诸如国家所有权由国务院代表行使，也是在这一意义上的适用。目前的实定法仅在对外的国际层面上或带有外部因素考虑的层面上使用这一概念。使用现行宪法意义上“中央人民政府”一词的法律除《国务院组织法》外只有八部：《国旗法》《国徽法》《香港特别行政区基本法》《澳门特别行政区基本法》《香港特别行政区驻军法》《澳门特别行政区驻军法》《香港特别行政区维护国家安全法》《缔结条约程序法》。《缔结条约程序法》仅出现一次该词，即“中华人民共和国国务院，即中央人民政府，同外国缔结条约和协定”（第 3 条第 1 款）。至少从实定法的用法来看，使用“中央人民政府”就是在表达由国务院代表中华人民共和国的意思。

四、国务院作为最高国家权力机关的执行机关

在国务院的具体定位中，“最高国家权力机关的执行机关”是其首要定位。这一定位对于两个机关之间关系的处理具有重要的指引作用。

（一）执行的两阶段构造

通常理解的执行，就是将某事项的内容具体付诸实施、予以实现。具体实施或实现的事项可能是法规规定的内容，也可能是权利主体决定的事项，还可能是法院判决的具体内容。但如果考察国外的理论和实践，就会发现执行有广义和狭义之分。例如，在洛克的政府理论中，国家权力被分成立法权、执行权和对外权。执行权就是负责执行被制定和继续有效的法

① 韩大元：《1954 年宪法制定过程》，法律出版社 2014 年版，第 308 页。

律的经常存在的权力。[①] 广义的执行权是与立法权、司法权相对的概念,意味着执行法律的国家统治权的权能,与行政权同义。美国宪法第2条第1款规定"the executive power"属于总统,它并不限于执行国会的法律。这里的"the executive power"通常译成"行政权",但直译应是执行权。当然,也有很狭义的执行,区别于一般的行政权、行政部门,譬如行政决定的执行、判决的执行。广义的执行具有很强的政治性,而狭义的执行则具有技术性。

在我国宪法上,执行首先是体现着表达国家意志与执行国家意志的两阶段构造。它不同于更为宽泛的"遵守"或"实现"。在我国宪法上,"执行"一词共使用了14次,[②]其中既有诸如执行逮捕决定的技术性执行,也有政治性的与立法权相对的执行。其使用的语境是一方作出决定、表达意志,另一方负责落实、执行意志,这就是典型的两阶段构造。其次,有国家意志的表达,才有国家意志的执行。没有国家意志的决定和表达,就没有执行可言。最后,国家意志为执行划定了目标和边界,但在此之外并不包含更多的含义。执行并不意味着仅为消极作用,执行者可以采取一定的手段保证执行,在不与既有法律抵触的前提下,执行机关对于如何执行享有一定的裁量权。

(二)"最高国家权力机关的执行机关"的体现与限度

国务院作为最高国家权力机关的执行机关,是指它必须执行全国人大和全国人大常委会所通过的法律和决议。这也表明,"从国务院与最高国家权力机关的关系来看,国务院处于从属的地位"。[③]

---

① 参见[英]洛克:《政府论》(下篇),叶启芳、瞿菊农译,商务印书馆1964年版,第92页。其中,国家的最高权力是立法权,是至高无上的,因为它真实地代表着国家的统一的暴力,国家要想作为一个整体生存下去,只能有一个最高权力。因此,执行的权力只能是次级权力。参见[英]彼得·拉斯莱特:《洛克〈政府论〉导论》,冯克利译,生活·读书·新知三联书店2007年版,第151-152页。洛克没有提及司法权,是因为司法权不是一种分立的权力,而是国家的一种属性,把它与执行权、立法权并列是没有意义的。洛克承认司法权应当是中立而公正的、有声望的和权威的,仅此而已,不再要求其他的东西。参见拉斯莱特前揭书,第153页。

② 与第85条"执行"一词内涵一致的是"地方各级国家权力机关的执行机关"(宪法第105条第1款)。执行的对象包括各种守则、公约(宪法第24条第1款),批准逮捕或逮捕决定(宪法第37条第2款),国民经济和社会发展计划、预算(宪法第62条第10项、第11项,第67条第5项,第89条第5项,第99条第2款),宪法、法律、行政法规(宪法第99条第1款、第140条),本级人大的决议和上级国家行政机关的决定和命令(宪法第107条第2款),国家的法律、政策(宪法第115条)。稍有模糊的用法是"执行职务"(宪法第121条)。通常而言,职务包含职权和职责两个方面,如果从组织性法律保留的原理而言,职务的内容也不是自行确定的。因而,"执行职务"的"执行"与前述的"执行"内涵大体一致。

③ 韩大元:《1954年宪法制定过程》,法律出版社2014年版,第401页。

对于国务院是“最高国家权力机关的执行机关”，有学者解释为“一个机关是另一个机关的执行机关，而不是一种作用形式是另一种作用形式的执行”。① 但是，执行机关总是要以某种作用形式来体现出执行性。执行机关的地位具体体现为：(1)国务院由全国人大产生，并向全国人大及全国人大常委会负责和报告工作。(2)全国人大和全国人大常委会所制定的法律和通过的决议，有关国家行政工作的部分，国务院必须贯彻执行。(3)国务院的活动不能超出最高国家权力机关制定的宪法、法律所规定的职权范围。最高国家权力机关有权监督它的工作，全国人大常委会可以撤销国务院同宪法、法律相抵触的行政法规、决定和命令。国务院和最高国家权力机关的这种关系，体现了我国国家机构的民主集中制原则。② 在中央层面，国务院所属的行政机关也受全国人大监督，但通常是由国务院作为一个整体为其职能部门的行为向全国人大及其常委会负责。实践中，也有过全国人大常委会直接向某个部委专题询问的做法，但现在一般是由国务院副总理或国务委员带领部委负责人前往应询。

宪法明确列举的国务院执行事项包括法律、国家的国民经济和社会发展计划、国家预算等。但这应是不完全列举，只要是全国人大及其常委会所表达的意志，无论是以法律、计划、预算的形式体现出来，还是以决议、决定等其他形式体现出来，只要与行政相关、具有可执行的内容，国务院就要负责执行落实。国务院仅可与最高国家权力机关进行沟通，而不得拒不执行最高国家权力机关的决定，更不得拥有任何实质的反制措施。这是中国人民代表大会制度的特色之一。

在现实的政制运作中，国务院与最高国家权力机关之间存在一定的互动。“由于国务院领导和管理着国家的实际工作，所以事实上许多重大议案都由国务院向最高国家权力机关提出。但这并不影响国务院对最高国家权力机关的从属关系，因为国务院不能去做最高国家权力机关所不批准的事情。国务院受最高国家权力机关的监督，全国人民代表大会有权罢免国务院的组成人员。”③

国务院是最高国家权力机关的执行机关，并不意味着全国人大及其常委会是国务院的上级机关，可以对国务院作出具体的指挥命令。全国人大及其常委会以法律、规划、预算等方式表达意志，国务院则负责执行落实。全国人

① 黄宇骁：《立法与行政的权限分配》，载《法学家》2020年第1期。

② 参见吴杰、廉希圣、魏定仁编著：《中华人民共和国宪法释义》，法律出版社1984年版，第134页。

③ 许崇德：《新宪法讲话》，浙江人民出版社1983年版，第142页。

大及其常委会对此展开监督,但其监督限于合宪性和合法律性,而不及于合目的性。在合法性之外,全国人大及其常委会固然可以问责国务院,国务院可能承担政治责任,全国人大及其常委会并不应直接改变个案的处理结果。

五、国务院作为最高国家行政机关

国务院是最高国家行政机关,首先意味着国务院是国家行政机关;其次显示出国务院的最高性,即在国家行政机关体系中处于最高的领导地位。这也是宪法第85条中最为复杂的一个定位。

(一)国务院作为"国家行政机关"的权限

宪法第85条表明了国务院的国家行政机关属性,区别于国家权力机关、审判机关、检察机关等机关。在1954年宪法起草委员会第三次全体会议上,黄炎培曾说,国务院是执行机关,国家主席也是执行职务,用执行机关有点乱。田家英解释说,不仅主席是执行职务,法院、检察署也是全国人大的执行机关。正是这个缘故,规定国务院"是国家最高行政机关"就必不可少。[①] 国家行政机关的性质使国务院区别于其他国家机关。

对于行政的含义,理论上历来意见纷呈,有消极说或扣除说、形式说或机关样态说、积极说或实质说等论争。简单地说,消极说认为,行政是立法、司法之外的所有国家作用;形式说认为,行政是行政机关的所有活动;积极说认为,行政是实现国家目的的活动。各种界定均存在一定的合理性和问题点。故德国行政法学家福斯特霍夫认为,行政只能描述,而不能界定。[②] 但对我国来说,对行政的消极说界定是不符合宪法规定的。根据宪法第89条第18项的规定,国务院享有宪法列举的职权及全国人大及其常委会授予的其他职权,而不享有宪法明确授予国家权力机关、监察机关、审判机关、检察机关、军事机关权限之外的一切权力。国务院的职权来自宪法和全国人大及其常委会的授予,这与君主时代或君主立宪制时代行政权自由具有根本差别。概括性权力仅为国家权力机关保有,而非国务院保有。也就是说,"行政"在我国宪法之下是集合性概念,而非概括性概念。

值得注意的是,我国宪法文本并未使用"行政权"的概念。行政权是从权力性质的实质角度来说的。宪法文本中使用了"国家立法权"(宪法第58条)、"监察权"(宪法第127条)、"审判权"(宪法第131条)、"检察

---

① 参见蔡定剑:《宪法精解》(第2版),法律出版社2006年版,第373页。

② 参见[德]哈特穆特·毛雷尔:《行政法学总论》,高家伟译,法律出版社2000年版,第6页。

权”（宪法第136条）的概念，唯独没有使用“行政权”的概念。[①] 国务院是最高国家行政机关，这是从机关样态而言的。宪法第85条并无国务院统辖行政权之意。由此而言，在我国现行宪法之下，“行政”更多地是采取机关样态说的形式界定，而非实质（因为很多其他国家机关其实也在行使行政权）、消极（因为行政权限的有限性和授予性）的界定。这种界定以组织意义上的行政为前提，而哪些属于行政机关的难题已经由宪法明确。

对于军事权是否为行政权、军事领导机关是否属于行政机关也有颇多争议，中央军委“领导全国武装力量”（宪法第93条第1款）与国务院“领导和管理国防建设事业”（宪法第89条第10项）之间是何种关系，也需要从军事机关的性质角度加以说明。1982年，《中共中央关于宪法修改草案规定设立中央军事委员会的通知》指出，国务院仍将设立国防部，主管除国防工业生产以外的国防建设，包括国防预算、经费、编制、装备、补给、训练和军事制度建设等军政工作。而国防部的工作，实际上也将在党的中央军委直接领导下进行。[②] 不使用行政权的概念，就避免了军事权是否为行政权的纷争。

另外，理论界对于我国的检察机关及其权限的性质，在司法机关的定性之外，[③]还有较多说法。一种观点认为，检察机关是行政机关，其权限属于行政权；[④]另一种观点认为，检察机关是国家的法律监督机关，其权限属于法律监督权，与行政机关、行政权不同。[⑤] 但无论是持哪一种观点，他们都不认为，检察机关受国务院领导。这在宪法第136条、第137条已有明确规定，人民检察院依照法律规定独立行使检察权，不受行政机关、社会团体和个人的干涉；最高人民检察院是最高检察机关，领导地方各级人民检察院和专门人民检察院的工作。对于监察机关也有类似的定性争议（宪法第125条），[⑥]但国家监察委不受国务院领导，也是宪法第127条第1款

---

① 2024年《国务院组织法》第17条使用了“行政权力”的概念，即“国务院……强化对行政权力运行的制约和监督”，表明了国务院系统的权力的行政权力属性。

② 参见陈斯喜、刘松山：《宪法确立国家中央军事委员会的经过》，载《法学》2001年第2期。

③ 参见万毅：《检察权若干基本理论问题研究——返回检察理论研究的始点》，载《政法论坛》2008年第3期。

④ 参见郝银钟：《检察权质疑》，载《中国人民大学学报》1999年第3期；陈卫东：《我国检察权的反思与重构——以公诉权为核心的分析》，载《法学研究》2002年第2期。

⑤ 参见石少侠：《论我国检察权的性质——定位于法律监督权的检察权》，载《法制与社会发展》2005年第3期；韩大元：《关于检察机关性质的宪法文本解读》，载《人民检察》2005年第13期；郑贤君：《论检察权与行政权的关系》，载《河南社会科学》2011年第6期。

⑥ 相关讨论有陈光中、邵俊：《我国监察体制改革若干问题思考》，载《中国法学》2017年第4期；马岭：《监察委员会与其他国家机关的关系》，载《法律科学》2017年6期；王希鹏：《国家监察权的属性》，载《求索》2018第4期；洪浩：《刑事诉讼视域下的国家监察机关：定位、性质及其权力配置》，载《法学论坛》2019年第1期。

所明确肯定的。

现实中,其他国家机关也有可能实际行使行政权,并按照行政权予以规范。例如,法院收取诉讼费用,按照国家发展改革委办公厅发布的《关于进一步做好诉讼收费管理工作的通知》①的规定,应按规定到指定的价格主管部门办理收费许可证,做到亮证收费。国务院出台的《诉讼费用交纳办法》第 54 条规定,价格主管部门、财政部门按照收费管理的职责分工,对诉讼费用进行管理和监督;对违反本办法规定的乱收费行为,依照法律、法规和国务院相关规定予以查处。这就将诉讼费用当作行政事业性收费来管理。但从理论上来说,诉讼费用属于司法制度的重要内容之一,也关乎公民诉权的行使,其标准应当制定法律,其管理首先应作为司法制度的一环来定位和规范。同样,人大常委会等机关的管理也应秉承此理,虽然也有行政管理的内容,但这些管理活动应当作为人大制度的一环运作,而不是置于国务院的管理之下。

(二)国务院领导的国家机关性质

在宪法上,虽然明确被定性为"国家行政机关"的是国务院和地方各级人民政府(宪法第 85 条、第 105 条第 1 款),但不能反推只有人民政府是国家行政机关。国家行政机关并不限于国务院和地方各级人民政府,还包括各级人民政府的职能部门。从规范上来说,受国务院领导的国家机关应是国家行政机关。但值得注意的是,宪法第 86 条及 1982 年《国务院组织法》在国务院的组成上均未提及中国人民银行或中国人民银行行长,但它也是国家行政机关之一,也同样接受国务院领导。1983 年国务院《关于中国人民银行专门行使中央银行职能的决定》②第 1 条规定,"中国人民银行是国务院领导和管理全国金融事业的国家机关"。1995 年《中国人民银行法》第 2 条也规定:"中国人民银行是中华人民共和国的中央银行。中国人民银行在国务院领导下,制定和执行货币政策,防范和化解金融风险,维护金融稳定。"《中国人民银行职能配置、内设机构和人员编制规定》第 2 条进一步明确:"中国人民银行是国务院组成部门,为正部级。"而且,全国人民代表大会批准的历次国务院机构改革的方案,均将中国人民银行作为国务院组成部门。《中国人民银行法》第 10 条规定,中国人民银行行长由全国人大或全国人大常委会决定任免。这与各部部长、各委员会主任任免方式相同。而国务院组成人员区别于其他人员之处主要就在于所在部门的

---

① 发改办价格〔2007〕196 号,2007 年 1 月 23 日印发。

② 国发〔1983〕146 号,1983 年 9 月 17 日公布,载《国务院公报》1983 年第 21 号。

设置权限和自身的任免权限。故而，在既有法律规定和实践的基础上，2024 年修订的《国务院组织法》将“中国人民银行行长”明确为国务院组成人员（第 5 条第 1 款）。虽然这一修改与宪法第 86 条规定不一致，引起了一定的合宪性争议，但宪法和法律委员会经同法制工作委员会共同研究认为，“明确将中国人民银行行长包括在国务院组成人员范围内，符合实际，符合宪法的规定、原则和精神”。①

国务院领导的国家机关都是行政机关，但对于行政机关的行为，如何进行规范和救济，在制度设计上则有多种可能。针对行政机关的民事行为，可循民事诉讼来救济；针对行政机关的行政行为，可循行政诉讼、行政赔偿来救济；针对行政机关的刑事执法行为，可循刑事赔偿来救济。至于公安机关、监狱机关的性质，公安机关、司法机关都接受国务院领导，均应属于行政机关。但实务中常认为公安机关和监狱机关具有两种性质，一个是行政执法机关，另一个是刑事执行机关。这种性质上的差异源自其行为所依据的法律的不同。② 作为同样行使公权力的行为，是否有必要作出这样的区分，尚可思考。即使作出区分，也不影响对这种行为的监督和救济。诸如监狱的国家赔偿案件，如果不属于行政赔偿范围，也应可以寻求刑事赔偿。③ 但有时制度上的罅隙也是存在的，例如，刑事赔偿中存在结果责任，而行政赔偿仅为违法原则，对于无法证明行政违法性的损害结果，只能寻求行政补偿，但未必能找到相应的法定依据。另外，对于诸如公立大学

---

① 沈春耀：《全国人民代表大会宪法和法律委员会关于〈中华人民共和国国务院组织法（修订草案）〉修改情况的汇报——2023 年 12 月 25 日在第十四届全国人民代表大会常务委员会第七次会议上》，载《全国人民代表大会常务委员会公报》2024 年第 2 号，第 267 页。

② 根据 2018 年最高人民法院《关于适用〈中华人民共和国行政诉讼法〉的解释》第 1 条第 2 款第 1 项的规定，公安、国家安全等机关的行为是否属于行政诉讼的受案范围，判断标准是有无《刑事诉讼法》的明确授权。在陈某华、胡某镯诉东阳市公安局公安行政通知及复议决定案中，原告认为，依据宪法第 85 条、第 89 条的规定，由最高国家行政机关领导的部门，当然属于行政机关。所以，无论是公安部还是各级公安机关都是行政机关。但二审法院认为，公安机关的本案行为均属于公安、国家安全等机关依照《刑事诉讼法》的明确授权实施的行为情形，依法不属于人民法院行政诉讼受案范围。参见浙江省金华市中级人民法院（2018）浙 07 行终 482 号行政裁定书，2018 年 12 月 25 日。

③ 在乔某艳、彭某富诉山东省北墅监狱行政赔偿案中，原告之子在监狱中自缢，原告请求赔偿。原告上诉认为，一审法院对监狱的国家机关属性定性不清。（1）依宪法第 85 条、第 86 条的规定，国务院是最高国家行政机关；国务院由总理、副总理若干人、各部部长等组成，因此，司法部是国家的行政机关。（2）依《监狱法》第 10-12 条的规定，司法部主管全国的监狱工作，监狱的设置、撤销、迁移，由司法部批准，监狱的管理人员是人民警察；由此可见，监狱是国家的行政机关。二审法院认为，北墅监狱作为刑罚执行机关，其对犯罪人员的监管行为系执行刑罚行为，原审据此认为上诉人提起本案赔偿之诉不属于行政赔偿并无不当。上诉人如认为被上诉人应给予其国家赔偿，依法应根据《国家赔偿法》第三章“刑事赔偿”的有关规定程序主张权利。参见山东省青岛市中级人民法院（2018）鲁 02 行赔终 5 号行政赔偿裁定书，2018 年 11 月 15 日。

这样的非国家机关，即使由教育行政部门主管（并非领导），也不属于国家行政机关。① 但不属于国家行政机关，未必就不能按照行政诉讼的渠道加以救济，我国《行政诉讼法》的被告也不限于国家行政机关，这需要从其权限或行为的性质来判断。

（三）接受国务院领导的国家行政机关

对于是否所有的国家行政机关都要接受国务院的领导，从宪法的规定来看应作出肯定的回答。在中央层面，宪法第 89 条第 3 项规定，国务院“统一领导各部和各委员会的工作，并且领导不属于各部和各委员会的全国性的行政工作”。在地方层面，宪法第 89 条第 4 项规定，国务院“统一领导全国地方各级国家行政机关的工作”；宪法第 110 条第 2 款规定，“全国地方各级人民政府都是国务院统一领导下的国家行政机关，都服从国务院”。由此看来，全国的国家行政机关都要接受国务院的领导。设置脱离国务院领导的行政机关或者设立独立于国务院的行政机关，是违反宪法的。国务院的这种领导权是实质性的，而非形式性的，领导权的实质性是总理负责制的要求。国务院向全国人大及其常委会负责，这种责任是实质性的。唯有实质领导，才能实质负责。

根据十三届全国人大一次会议通过的《关于国务院机构改革方案的决定》和中共中央十九大三次会议通过的《关于深化党和国家机构改革的决定》《深化党和国家机构改革方案》的规定，为了建立健全党对重大工作的领导体制机制，更好发挥党的职能部门作用，我国实行和推进职责相近的党政机关合并设立或合署办公的制度。如此，在中央层面的管理机关上就形成三类党政领导关系。第一类，由国务院领导，属于国务院序列，接受中共中央某专门委员会的集中统一领导。这是国务院多数部委的管理关系。② 第二类，由中共中央某部门领导，仍属于国务院序列。例如，将国家

---

① 在何某兰诉清华大学其他行政行为案中，原告认为，根据宪法第 85 条的规定，最高国家行政机关国务院通过教育部管理清华大学，清华大学的行政权由《高等教育法》授予。清华大学的校园“管理”属于行政负责人校长的“管理”职权范围，是确凿无疑的行政行为。二审法院认为，清华大学不是行政机关，其校园管理行为亦不是行政行为，何某兰的起诉不属于行政诉讼受案范围。参见北京市第一中级人民法院（2019）京 01 行终 489 号行政裁定书，2019 年 4 月 26 日。

② 早在 1958 年 6 月 10 日，中共中央发布《关于成立财经、政法、外事、科学、文教各小组的通知》，成立了财经、政法、外事、科学、文教小组，形成了中共中央对国务院系统的领导机制。参见中共中央文献研究室编：《毛泽东年谱（一九四九——一九七六）》（第 3 卷），中央文献出版社 2013 年版，第 368 页。自此也就确立了中共中央与国务院的决策与执行关系。2024 年《国务院组织法》第 3 条第 1 款明确规定，国务院“坚决维护党中央权威和集中统一领导，坚决贯彻落实党中央决策部署”。

民族事务委员会归口中央统战部领导，国家民族事务委员会仍作为国务院组成部门。[①] 第三类，由中共中央某部门领导，不再属于国务院序列。例如，将国家公务员局并入中央组织部，中央组织部对外保留国家公务员局牌子；将国家新闻出版广电总局的新闻出版管理职责、电影管理职责划入中央宣传部，中央宣传部对外分别加挂国家新闻出版署（国家版权局）、国家电影局牌子；将国家宗教事务局、国务院侨务办公室并入中央统战部，中央统战部对外保留国家宗教事务局、国务院侨务办公室牌子；等等。“这样，行政即不限于国家行政机关的行政，而包括执政党的机关实施的部分国家行政。”[②]这些机关如果不在实质上受国务院领导，国务院也就无从对其行为向最高国家权力机关负责，最高国家权力机关对这些机关的行为自然也无从监督。对于这些机关与国务院的最高国家行政机关、最高国家权力机关的执行机关地位的冲突，如何从宪法规范上给出合理的解释，将是一个重大课题。从“党必须在宪法和法律的范围内活动”的要求出发，“既然宪法规定总理全面领导国务院工作并代表国务院对全国人大及其常委会负责，那么党政合并合署后的新机关应继续接受国务院的领导”。[③] 对于不接受国务院领导的机关，不应当将其作为国家行政机关来对待，在法律、法规有授权时，可按照法律法规授权的组织来处理。

地方甚至是基层的行政机关也接受国务院的实际领导吗？对于最高国家行政机关的“最高”，存在两种理解。一是地位的最高，这也是通说；二是事务的最高。胡锦光认为，国务院作为我国行政机关中地位最高的行政机关，并不管理全国范围内所有的行政事务，只管理全国范围内的最重要和最主要的行政事务，同时，它领导、指导和监督其他行政机关的行政管理活动。[④] 与其他观点强调国务院在行政系统内部地位的最高性不同，胡锦光着重强调的是国务院所辖行政事务的“最高”性。但是，地位的最高性并不当然意味着国务院不能直接管理基层或琐碎的行政事务。所有行政机关都服从国务院，表明国务院也有权直接指挥处理基层的行政事务，只是基于国务院的事务繁多、地方各级国家行政机关的职权法定、代替执行会妨碍地方的积极性、地方国家行政机关更易于了解实情等考虑，国

---

① 中共中央办公厅、国务院办公厅《关于调整国家民族事务委员会“三定”规定的通知》（2018年7月29日）指出：“国家民族事务委员会的机构定性调整为‘国家民族事务委员会是国务院组成部门，为正部级，归口中央统战部领导’。”

② 姜明安主编：《行政法与行政诉讼法》（第8版），北京大学出版社、高等教育出版社2024年版，第5页。

③ 陈征：《党政机关合并合署与行政活动的合法化水平》，载《法学评论》2019年第3期。

④ 参见胡锦光、韩大元：《中国宪法》（第5版），法律出版社2024年版，第338页。

务院一般不直接处理地方上或者琐碎细小的行政事务。①

国务院作为最高国家行政机关,体现在国务院领导所有行政机关,国务院有权在宪法和法律规定的权限范围内以制定行政法规、发布命令等方式决定行政系统内的事项,国务院还具有政策形成功能,不仅可以形成行政系统的政策,还可以通过积极向全国人大及其常委会提交议案和建议等方式参与国家大政方针的形成。

六、行政与执行两种定位的相互关系

确定国务院的宪法地位,很大程度上就是要处理国务院作为最高国家行政机关的定位与作为最高国家权力机关的执行机关的定位之间的关系。这一关系的解明,直接关涉国务院的权限范围。

(一)行政与执行

行政与执行的关系较为复杂,复杂的原因在于两者并无清晰的内涵。行政对应的英文是 administrative,执行对应的英文是 executive。有学者指出,“executive 不等于 administrative,前者的主要内涵是执行,当它执行的是主权权力之时,应翻译为执政权,是指一种更为广泛、全面以及核心的领导权,当它执行的是议会立法时,应翻译为执行(法)权,与后者有一定程度的重叠。后者的意涵是行政管理权,指的是基于社会和国家管理的需要授予特定机构的具体权力。执政权深深地植根于自古罗马以降的法律和政治传统,是三权分立学说和现代政法实践中的重要一环;后者则是近代早期由启蒙思想家建构而来的概念”。② 但是,在我国现行宪法之下,执行并无执政之意。

对于行政与执行的关系,一种观点认为,行政是指国家意志的执行。这是以政治与行政二分说为基础的。古德诺认为,政治是国家意志的表达,行政是国家意志的执行。制定政策是政治,执行政策是行政,政治与行政应分立。③ 罗豪才认为,这种见解有一定的道理,但不能绝对化。相对

① 在审判实务中,原告偶尔会援用宪法第 85 条中“中华人民共和国国务院……是最高国家行政机关”。在林某华诉广东省台山市台城街道办事处行政处理案中,原告认为,党支部书记、村委会主任得知原告回迁户口,立即故意在毫无法律依据情况下,作出违反《村民委员会组织法》第 19 条、第 20 条,宪法第 85 条、第 89 条、第 110 条规定及对抗国务院《关于农民进入集镇落户问题的通知》(已失效)的指令。参见广东省开平市人民法院(2014)江开法行初字第 45 号行政判决书,2014 年 10 月 26 日。但这种引用只有辅助说明或加强论证的意义。

② 张龑、叶一舟:《从“executive”一词看香港行政长官的法律地位》,载《港澳研究》2016 年第 2 期。

③ 参见[美]古德诺:《政治与行政——政府研究》,毕洪海译,商务印书馆 2024 年版,第 12-14 页。

于国家权力机关,说行政是国家意志的执行,这是正确的。但在行政活动范围内,行政可以说既是国家意志的执行,也是国家意志的表达。因为不同等级的行政机关,都有决策活动,只是决策的层次、范围、效力等级有所不同罢了,我们不能说行政决策不是国家意志的表达。①

也有一种观点认为,行政包含执行的部分,在执行之外,还有管理的内容。姜明安认为,行政是组织的一种职能,任何组织(包括国家)要生存和发展,都必须有相应的机构和人员行使执行、管理职能(行政职能)。"执行"和"管理"并没有截然的区分,而只是相对于不同的事物而言。执行是相对于"决策"而言的,决策是确定组织的目标、纲领和行动方案。管理是相对于"运作"而言的,运作是组织为生存、发展进行的各种活动,管理则是为保障运作符合决策所确定的目标、纲领、方案而对运作进行的规划、指挥、组织、协调、控制等。②

还有一种观点认为,行政不同于执行。马岭认为,执行与行政存在于不同的关系之中。强调政府是执行机关,是为了明确政府与议会之间的关系;而强调政府是行政机关,既体现着作为管理者的政府与被管理者之间的关系,也是强调它与其他国家机关之间的不同。执行具有一定的从属性,行政具有一定的独立性。对于行政与执行的关系,执行是行政的前提,没有执行性做前提,行政性很可能走向专制,从这个意义上说,政府首先是议会的执行机关。面对议会的法律,政府首先是执行,但在执行中也往往涉及行政管理。在行政管理中,政府权力存在更多的空间,具有决定权的自主性质。政府在执行议会的决定时往往伴随着相关法律的约束。行政与执行很难截然分开,它们集于政府一身。③ 这一比较对于明确行政与执行的关系颇具启发意义。

针对我国宪法上的行政与执行,许崇德认为,"一般地说,执行(executive)和行政(administrative)往往是国务院工作的同一个过程,而且二者的性质基本相同,但毕竟存在一定的差别。执行是指国务院把最高国家权力机关

---

① 罗豪才主编:《行政法学》,中国政法大学出版社 1989 年版,第 2 页。

② 参见姜明安主编:《行政法与行政诉讼法》(第 8 版),北京大学出版社、高等教育出版社 2024 年版,第 1 页。在 1954 年宪法起草过程中,是使用"管理"还是"行政"来定性国务院的功能,曾有争议。起初使用的是"国家最高管理机关"的表述。但在宪法起草委员会第三次全体会议上,刘少奇认为:"是用'行政'两字,还是'管理'两字? '管理'用得很多,各部的管理局很多。'行政'两字和别的不混同,就改为'行政'吧!"经讨论,大家同意将宪法草案的表述修改为:"中华人民共和国国务院……是国家最高行政机关。"韩大元:《1954 年宪法制定过程》,法律出版社 2014 年版,第 279 页。

③ 参见马岭:《宪法权力解读》,北京大学出版社 2013 年版,第 248 页以下。

已经通过的法律和决议付诸实施,行政则指国务院的工作在性质上既不同于国家立法,也不是审判或者检察,而是对国家事务进行行政管理。国务院无论在执行过程中还是在对国家事务的行政管理过程中,都有权作出行政决策和规定行政措施”。“国务院制定行政法规、决定和命令是行使行政权,不是国家立法活动,不是行使国家立法权。”“经全国人民代表大会授权,国务院可以制定暂行的规定或者条例,但这并不改变国务院是国家行政机关的性质。”①作为宪法草案第三章的参与起草者,许崇德强调了国务院执行与行政的一致性,国务院即便是立法,也是置于“行政”的项下来认识。

行政与执行只有在一定的关系中才能得到理解和运用。相对而言,“执行”更具有确定性,而这正是全国人大与国务院之间关系的重要关键词。

(二)两种定位相互关系的可能解释

回到宪法第85条来说,对于最高国家权力机关的执行机关与最高国家行政机关两种定位之间的关系,有三种解读:

第一种解读,国务院只是最高国家权力机关的执行机关,在执行机关的定位之下,国务院相对于其他行政机关而言是最高国家行政机关。田家英在1954年宪法起草时曾指出,管理机关在苏联和新民主主义国家中有两种提法,一是管理机关,二是执行和命令机关。从实质上来说都是权力机关的执行机关,也就是政府。这样职权分清了,但也不影响它成为人民代表大会制的政府,因为国务院相对下级管理机关是号令机关,相对全国人大则是执行机关,是在全国人大所规定的范围之内发号施令的,和全国人大是分不开的。② 这种解读是较为绝对的,即国务院纯粹是全国人大及其常委会的执行机关,只有等待全国人大及其常委会作出某种决定,才能有国务院出场的机会。这种严格限制国务院权限的解读虽然并非完全没有实行的可能,但它既不符合宪法文义,也无助于发挥国务院的功能。

第二种解读,国务院是最高国家权力机关的执行机关,同时也是最高国家行政机关,赋予国务院一定自主权限是可能的。例如,门中敬认为,在现行宪法架构下,立法与行政之间并非“完全依附”的关系,而是“分工与协作”的关系。其重要依据在于,1982年宪法并未将立法权全部赋予全国人大及其常委会,而是赋予了国务院一定的行政规范制定权的自主空间。

① 许崇德主编:《中国宪法》(第4版),中国人民大学出版社2010年版,第174、175页。

② 参见韩大元:《1954年宪法制定过程》,法律出版社2014年版,第99页。

虽然国务院在性质上属于“执行机关”,但在职能上它并非绝对意义上的“执行机关”,而是“执行机关”(具体化法律或具体执行法律)和享有一定自主立法权限的“行政机关”。① 但这种对性质定位和职能定位的区分似乎难以实现,性质定位只是职能的综合体现。

第三种解读,国务院是最高国家权力机关的执行机关,同时也是最高国家行政机关,在其执行的领域之外,国务院为行使宪法第 89 条所赋予的职权,可以有一定的自主空间。宪法第 85 条规定中的国务院双重定位,也就是在应当先由最高国家权力机关表达意志的领域,国务院仅为执行意志的机关;在其他领域,国务院最高国家行政机关的定位可以有更多的体现,但仍然要接受最高国家权力机关的监督。应当说,这种定位关系是较为妥当的可行立场,既符合我国的政体,又符合国务院在宪法中的权限,也能给中国这样一个大国对行政权限的惯有现实需求留有一定余地。

(三)两种定位相互关系的思考框架

这里需要划定执行的领域与执行之外的领域。根据全国人大的地位,应当先确定由最高国家权力机关表达意志、作出决定的领域,而不是先确定国务院的行政领域。根据宪法第 89 条第 18 项的规定,国务院的其他职权只能由最高国家权力机关授予。在执行的领域之外,国务院可能存在的行政空间应限于为了执行宪法第 89 条前 17 项职权和最高国家权力机关授予的其他职权而采取一定的措施。毋庸置疑,这种执行领域的确定也充满争议,通过某一个标准一揽子解决的办法不切实际,因而需要分门别类地具体探讨。这里可以从两对范畴中提示分析思路和建构思考框架。

一对范畴是国务院的内部关系与外部关系。内部关系体现为国务院在国家组织法领域的关系,外部关系体现为国务院与社会主体之间的行政活动法关系。这两种关系所适用的原理是不同的,因此,需要分别探讨。在组织法关系上,具体又可以分为国务院和其他类型的国家机关之间的关系与国务院系统之内的关系。不同类型国家机关之间关系的基本原则已由宪法设定,具体关系的调整权限在于全国人大及其常委会,国务院是被调整的对象。国务院不可以以管理人、财、物的方式将其他系统的事务纳入自己的管辖范围。对于行政机关系统的内部关系,国务院作为最高国家行政机关,可在民主集中制原则下为确保行政一体性而发挥一定的作用。在国务院的组织设置上,宪法第 86 条第 3 款规定,“国务院的组织由法律

① 参见门中敬:《国务院在行政与立法关系中的职能定位——以行政保留为理论分析的视角》,载《湖北社会科学》2016 年第 10 期。

规定”。这就确立了国务院组织的法律保留,国务院的组织事项要执行法律。但法律对组织事项规定到何种程度,并不清晰,学界也缺乏相应的研究。1982 年《国务院组织法》仅有 11 条内容,对国务院的领导体制、职权、会议形式,国务院部委的组成、领导体制、与国务院的关系等作出原则性规定。2024 年《国务院组织法》修改,稍有扩容,增至 20 条。对于内部的自我监督,宪法第 91 条第 2 款规定审计机关在国务院总理领导下,“依照法律规定独立行使审计监督权”,为了落实这一规定,目前已制定《审计法》(1994 年制定,2006 年、2021 年两次修改)。在组织事项上,法律的规范强度需要考虑民主性、政治性和技术性、效率性的权衡,国务院在一定程度上仍有组织设置的自主性。对于行政机关系统的关系如何调整、行政机关的内部机构如何设置,法律可以设置相当于规制规范的一般性规则,国务院可以发挥其行政经验和专业优势,在不违反法律的情况下享有一定的设置和调整权限。

另一对范畴是在外部关系中国务院的立法和个别行为。在立法领域,对于行政法规的制定权存在依据说和职权说的争论。依据说认为,国务院必须根据宪法和法律制定行政法规,不得创制规范,凡一般性规范均出自法律;职权说则主张行政法规的制定权在最高国家权力机关与国务院之间进行分工,没有法律的根据,国务院也可以在宪法第 89 条的职权范围内制定行政法规。在确定国务院行政法规的空间时,需要考虑国家立法权的专属性、国务院的民主正当性、国务院在权力事项上的执行性以及宪法根据的原则性等因素。行政立法显然属于权力事项,应属于执行领域,以法律为根据或得到法律授权为宜。而在个别行为领域,国务院与全国人大的关系体现为法律保留的范围问题,理论上存在侵害保留说、全部保留说、重要事项保留说、权力保留说等观点。属于法律保留事项的,国务院处于执行的地位;对于其他事项,国务院就具有一定的自主性,仅不违反法律即可。在确定法律保留的范围时,应当考虑立法与行政的关系、基本权利的类型以及国家任务等因素。从我国宪法第 89 条来看,我国的法律保留范围与权力保留说更具有亲和性,即凡权力性行为,均应有法律的授权。但从目前的现实来看,对于行政的个别活动,除了对人身自由的限制、对财产权的征收征用实行了法律保留外,主要还是限于侵害公民合法权益、增加公民义务的行为,要求具有法律、法规、规章的依据,这与法律保留的要求还相去甚远。这里将是我国法治国家建设的重点领域。

当然,即便是在执行领域,国务院仍可在执行的框架下发挥其最高国家行政机关的作用。因为法律所设定的是框架性的秩序,仍有多种执行方式的可能性。国务院可以在多种执行方式中结合政策考量，选择适当的方式贯彻执行法律的意旨。

七、法律与行政的基本关系

宪法第 85 条对国务院地位的规定包含着丰富的内涵，对宪法第三章第三节也有统摄作用。国务院作为中央人民政府，这是一个概括性的宪法地位，在国家与国务院的关系上，国务院有权对内对外代表国家。在具体的机关之间的关系上，首先是与最高国家权力机关的关系，国务院是其执行机关，负责执行全国人大及其常委会的法律和决议等，向人大负责，并受其监督。国务院即使对全国人大及其常委会的决定有不同意见，也只能通过建议、提案等方式进行沟通。这是我国人大制度与其他议会内阁制政体的一个区别。在行政系统内部，国务院是最高国家行政机关，行使行政权，领导全国的行政机关。国务院的权限来自宪法和全国人大及其常委会的授予，并无概括性的权限，没有无限制即自由的空间。行政机关也仅从机关样态而非权限的实质来界定。所有的行政机关接受国务院领导，而且应是实质性的领导，这是总理负责制的要求。为了理顺执行与行政的关系，首先要确定应当由最高国家权力机关表达意志或作出决定的领域有哪些，属于该领域的事项，国务院只能在该意志表达之后负责执行，对于不属于该领域的事项，国务院可以为履行宪法职权和最高国家权力机关的授权而采取一定的措施。确定国务院的宪法地位，就是在整个国家机构体系中给国务院以适当定位，为适当配置国务院的权限提供指引。在此指引下，应贯彻最高国家行政机关的地位要求，适时完善《国务院组织法》，为充分保障国务院地位、明确国务院权限边界提供规范根据；应及时落实最高国家权力机关的执行机关的地位要求，在行政活动法上确保法律的法规创造力、法律保留原则的实现。如此，宪法第 85 条才将真正得到落实，法治国家的建设也将在重点领域得到推进。

借助于对国务院宪法地位的分析，换一个角度来看行政与法律的关系，大致包括以下三个方面：

首先，法律高于行政，行政应当将法律具体化，落实法律的要求，接受法律的规范，行政不得违反法律。

其次，行政执行法律，法律授权行政，使其获得新的空间。这一权能原本属于法律，保留给法律，因而有控制行政的功能，但法律又需要与行政合作，授权给行政，共同完成某一任务。具体而言，又可以分成行政内外两个领域三个方面来探讨需要获得法律授权的事项。在行政外部领域，即行政活动问题,在行政立法上,存在宪法第 89 条第 1 项的规定(国务院根据宪法和法律,制定行政法规);在具体行为上,存在宪法第 10 条第 3 款、第 13 条第 3 款等具体规定(国家……可以依照法律规定……征收征用)。在行政内部领域,即行政组织问题,存在宪法第 86 条第 3 款、第 95 条第 2 款等规定(组织由法律规定)。对于法律控制的领域和事项问题,仅从宪法的这些规定,还不能得出明确结论,尚需更为绵密的考察和分析。

最后,在并非法律保留的领域,行政可在宪法第 89 条规定的职权范围内自由活动。这一层关系是在确定执行领域之后的问题,虽然法律自身已对此不作具体调整,但法仍然在发挥规范作用。

第三章 法律优位

如今,“法律优位”(Vorrang des Gesetzes)已渐渐成为耳熟能详的词汇,在行政法上也享有基本原则的地位。但是,对于法律优位的基本要求、适用于具体情形时的判断等,还存在一定争议。本章旨在澄清法律优位的有关认识,恢复其应有的地位和要求,在原有常识的基础上结合新形势的要求重新塑造今天的常识。

一、法律优位的由来与根据

法律优位原则作为彰显“法律”地位的一个原则,并非仅为行政法领域的原则。不过,它在行政法领域突出体现了法律与行政之间的一种关系,具有行政法上的特别价值。在传统行政法学上,法律优位原则与法律的法规创造力原则、法律保留原则共同构成了依法律行政原理。所谓“法律优位”,①是指法律在行政的活动中具有优越地位,行政的一切活动均不得违反现行的法律。这里,法律优位只是要求不得违反法律、不与法律相抵触,因而,又可称为消极的依法律行政原则。法律优位的适用前提是存在法律,如果不存在法律,则没有法律优位的适用空间。在没有法律时,行政机关能否进行行政立法、能否作出具体行为侵害私人的合法权益,则是法律的法规创造力原则、法律保留原则的问题。②

法律优位原则确认了法律与行政活动之间的上下位关系,保证了立法权相对于行政权的优越地位。奥托·迈耶认为,司法是适用法律并服务于

---

① 该词又被译为“法律优先”“法律优越”等。从内涵来说,它要处理的问题不是行政活动与法律之间的先后关系,而是上下位的关系。故译为“法律优位”或“法律优越”也许更为准确。在实务中,就存在因为使用“法律优先”的表述而出现理解偏差的情况。有法院认为,对于城中村改造行为的审查,“往往缺乏法律法规依据,更多的是合理性审查,而不是合法性审查,只要其不违反法律法规的禁止性规定,不侵犯公民的重要财产权,就可以不受法律优先及法律保留原则的限制”。参见卜某萍诉郑州市金水区人民政府、丰庆路街道办事处确认行政协议无效案,河南省高级人民法院(2019)豫行终 1104 号行政判决书。有学者主张将“法律保留”译作“法律先定”(参见刘志鑫:《从法律保留到法律先定》,载《中外法学》2022 年第 6 期),实际上这种译法也容易与“法律优先”相混淆。

② 我国早期的研究既有在“法律优位”之下谈法律保留问题的现象(参见薛刚凌:《行政法基本原则研究》,载《行政法学研究》1999 年第 1 期),也有在“法律优位”之下谈“根据法律”(法律的法规创造力)的问题的现象(参见周佑勇:《行政法中的法律优先原则研究》,载《中国法学》2005 年第 3 期)。

法律的，法律优位是默示的规则，并没有特别说明的必要。而行政是一种自行形成的国家意志，并不是仅仅服务于法律。故而，在行政领域强调法律的地位有其独立的价值。他指出："以法律形式出现的国家意志依法优先于所有以其他形式表达的国家意志；法律只能以法律形式才能废止，而法律却能废止所有与之相冲突的意志表达，或使之根本不起作用。"①这就是法律优位的原则。在当时，"法律之所以具有相对于行政的优越地位，乃是出于国家制度理性化的要求"。② 借由法律所表达的一般性意志优越于行政的可能恣意、优越于分散的个体意志，国家秩序才有可能实现理性化和集中化。

在清末民初时期，法律优位原则已经由日本转介到中国。1907 年，日本学者美浓部达吉在其被译为中文的《行政法总论》一书中用"法律之最强力"来表达法律优位。他指出："法律者，比较一切活动于宪法下之国家意思表示，尤有优胜之效力者。是之谓法律之最强力。法律之最强力最显著点有二：（一）凡法律非仍有法律，则不得废止变更之；（二）凡国家之其他意思表示，有与法律抵触者，法律皆得废止变更之。此两点者，即其至显著之最强力也。"③20 世纪 20 年代，钟赓言在其教科书中同样使用了"法律之最强力"的概念。在行政立法上，他指出："命令不得与法律相抵触，乃立宪政治之重要原则。法律处于宪法之下而为最强有力之国家意思，除国际条约、紧急命令外，国家之他种意思胥不得而变更之。此之谓法律之最强力，或曰法律之形式上之效力。法律之最强力，惟法律一己可以限制之。"在行政处分上，无论是否要求有法规的根据，均不得与法规相抵触。④ 1947 年，马君硕也明确指出，"行政行为须遵守法律不得抵触。法律为治国之公器，对于政府与人民有两面拘束之力。自近代法治主义发达以来，行政行为应受法律拘束，尤成为中心思想。故行政机关一切行为，无论行政命令或行政处分，须绝对遵守现行法律"。⑤

在实定法上，法律优位原则也得到明确的采用。1923 年《中华民国宪

---

① ［德］奥托·迈耶：《德国行政法》，刘飞译，商务印书馆 2002 年版，第 70 页。

② 杨利敏：《行政法与现代国家之构成——两大法系行政法结构性特质形成之探析》，北京大学出版社 2016 年版，第 144 页。

③ ［日］美浓部达吉：《行政法总论》，熊范舆译述，丙午社 1907 年版，第 14 页。当然，他在《明治宪法》的背景下也指出法律之最强力有四个例外，即皇室典范及其他皇族令、贵族院令、紧急命令和国际条约。参见前揭书，第 14-15 页。

④ 参见钟赓言：《钟赓言行政法讲义》，王贵松、徐强、罗潇点校，法律出版社 2015 年版（原书为 1927 年版），第 60、83-84 页。

⑤ 马君硕：《中国行政法总论》，商务印书馆 1947 年版，第 49-50 页。

法》曾设专章“法律”，该宪法的起草委员张我华从精神层面首先指出，“凡欲区别法律为何物，必使人民知与命令及其他规则章程亦不同之点，始足表明法治国之精神”。“我国人民法律观念较为薄弱，故不得不特为定明，此本章之精神也。”该宪法第 106 条规定，“法律非以法律，不得变更或废止之”。“我国从前行政部皆以万能自命，凡一章程、一命令均可认为法律。然其成立并未经本章之完全手续，实不得谓为法律也。今若不明为规定，人民何所适从。”①1947 年《中华民国宪法》第 172 条也规定，“命令与宪法或法律抵触者无效”。

而与此形同实异的观点是，20 世纪 30 年代，白鹏飞指出，“行政权之作用，不得与法规相抵触”。一切法规，不问其是法律还是命令、条约或者习惯法，人民与国家均受其拘束。行政上一切作用不得抵触法律或上级机关的命令，即使是行政机关自身的命令，如有不妥，也须以正当的形式方可变更。② 范扬也认为，“行政权之作用，不得与法规相抵触”。而其“所谓法规，系指法令、条约及习惯法等，存于各种形式者而言”。行政立法即使是本机关发布的，也不得以行政处分任意抵触。③ 20 世纪 40 年代，林纪东也赞同该观点。④ 这种观点可称为“法规优位”或“立法优位”，并不强调法律的特殊地位，这与其“依法行政”的观点是相契合的。⑤ 比较依法律行政原理下的法律优位与依法行政原则下的立法优位，前者是以分权与民主原则为背景，强调议会对行政的控制；后者是以立法优位于行政或者说普遍性优于个别性为要求，而不讲究他律和民主。当然，若辅之以法的位阶，法律优位与立法优位就具有相同的客观效果。但法律优位所包含的法律对行政权的民主性控制意涵却是立法优位所无法包含的。

在新中国，之前的两种立场在学说上仍有相应的反映。通说采取的立场是依法行政原则下的立法优位，同时也认为下位法不得违反上位法。⑥ 如此，立法优位在结果上与法律优位具有相近的效果。但也有少数学说在沿用依法律行政原理之下的法律优位原则。⑦ 在实务中，虽然也有使用法

---

① 吴宗慈：《中华民国宪法史》，法律出版社 2013 年版（原书为 1923 年版），第 227-228 页。

② 参见白鹏飞：《行政法大纲》（上卷总论），好望书店 1935 年版，第 16-17 页。

③ 参见范扬：《行政法总论》，邹荣勘校，中国方正出版社 2005 年版（原书为 1937 年版），第 25 页。

④ 参见林纪东编著：《中国行政法总论》（第 5 版），正中书局 1947 年版，第 15 页。

⑤ 参见王贵松：《依法律行政原理的移植与嬗变》，载《法学研究》2015 年第 2 期（本书第一章）。

⑥ 参见罗豪才主编：《行政法学》，中国政法大学出版社 1989 年版，第 38-39 页；姜明安主编：《行政法与行政诉讼法》（第 8 版），北京大学出版社、高等教育出版社 2024 年版，第 66 页。

⑦ 参见杨建顺主编：《行政法总论》（第 2 版），北京大学出版社 2016 年版，第 33 页；李洪雷：《行政法释义学：行政法学理的更新》，中国人民大学出版社 2014 年版，第 71-72 页。

律优位的概念,但可能只是在说明立法优位或不得违法的内容。① 在“法律保留”用语广为运用的今天,“法律优位”也得到了越来越多的认可。在我国,现在常常不区分“法律”与“法”,而是将所有的法规范均称作“法律”(所谓广义法律),这就消解了人大制度所确立的秩序观念,在无形中也贬低了全国人大及其常委会所制定的“法律”的地位。在行政法上,应当确立“法律优位”的概念,确定法律与行政的位阶序列关系,增强对法律权威的认同和维护。

我国1954年宪法第18条规定,“一切国家机关工作人员必须……服从宪法和法律”。服从法律包含着不得违反法律的要求。1982年宪法第5条第4款、第5款则明确规定,“一切国家机关和武装力量、各政党和各社会团体、各企业事业组织都必须遵守宪法和法律。一切违反宪法和法律的行为,必须予以追究。任何组织或者个人都不得有超越宪法和法律的特权”。该宪法规定从“遵守”和“违反”两个侧面体现了法律优位原则的要求。之所以如此规定,是因为宪法第57条作出了关于全国人大及其常委会最高地位的规定,即“中华人民共和国全国人民代表大会是最高国家权力机关。它的常设机关是全国人民代表大会常务委员会”。宪法第57条也可以说是法律优位的宪法根据。② 法律优位背后所蕴含的价值便是民主原则。确立法律优位原则,可谓是我国人大制度的当然要求。

二、法律优位中法律的程序要求与内容界限

依法律行政原理是权力分立和民主原则的产物。法律优位作为依法律行政原理的组成部分,其中的“法律”自然是指代议制机关所制定的法律。要想法律优位原则能充分发挥其应有功能,这种法律在程序上和内容上均应具备一定的要求。

(一)法律的程序要求

德国公法学上曾将法律分为形式意义上的法律与实质意义上的法律

① 例如,对于法律优位,有法院认为,它是“消极意义上的合法行政,指的是行政机关实施行政管理,应当依照法律、法规、规章的规定进行,不得抵触现行有效的法律规定。行政机关的任何规定和决定都不得与法律相抵触,行政机关不得作出不符合现行法律的规定和决定,不得违反行政法程序正当的原则,行政机关的规定和决定违法,就不能取得法律效力”。湖北三湖天星米业有限公司诉江陵县应急管理局行政处罚案,湖北省江陵县人民法院(2018)鄂1024行初8号行政判决书,2019年9月5日。

② 日本学者认为,日本法律优位原理的宪法根据在于“国会是国家权力的最高机关,是国家唯一的立法机关”(《日本国宪法》第41条)[小早川光郎『行政法(上)』(弘文堂,1999年)85頁参照]。我国有学者认为,“民主原则是法律优先的主要根据”(曾祥华:《法律优先与法律保留》,载《政治与法律》2005年第4期)。这大致是在说法律优位的理论根据。

(形式法律与实质法律)。① 一般认为,形式意义上的法律是指国会按照制定法律的程序所成立的一切决定,该决定未必具有普遍性;而实质意义上的法律是从法律的内容而言的,指国会制定的具有抽象而一般性的规范,即国会制定的含有"法规"的规范。②

在我国,全国人大及其常委会在依照法定程序制定法律之外,还通过了不少决定和决议。决定具有实体规定性和行为规范性,决议一般只是对已有文件或事件的表态或宣告。③ 诸如全国人大常委会的《关于实行宪法宣誓制度的决定》(2015 年通过、2018 年修订)课予特定国家工作人员在就职时进行公开宪法宣誓的义务;全国人大常委会的《关于加强法律解释工作的决议》(1981 年)授予国务院及主管部门对具体应用法律、法令问题的解释权限。这些决定和决议均带有法律规范的内容且通常不是按照立法程序制定的,但具有法律的实质内容,故可谓实质法律。④ 在实务上,这种属于实质法律的决定、决议与全国人大及其常委会制定的法律并无差异。2023 年修改《立法法》时,第 68 条将此类决定称为"有关法律问题的决定",并规定"全国人民代表大会及其常务委员会作出有关法律问题的决定,适用本法的有关规定"。但"有关法律问题的决定"究竟能规定何种内容、适用何种程序,仍未明确。有时,全国人大常委会的法律解释也带有补充法律的意味。例如,2014 年全国人大常委会的《关于〈中华人民共和国民法通则〉第九十九条第一款、〈中华人民共和国婚姻法〉第二十二条的解释》针对原《婚姻法》第 22 条"子女可以随父姓,可以随母姓"的规定作法律解释,明确公民在父姓和母姓之外选取姓氏如何适用法律。这实际上是补充法律的规定,属于实质法律的范畴,它也并未经过正常的立法程序。

我们应当看到,人大这种立法主体所具有的民主性以及人大立法过程所具有的程序理性,使人大立项—起草—公布草案—征求意见—审议—通过—公布的立法程序中,各种意见充分反映进来,各种利益诉求得到合理的调整,这就从制度上保证了法律的妥当性。因而,为了贯彻法律的民主

---

① 这与我国狭义法律和广义法律的分类并不相同。对其产生背景,可参见王贵松:《论法律的法规创造力》,载《中国法学》2017 年第 1 期(本书第四章)。

② 参见王世杰:《法律与命令》,载《国立武汉大学社会科学季刊》第 1 卷第 2 期(1930 年),第 235-238 页。

③ 参见蔡定剑:《中国人民代表大会制度》(第 4 版),法律出版社 2003 年版,第 316-318 页。

④ 有学者称之为"抽象法命题决定""立法性决定""准法律决定"等。参见陈鹏:《全国人大常委会"抽象法命题决定"的性质与适用》,载《现代法学》2016 年第 1 期;金梦:《立法性决定的界定与效力》,载《中国法学》2018 年第 3 期。也有学者称之为"有关法律问题的决定"。参见秦前红、刘怡达:《"有关法律问题的决定":功能、性质与制度化》,载《广东社会科学》2017 年第 6 期。

性和理性要求,应当将带有实质法律内容的决定、决议付诸立法程序,即实质法律应当形式法律化。形式法律与实质法律的类型应当被归入历史范畴。非经立法程序制定的规范性文件,就不得带有法律的属性。①

(二)法律的内容界限

在内容上,对法律也存在一定的要求。违反这些要求,法律优位就不能发挥其应有的控制功能,甚至可能破坏法制的统一性。

1. 法律的规范性

这里所谓法律的规范性,是指法律应具有行为规范的基本属性,它应当是对一定主体的权利义务的规范。首先,法律应当是具有法律意义的意志的表达。奥托·迈耶指出,法律优位作为一种作用能力,自然而然地取决于其宪法规定的表现形式,也取决于其法律内容是否适合于使这种作用力发生,但不需要该法律在内容上对此作出规定。只有所表达的意志确实具有法律意义时,才有法律优位的问题。如果只是一个学术观点,即使其具有法律的形式,也不是法律规范,因而也没有法律优位的问题。② 其次,法律应当有完整的结构。一旦违反,即应有制裁的效应出现。若法律规定无制裁的效应,则所谓法律优位将无意义可言,因为不可能发生与这种法律相抵触的事情。③

2. 法律的明确性

法律的明确性原则是指法律须有具体而明确的内容。只有明确的法律,行为人才能理解法律的内容,才可预见自身行为在法律上的效果。如果法律没有具体而明确的要求,就无法判断是否违反法律,就无法实现法律优位的控制功能。

当然,法律应具有明确性,不等于说法律不需要解释就可以直接适用。有人以法律解释缩小法律的适用空间为由,否定法律优位的存在,这实际上是对法律具体化过程的漠视。经过解释确定了法律的内涵,再加以适用,那才是法律的意志。这是对法律意志的明确,而非对法律的否定。而且,法律解释仍然受法律的约束。过度限缩解释或者扩张解释,超出法律的范围,都是违反法律。

---

① 董必武也曾指出:“只有全国人民代表大会通过了的法规,才能叫做法律,它的意义是庄严的,通过它的手续是慎重的,它的公布是中华人民共和国主席的职权之一。这也就是说全国人民的意志经过一定的形式表现出来,又经过一定的手续讨论通过以后,再经主席公布就算法律了。”参见《关于党在政治法律方面的思想工作(一九五四年五月十八日)》,载《董必武政治法律文集》,法律出版社 1986 年版,第 338 页。

② 参见[德]奥托·迈耶:《德国行政法》,刘飞译,商务印书馆 2002 年版,第 70-71 页。

③ 参见吴庚:《行政法之理论与实用》(增订 8 版),中国人民大学出版社 2005 年版,第 53 页。

3. 法律的合宪性

奥托·迈耶在提出法律的法规创造力原则时，就曾明确使用“合乎宪法的法律”的概念，[①]但在俾斯麦宪法时期并无违宪审查制度，法律优位其实也就意味着法律的绝对优位。法西斯暴政的历史也表明，在议会万能主义之下，法律优位也容易沦为不法的法律优位。“二战”之后，建立违宪审查制度成为各国一种较为普遍的要求。“行政机关除应遵守现行普通法律外，当受一国根本大法之拘束。在宪政时期，以宪法为最高根本法。凡法律与宪法抵触者无效；命令与宪法或法律抵触者无效。”[②]我国现行宪法第5条第3款明确规定，“一切法律、行政法规和地方性法规都不得同宪法相抵触”。如此，法律优位只是相较于行政的优位，法律必须符合宪法，宪法相较于法律和行政均具有优位性。从这一意义上来说，“法律至上”的说法是不能成立的。

与此相关，在德国，存在行政机关有无法律审查权问题的讨论。在德国基本法上，违宪决定权当然仅保留给宪法法院。但行政机关有无怀疑权或义务呢？对此，毛恩茨、迪里希（Maunz-Dürig）的评注书持肯定态度，其实定法根据在于《联邦公务员法》第56条第2款关于公务员的抗议权义务规定，《联邦宪法法院法》第76条第2项也将“行政机关认为某法律违宪不予适用时”列为提起法律违宪诉讼的要件之一。只是起诉权人仅限于最高的联邦政府和各州的政府。某行政机关提出怀疑后，在宪法法院作出判断前，只能听从于上级机关乃至最高行政机关的判断和处置（根据是违宪性更强还是合宪性更强的判断，决定附解除条件的停止执行法律还是继续执行）。[③] 在我国，虽然《立法法》并未规定质疑法律违宪的程序，但宪法第5条第3款和2023年《立法法》第98条均明确规定了相对于法律的宪法优位。而且，2018年《公务员法》第14条第1项规定了公务员负有“忠于宪法，模范遵守、自觉维护宪法和法律”的义务，第60条也规定了公务员对违法命令的怀疑权和质疑程序。公务员可以根据法定程序向上级乃至最高国家行政机关提出怀疑的意见，进而，为有权机关就法律的合宪性争议作

---

① 参见[德]奥托·迈耶：《德国行政法》，刘飞译，商务印书馆2002年版，第68页。

② 马君硕：《中国行政法总论》，商务印书馆1947年版，第50页。中华民国时期的宪法曾明确规定违宪法律的效力。1923年《中华民国宪法》第108条明确规定，“法律与宪法抵触者无效”。其起草委员张我华在说明中指出，“‘法律’二字以广义言之，宪法亦为法律之一；以狭义言之，必如本章所定始为法律也”。“宪法与法律不同，宪法由宪法会议议决，法律由国会制定。”吴宗慈：《中华民国宪法史》，法律出版社2013年版，第228页。另外，1947年《中华民国宪法》第171条第1款也规定，“法律与宪法抵触者无效”。

③ 手島孝『行政国家的法理』（学陽書房，1976年）107-108頁参照。

出适当回应提供一个契机。

三、法律优位的基本要求与适用辅助条件

在法律满足上述条件之后,便可发挥其对行政的控制功能。这种控制功能的发挥就表现为法律优位的基本要求。

(一)法律优位的基本要求

法律优位原则大致包括以下两个方面的基本要求,然而,对于第二个要求,需要我们认真思索。

1. 一切行政活动不得违反现行的法律

一切行政活动均应符合法律的要求,而不得违反现行的法律。这里的“法律”只是全国人大及其常委会制定的法律,而不包括行政法规、地方性法规和规章等;只是制定法,而不包括习惯法;只是成文的法律条文,而不包括未成文法化的一般法原则。① 在过去的依法律行政原理中,法律主要是实体法的要求,但在现代法治中,法律还包括程序法的要求。② 也就是说,违反法律,包括违反法律规定的主体、权限、程序和形式等要求。而所谓“违反”,应区分有无法律规定。在没有法律的规定的情形下,若法律有意不予规范,例如本为自由无须规范,行政机关却加以规范,也是违反法律的。但若无法解释出法律的有意不予规范的目的,行政机关能否去实施规制,取决于法律保留的要求,而非法律优位的问题。在有法律的明示或默示规定时,只要不超出法律规定的范围,就应认为不违反法律。凯尔森的框架秩序理论可以为厘清这一问题提供基本思路:“待适用的法在所有这些情形中都只是构成一个框架,在这个框架内有多种适用的可能,维系在这一框架内、以任何可能的意义对这一框架进行填补的每个行为都是合法的。如果人们将‘解释’理解为对有待解释之对象的意义进行合乎认识的确认,那么法律解释的结论就只能是对有待解释的法所展示的框架的确认,因而是对存在于这一框架内的多种可能的认识。如此一来,对制定法的解释就不必然会导致唯一正确的决定,而可能会导致多个决定,它们

---

① 严格按照法律规定执行,属于形式法治的要求(合乎成文法的明确规定),基本上是通过依法律行政来完成的;而强调人权保障、良法则属于实质法治的要求(强调法本身的正义性、结果的合理性、利益衡量的均衡性),在实定法上大致可交由法的一般原则来完成。如此,在法治行政之下,行政合法性原则与行政合理性原则大致可对应为形式法治与实质法治,进而是依法律行政原理与行政法的一般原则。这将增强两者的区分度与可操作性。

② 当然,如果沿用传统的观念,将法律优位定位于实体法规范的优位,则应将正当程序原则作为行政法的一般原则或一项独立原则来对待。

都——只要只以有待适用之制定法为标准来衡量它们——具有同等的价值。”①只要处于法律的框架秩序之内，就没有违反法律。至于怎样才更合乎法律的要求，则并非法律优位原则所能完成的任务，很大程度上就是授权给行政机关运用自己的意志在法律划定的框架范围内作出合目的性的选择。

不论是设立行政机关还是行政机关实施行政活动，不论是行政机关从事行政立法的活动还是作出具体的行政决定，不论是权力性行政还是非权力性行政，不论是单方行为还是双方行为，不论是法律行为还是事实行为，均不得与法律相抵触。但是，即便同样是违反法律，不同的行政活动也可能有不同的法律效果。行政立法违反法律，当属无效，而不存在无效与应予撤销的差别。② 这也是不可将狭义行政行为的原理拓展应用于所有行政活动的一个理由。而在行政的具体行为中，也会因法律行为和事实行为而有所分别。对于违反法律的行政决定，一般认为，只有其存在重大且明显瑕疵时，方才无效；其他情形则属于应予撤销的瑕疵，在有权机关撤销之前，仍应暂时承认其效力，受其拘束。对于违反法律的行政契约，也有撤销与无效的差别。而对于违反法律的事实行为，因事实行为本身就无效力可言，③不存在无效的问题，④但是有可能因侵权而引起国家赔偿等法律效果。

2. 法律只能由法律变更、废止

在奥托·迈耶、美浓部达吉、钟赓言等人的著作里都曾提及，法律只能以法律的形式来变更、废止，也就是所谓“法律的形式效力”。既然合宪的法律是最高的国家意志，高于以其他形式表达的国家意志，自然只有以新的法律，才能修改、废止旧的法律。德国国法学家保罗·拉班德（Paul Laband，1838—1918 年）将此称作“形式的法律力”，即以形式法律作出的意思行为原则上只由同样的立法程序变更、废止，同时废除所有与其内容

① ［奥］凯尔森：《纯粹法学说》（第 2 版），雷磊译，法律出版社 2021 年版，第 426-427 页。

② 当然，违反法律的行政立法可能因审查者的不同、个案情况的不同而有一般性失效与个别性失效、立即失效与定期失效的差别。

③ 在日本的公定力理论中，美浓部达吉认为，事实行为是具有公定力的。此后，田中二郎、广冈隆认为，事实行为的效果是不论该行为合法与否，均产生容忍义务，进而承认其具有公定力。今村成和批评指出，事实行为的公定力是受到行政作用公权性甚至绝对性的迷惑而产生的幻想。权力性的事实行为，即使相对人拒绝也可以执行，即使不如此，也可以通过罚则来确保其实效性。因而，没有必要承认公定力，连其违法执行都要予以保护。行政行为的公定力是效力问题，是将该行为作为有效的行为而通用的力，而不是作为合法行为通用的力。事实行为不存在效力问题。今村成和「事実行為の取消訴訟」同『現代の行政と行政法理論』（有斐閣，1972 年）241-246 頁参照。

④ 从这一意义上来说，2014 年《行政诉讼法》第 75 条确认无效判决的规定并不适用于所有的“行政行为”。

相对立的国家意思表示。① 后来,奥托·迈耶将其作为法律优位的要求之一(此外增加的是法律可废止与法律抵触的其他国家行为②),赋予其更为明确的地位,将其列为法律支配原理的三大原则之一。虽然 2023 年《立法法》第 63 条规定,“法律的修改和废止程序,适用本章的有关规定。法律被修改的,应当公布新的法律文本。法律被废止的,除由其他法律规定废止该法律的以外,由国家主席签署主席令予以公布”,在现实中,全国人大常委会常以“决定”的形式来修改或废止法律。③ 若以立法程序来作出这种“决定”,则只是名称问题;若以通常的决定、决议程序作出修改法律的“决定”,则可认为与法律优位原则有所出入。

当然,法律的形式效力是可以转让的。法律可以授予法规命令、甚至一个具体措施改变旧的法律规定的能力。④ 例如,2021 年《食品安全法》第 153 条规定,“国务院根据实际需要,可以对食品安全监督管理体制作出调整”。这种变通规定或调整措施之所以能修改法律的规定,并不是因为其自身具有修改法律的权能,而是因为存在授权法律。授权法律与被修改的法律处于同一位阶,可按照法规范冲突的规则来确定应当适用的法律。

如果没有获得法律的授权,即便法律的规定存在问题,行政机关仍应在法律修改之前不折不扣地执行法律,而不得以下位法或其他措施变通执行或停止执行法律。例如,2021 年《道路交通安全法》第 13 条第 1 款规定:“对提供机动车行驶证和机动车第三者责任强制保险单的,机动车安全技术检验机构应当予以检验,任何单位不得附加其他条件。对符合机动车国家安全技术标准的,公安机关交通管理部门应当发给检验合格标志。”而公安部规章 2021 年《机动车登记规定》第 54 条第 2 款规定,“申请前,机动

---

① 堀内健志『ドイツ『法律』概念の研究序説』(多賀出版,1984 年)63 頁参照。顺便提及,法律的实质效力或实质的法律力,因法律内容而异。法律在含有法的规范时,一般即具有属于“法”的意义,即因人类的共同生活而要求为每个人自然行动的自由设定框架和界限。在不含这一意义上的法规范时,法律对私人就不具有直接效力。违反不含法规范的法律,虽然是法律上的不利,但不是违反法规范,因而不被当作再审事由。前揭书,第 63 页。如果撇开保罗·拉班德的特殊法律界定来说,法律的实质效力就是指按照法律的规定落实法律的规范内容的效力。

② 我国也有学者曾指出与此类似的内涵,即“在法律尚无规定,其他法律规范作了规定时,一旦法律就此事项作出规定,法律优先,其他法律规范的规定都必须服从法律”(应松年:《依法行政论纲》,载《中国法学》1997 年第 1 期)。但相对于整个行政活动而言,并非法律废除一切相抵触者那么简单,而是在法律效果上存在其他可能。

③ 而在日本,修改废止法律都是通过一部新的法律或者其中的法律条款来进行。例如,1962 年《行政案件诉讼法》附则第 2 条规定“废止《行政案件诉讼特例法》”,2004 年以《部分修改行政案件诉讼法的法律(行政事件訴訟法の一部を改正する法律)》来修改《行政案件诉讼法》。

④ 参见[德]奥托·迈耶:《德国行政法》,刘飞译,商务印书馆 2002 年版,第 71 页。

车所有人应当将涉及该车的道路交通安全违法行为和交通事故处理完毕”，①给车检增加了前置条件。有学者认为，从形式法治主义来看，以“有未接受处理的交通违法行为”为由而不予年检，构成违法。但从实质法治主义来看，通过验车而要求机动车驾驶人首先去履行既有的法定义务，间接地实施强制，是确保法律实施实效性的必要手段，应当成为明文的法律依据。要从本源上解决问题，就应当修改《道路交通安全法》或者启动释法程序，宣告上述做法合法。② 但从现有的规范来看，两者的冲突是明显的。虽然要求事前处理交通违法行为和交通事故并未课予当事人新的义务，但也构成前置条件。机动车的安全性能与车辆的交通违法行为之间缺乏明显的关联性，有违禁止不当联结原则。对此，最高人民法院认为：“《道路交通安全法》第十三条对机动车进行安全技术检验所需提交的单证及机动车安全技术检验合格标志的发放条件作了明确规定……法律的规定是清楚的，应当依照法律的规定执行。”③

在法律适用上，“新法优于旧法”“特别法优于一般法”（2023 年《立法法》第 103 条）均可谓法律优位的体现。新法是立法者的最新意志，因而可破除旧法所体现的立法者意志；特别法是立法者的特别安排，因而可破除立法者的一般安排。这是针对法律之间的关系而言的。而在法律与被规范对象之间的关系中，法律优位通常要求法律不溯及既往。有效的法律应能对其有效期限内的社会关系进行有效规范，这也是法律的实质效力的体现。从被规范对象的角度而言，其仅受当时有效的法律的拘束，而不受尚不可预见的将来法律的规范。但是，2023 年《立法法》第 104 条也对法律不溯及既往作出了但书规定，“为了更好地保护公民、法人和其他组织的权利和利益而作的特别规定除外”。这可以说是对法律实质效力的突破。也就是说，法律优位并非最高的原则，尚有与其他原则相权衡、保留例外不适用的余地。

（二）贯彻法律优位的辅助要求

法律优位发挥作用的前提条件是存在法律。但是，仅此还不足以让一切行政活动都符合法律，不与法律相抵触。要贯彻法律优位，还需要一些

---

① 与 2008 年《机动车登记规定》的规定是相同的，2008 年版第 40 条第 2 款，2012 年版第 49 条第 2 款。此前 2004 年《机动车登记规定》第 34 条第 3 款还进一步明确规定：“机动车涉及道路交通安全违法行为和交通事故未处理完毕的，不予核发检验合格标志。”

② 参见杨建顺：《“不交罚款就不验车”必要且正当》，载《检察日报》2014 年 11 月 5 日，第 7 版。

③ 最高人民法院《关于公安交警部门能否以交通违章行为未处理为由不予核发机动车检验合格标志问题的答复》，（2007）行他字第 20 号，2008 年 11 月 17 日公布。

辅助要求。

1. 确认法规范的位阶性

为了防止行政活动违反法律,不仅要使行政的个别行为符合法律,还要使行政立法符合法律。行政立法是行政机关以法规范的方式对法律具体化。若能使行政立法符合法律,便能发挥行政立法对个别行政决定的控制作用。如此,确认法规范的位阶性,就显得十分重要。在行政法上,法源层级多,数量大,形式多样,规范之间发生冲突的可能性较其他部门法更大。法律固然可以授权行政机关制定行政立法,行政立法也有补充法律的效力,但行政立法终究是行政机关的行为,仍应受法律优位的限制。不能认为有法律的授权,行政立法就不产生抵触上位规范的问题。① 实践中,行政立法与法律相抵触的例子并不少见,前述《机动车登记规定》的车检前置条件规定就是一例。《立法法》第五章明确了法律与其他立法之间的位阶关系,并规定了相应的冲突规则,但适用的实际效果未必良好。② 从现实的角度说,纵使国家在建立合宪性审查制度上仍踌躇不定,也应着力完善行政立法违反法律的审查制度,以切实维护法律的权威。因为违反法律的行政立法如果得不到纠正,就会源源不断地产生违反法律的执法行为,前述机动车车检即为明显一例。加强行政立法的合法律性审查,对于控制行政权、规训行政权,维持行政的理性、维护社会管理的有序性,具有十分重要的意义。

2. 积极适用法律

法律优位原则的贯彻往往须辅以"积极适用法律义务",才能成功。行政机关应通晓现行相关法律规范,并谙悉法律意旨,以便时时检视行政活动与法律的契合性或积极将法律引为行政活动的依据。唯其如此,行政的合法律性方有可期。③ 行政机关作为法律的执行机关,应当在有法律规定的案件中适用法律,使自己的行为符合法律的要求。若行政机关无视法律的存在,或者根本不知道相应法律的存在,也必然给自身的行为带来合

① 参见吴庚:《行政法之理论与实用》(增订8版),中国人民大学出版社2005年版,第53页。当然,法律有其局限性,要想既维持法律优位于行政立法,又不给行政立法变更法律的现实借口,有学者提出几点办法:法律的制定应简单化或原则化,详细规定交由执行机关行政立法;立法机关应吸收各类专门人才;立法程序应简单化,使立法机关能多制定法律;立法机关应多制定应付紧急事件的法律;应以法律规定制定法律的标准,重要事项只能由法律规定;行政立法应送立法机关审议;行政诉讼机关可裁判依据行政立法所生行为失效。参见陈洪培:《命令不得变更法律之检讨》,载《中华法学杂志》1944年第3卷第2期。

② 参见王贵松:《法院对法律冲突问题的应对:现状与前瞻》,载《法商研究》2010年第2期。

③ 参见李建良:《行政法基本十讲》(第5版),台北,元照出版有限公司2014年版,第237页。

法律性的悬念。即便行政机关歪打正着地解决了某个问题，但未引用法律条文或者笼统地引用法律条文，这也可能因第三人等提起诉讼，而被法院认定为适用法律法规错误。当然，在某一案件中是否一定要适用特定法律条文，还要看法律有无其他特别规定，进而根据冲突规则确定所要适用的法律条文。亦即，行政机关应当在整个法律体系中去确定如何适用法律。近年来，国家针对公务人员加强了学法用法培训，①这有助于贯彻法律优位原则，让行政活动符合法律的要求。

四、法律优位在行政法上的具体适用

各方在理论上和实定法上均承认法律优位原则，但实践中，对于是否违反法律的规定，有时可能有不同的认识。下面结合实践中常见的几个争议问题略作分析。

（一）改革、效能与法律优位

改革创新、提升行政效能，一直是我国行政机关主导的话语。相对于既有的体制和机制而言，改革的必要性一直存在，而改革与法律之间的紧张关系也日益突出。

1. 改革创新与法律优位

经过改革开放 40 多年的努力，全国人大及其常委会制定的法律日渐增多，②法律覆盖的领域也日渐扩大。但是，现如今仍然存在不少没有法律的领域，而过去制定的法律也存在一些不合时宜的规定。对于尚无法律的领域，自然不存在与法律相抵触的情形。而对于已有法律但法律有过时之嫌的领域，如何处理改革创新与法律之间的关系，便成为现实的问题。

在行政组织法领域，我国的法律十分稀少，且法条稀疏宽泛，规定较为落后。以 1982 年《国务院组织法》为例，该法仅有 11 个条文规范着整个国务院和各个部委的组成、领导体制和会议形式等，其简陋粗疏可想而知。但即便如此，也存在违反该法律的情况。该法第 9 条第 1 款规定，“各部设部长一人，副部长二至四人。各委员会设主任一人，副主任二至四人，委员五至十人”。基于大部制改革等原因，副职超出这一限制的部委不在少数，明显违反法律优位原则。之所以没有修改法律，很大一部分原因在于，国务院机构改革和职能转变尚未完成，陷入了改革与立法循环往复的

---

① 2016 年，中共中央组织部、中共中央宣传部、司法部、人力资源和社会保障部曾印发《关于完善国家工作人员学法用法制度的意见》。2023 年，中共中央办公厅、国务院办公厅印发了《关于建立领导干部应知应会党内法规和国家法律清单制度的意见》。

② 截至 2025 年 1 月 1 日，我国共制定现行有效的法律 305 部。

纠结之中。在组织建设上,应当坚持法律优位原则。2024年《国务院组织法》修改,上述职数的规定并未修改(第12条第1款)。在国务院机构改革上,根据《国务院组织法》(1982年版第8条,2024年版第11条)的规定,由全国人大或其常委会决定。这固然相对灵活,但以"决定"的方式改变法律对原先机关的授权或者由不同类型的新机关行使原法律规定的权限,甚至将法律授予行政机关的权限转交给非行政机关行使,都是违反法律优位原则的。

在行政活动法上,相关法律已不在少数。遵守法律的规定,应当成为当然要求。行政应以执行法律为第一要务。但是,在法律制定之后,法律实施的客观环境时时刻刻都在发生着重大变化,国家和社会对突破法律、实施所谓"社会管理创新"的需求也层出不穷。创新固然值得鼓励,但在目前的法律之下,"创新"的空间已变得较为有限。以违反法律为代价的创新是不可取的,所谓"试错权"①更是不能为法律所容许的。② "违法的创新行为也许能获得短期的效应,却腐蚀着法治大厦的基石,将损害整个法治建设事业。"③在遇到的确不合时宜的法律时,应当积极推动法律的修改,通过修改完善法律,为真正的"社会管理创新"提供法律基础。近些年,国务院在着力推进行政审批制度改革,涉及废除或调整法律所设定的行政许可事项时,国务院先提出修改法律的建议,待法律修改后再行实施。应当说,这种做法是值得肯定的,也应当形成垂范的效果。

2. 行政效能与法律优位

行政效能是指行政机关实施行政活动时,以较小的投入实现较高的收益,从而达到行政资源的最佳配置。过去,行政效能更多是行政管理的问题。但现在,"效能""效率"作为法定概念在我国行政法律中日渐得到采用,行政效能或效率原则正成为法律对设置行政组织、实施行政活动提出

---

① 有观点认为,"要建立健全允许失败、宽容犯错的'容错'机制,细化规则,正向激励,给予敢于担当者一定的'试错权'。要宽容失败,把在推进改革中因先行先试出现的一些失误和错误,同明知故犯的违纪违法行为区分开来"。郑端端:《为敢于担当者担当》,载《中国纪检监察报》2016年2月27日,第4版。

② 《关于进一步激励广大干部新时代新担当新作为的意见》(中共中央办公厅2018年5月20日印发)第4条指出:"建立健全容错纠错机制,宽容干部在改革创新中的失误错误,把干部在推进改革中因缺乏经验、先行先试出现的失误错误,同明知故犯的违纪违法行为区分开来;把尚无明确限制的探索性试验中的失误错误,同明令禁止后依然我行我素的违纪违法行为区分开来;把为推动发展的无意过失,同为谋取私利的违纪违法行为区分开来。"这三个"区分开来"就是在界定和限定容错机制,避免与法律相抵触。

③ 韩大元:《社会管理创新要依靠法律》,载《法制日报》2011年12月7日,第9版。

的一个基本要求。[①] 在理论上,我国也有个别学者将行政效能或效率原则作为行政法的基本原则之一,并将最小化原则(以最小的成本投入来实现既定的行政目的)与最大化原则(使已投入的成本最大限度地实现行政目的)作为其基本要求。[②] 但在行政法上发挥效能原则的领域主要是行政改革、纲要性立法、内部法等,行政效能原则大体上是客观法的控制。[③]

行政以实现公益为导向,往往会设定一定的目标,通过种种手段、动用各种资源尽可能地实现它。而行政效能也会成为考核公务员能力、评价行政机关政绩的重要指标。在某些行政机关的眼里,法律可能也是其实现管理目标的一种手段。行政效能与法律之间存在紧张的关系。所以,应特别注意,在法治行政之下,行政效能原则是法律的要求之一,行政效能本身不得违反法律。在理解行政效能时,不能仅仅关注数字化的效率计算,更不能视法律为提升效能的绊脚石,而应将行政的合法律性作为行政效能的一个重要指标。

行政机关可设置专门的机构或者由某一机构去负责审查其行政活动是否符合行政效能原则。对于以提升行政效能为名,违反法律设置行政机构、违反法律规定的集体审议程序而由负责人自行决定、违反法律规定的听取意见程序而直接采取科技手段执法等情形,均应认定为违反法律优位原则。

在行政行为中,行政行为违法也并非当然无效,多为应予撤销;部分违法情形还可因治愈、转换而成为合法行为。在这些情形下,法律优位原则的规范力度明显受到减损。[④] 这实际上是用程序经济的行政效能原则与法律优位原则相抗衡。也有学者指出:“由于这种理论具有侵害严格意义

---

① 诸如,2019 年《行政许可法》第 25 条规定的“精简、统一、效能的原则”,2018 年《高等教育法》第 37 条规定的“实际需要和精简、效能的原则”,2018 年《公务员法》第 8 条规定的“提高管理效能”,2016 年《公共文化服务保障法》第 4 条规定的“提高公共文化服务效能”,《宪法》第 27 条第 1 款规定的“提高工作质量和工作效率”,2019 年《行政许可法》第 6 条规定的“提高办事效率”,《公务员法》第 14 条第 4 项规定的“提高工作质量和效率”,2021 年《种子法》第 15 条第 3 款规定的“公正、公开、科学、效率的原则”,等等。

② 参见李洪雷:《行政法释义学:行政法学理的更新》,中国人民大学出版社 2014 年版,第 108 页;沈岿:《论行政法上的效能原则》,载《清华法学》2019 年第 4 期。类似的还有,薛刚凌:《行政法基本原则研究》,载《行政法学研究》1999 年第 1 期;王成栋:《论行政法的效率原则》,载《行政法学研究》2006 年第 2 期。日本行政法学已有主流教科书将效率性原则作为一般原则的做法,例如,宇賀克也『行政法概説 I 行政法総論』(有斐閣,2023 年)72-73 頁;大橋洋一『行政法 I 現代行政過程論』(有斐閣,2009 年)50 頁参照。

③ 这与日本是相似的。山下竜一「行政法における効率——効率性分析試論」岡田正則ほか編『現代行政法講座 I 現代行政法の基礎理論』(日本評論社,2016 年)194 頁参照。

④ 参见李建良:《行政法基本十讲》(第 5 版),台北,元照出版有限公司 2014 年版,第 244 页。

上的法治行政的原理之虞,所以不容滥用。”①从法安定性与合目的性的应有关系来看,纵然行政程序法允许,也应当将其限定于例外情形。

(二)行政行为的公定力与法律优位

根据法律优位的要求,行政立法违反法律就无法产生法律预定的法律效果,即为无效,但违反法律的狭义行政行为却存在无效与应予撤销的差别。对于狭义行政行为的这种特别效力,我国行政法理论通常用行政行为的公定力来说明。具有代表性的理论认为,“公定力是指具体行政行为一经行政主体作出,不论是否合法或存在瑕疵,即被推定为合法有效,并要求所有国家机关、社会组织或个人尊重的一种法律效力”②。在司法实践中,这种观点也得到一定程度上的认可。③ 但是,我国对公定力的这种认识与法律优位原则之间存在明显的紧张关系,也与所继受的德日发展脉络出现差异。④

在德国,对于行政行为的这种效力(虽无公定力的概念,但实质相近),存在着合法性推定说与有效性推定说、实体法效力说与程序法效力说的差别。奥托·迈耶认为:“警察下令不同于私法上的法律行为,它具有合法性的推定。只要该推定未经正当方法被推翻,下令就作为合法行为来对待,持续具有实效性,至少在外观上如此。实际上推定并不真的成为问题。如果正确地表达,就必须说,下令立即作为具有法拘束力的行为而有效,只要没有产生对其合法性的再审查权限,就必须维持政府的执行……所有公权力的行为,既然是作为应具有法实效性的行为而对外作出,同时也含有对其合法性的确定和确认。”⑤行政机关在作出行政行为的同时也自行完成了对合法性的确认,也就是所谓“自我确认说”。⑥ 奥托·迈耶所称的行

---

① [日]南博方:《行政法》(第6版·中文修订版),杨建顺译,商务印书馆2020年版,第60页。

② 姜明安主编:《行政法与行政诉讼法》(第8版),北京大学出版社、高等教育出版社2019年版,第215页(叶必丰执笔)。

③ 例如,有法院认为:“行政行为一经成立,即具有公定力,不论其实质上是否合法、得当,都具有被推定为合法、有效的法律效力,未经法定程序变更或撤销前,所有机关、组织或者个人都应当先加以遵守或服从。”参见李某珍与武汉市住房保障和房屋管理局等确认及行政复议上诉案,湖北省武汉市中级人民法院(2016)鄂01行终832号行政裁定书,2016年12月22日。

④ 日本的公定力理论经历了实体法公定力说向程序法公定力说的转变。参见王天华:《行政行为公定力概念的源流——兼议我国公定力理论的发展进路》,载《当代法学》2010年第3期;王贵松:《论行政行为的违法性继承》,载《中国法学》2015年第3期。

⑤ 兼子仁『行政行為の公定力の理論:その学説史的研究』(東京大学出版会,1971年)80-81頁参照。

⑥ 奥托·迈耶认为,“政府在其通常的管辖范围内的意志表达同时也表明了其行为有效的特定前提是满足的。这种自我证明以及由此取得的行政行为的作用力只有通过更具有强力的管辖才能予以改变”。参见[德]奥托·迈耶:《德国行政法》,刘飞译,商务印书馆2002年版,第101页。

政行为是类似于司法裁判的行为，是在个案中对私人宣告何为法的活动。行政机关在作出行政行为时就要对其合法性作出确认，在没有更为权威的机关对此展开审查之前，就要推定其合法。显然，这是一种程序性的合法性推定说，而非主张超法的效力。此后的科曼（Kormann）则是从民事法律行为的角度理解行政行为，认为“行为的瑕疵是应予撤销的瑕疵，而非无效，该原则在公法上是妥当的”，“在实际被撤销之前应当视行政行为为有效”。行政行为的效力不是出自法律，而是其效果意思，不论其是否合法均为有效。这是一种实体性的有效性推定说。① 而奥托·迈耶的后继者弗莱纳（F. Fleiner）也受此影响，采取了有效性推定说，认为“在官员撤销之前，处分必须作为有效来对待”，“这种违法宣告优先于当然应产生的无效，可由交易关系的考虑予以正当化。如果承认所有机关和市民均有将表面合法的国家行为视为不存在的权能，法的安定性将受到威胁”。这就为有效性推定说提供了政策性根据。② 此后，有效性推定说成为德国行政法学的通说，③这也得到了德国《联邦行政程序法》第 43 条的明确肯定：除无效行政行为外，行政行为未被撤销、废止、以其他方式终止或通过期限届满或其他方式消灭之前，持续有效。

由此，合法性与有效性发生分离。行政行为的效力源自行政行为的规制内容。该效力虽非直接源自法律，但行政机关是根据法律设立的，同时议会和法院也对其活动实施监督，确保其不脱离法律的控制。行政机关根据法律的规定作出个案判断，赋予该行政行为有效性，有助于保障法律的执行效率和法的安定性。而合法性则要通过行政行为与法律之间的关系来判断，而且要由有权机关作出判断。公定力是关于行政行为效力的理论，而非关于合法性判断的理论。相对于前述学界的认识而言，我国最高人民法院的理解就要准确得多：“行政行为具有公定力，一经作出，不论合法与否，除因严重违法而依法无效外，在未经法定机关和法定程序撤销或变更之前，都推定为有效，对行政机关、相对人、其他利害关系人以及其他国家机关均具有约束力。”④它不仅区分了合法性与有效性，还避免了无效

---

① 兼子仁『行政行為の公定力の理論』（東京大学出版会，1971 年）115–116 頁参照。

② 兼子仁『行政行為の公定力の理論』（東京大学出版会，1971 年）121 頁参照。

③ 当然，也有学者反对这一说法：“因为该问题与证据规则和假定没有任何关系，它实际上是实体法律规则问题：违法的行政行为只在特定的条件下无效。这一由学理和司法界发展的规则当今成为大量立法的根据。”参见［德］汉斯·J. 沃尔夫、奥托·巴霍夫、罗尔夫·施托贝尔：《行政法》（第 2 卷），高家伟译，商务印书馆 2002 年版，第 67 页。

④ 刘某英诉洛阳市人民政府土地出让批复案，最高人民法院（2017）最高法行申 1164 号行政裁定书，2017 年 3 月 27 日。

而有效的矛盾。

与“违法也有效”的公定力类似的是，合法行政行为可能因事实或法律依据发生变化而被撤回，这可以描述为“合法也失效”，两者都是与法律预定了的法律效果相悖的情形。行政行为所依据的法律发生变化，新法优于旧法，撤回行政行为与法律优位并无抵触。而当事实情况发生变化时，行政机关撤回行政行为，则与法律优位有紧张关系。我国《行政许可法》第 8 条第 2 款设定了合法撤回的条件：(1) 准予行政许可所依据的客观情况发生重大变化，(2) 目的是公共利益的需要，(3) 依法对造成的财产损失给予补偿。该条款中也包含着公益与法律优位之间的权衡，并通过补偿的方式弥补合法公民的损失。

（三）行政的行为方式与法律优位

行政活动不得违反法律，已为公认。但有个别行政的行为方式虽然有可能违反法律，却因其非权力性而容易被忽视，如行政合同、行政指导。

1. 和解合同与法律优位

行政合同不能违反法律，也是公认的。但在和解合同中，却可能存在一定争议，典型例子就是中国证券监督管理委员会（以下简称中国证监会）2015 年公布并施行的《行政和解试点实施办法》（已失效）。即便有和解申请，中国证监会很长时间里未据此实施过一次和解。[①] 直到 2019 年 4 月和 12 月，高盛公司案和司度公司案的和解才成为难得的两例。该办法第 6 条规定，行政相对人涉嫌实施虚假陈述、内幕交易、操纵市场或者欺诈客户等违反证券期货法律、行政法规和相关监管规定的行为，案件符合下列情形的，可以适用行政和解程序：(1) 中国证监会已经正式立案，且经过了必要调查程序，但案件事实或者法律关系尚难完全明确；(2) 采取行政和解方式执法有利于实现监管目的，减少争议，稳定和明确市场预期，恢复市场秩序，保护投资者合法权益；(3) 行政相对人愿意采取有效措施补偿因其涉嫌违法行为受到损失的投资者；(4) 以行政和解方式结案不违反法律、行政法规的禁止性规定，不损害社会公共利益和他人合法权益。值得注意的是，该办法第 7 条第 1 项还规定，“行政相对人违法行为的事实清楚，证据充分，法律适用明确，依法应当给予行政处罚的”，中国证监会不得与行政相对人进行行政和解。换言之，这时，行政机关应当积极适用法律。

2019 年《证券法》修订，以当事人承诺制替代了先前的行政和解制，该法第 171 条第 1 款规定，国务院证券监督管理机构对涉嫌证券违法的单位

---

① 参见张红：《证券行政法专论》，中国政法大学出版社 2017 年版，第 117 页。

或者个人进行调查期间，被调查的当事人书面申请，承诺在国务院证券监督管理机构认可的期限内纠正涉嫌违法行为，赔偿有关投资者损失，消除损害或者不良影响的，国务院证券监督管理机构可以决定中止调查。被调查的当事人履行承诺的，国务院证券监督管理机构可以决定终止调查；被调查的当事人未履行承诺或者有国务院规定的其他情形的，应当恢复调查。由此来看，当事人承诺制的实施条件相对宽松，仅为时间、承诺形式、承诺内容三方面要求。2021 年，国务院制定了《证券期货行政执法当事人承诺制度实施办法》，中国证监会制定《证券期货行政执法当事人承诺制度实施规定》并废止了《行政和解试点实施办法》。

和解合同是通过相互让步来消除合理判断中的事实或法律问题的不确定状态。在德国，根据德国《联邦行政程序法》第 55 条的规定，缔结和解合同的条件是：(1)存在着有关事实状况或法律观点的不确定状态；(2)这种不确定状态不能查明或者非经重大支出不能查明；(3)通过双方当事人的让步，可以取得一致的认识。① 和解合同虽然未必与法律不一致，但在现实中一般难免有所出入。采取和解合同的理由就在于，无法澄清不明事项或须花费不相当的费用。因此，遵守有关和解的法律要件，经由相互的让步，以适当的方式解决分歧，因此而产生与法律规定的“潜在差距”应当可以被接受。② 存在某法律事实，就应当适用相应的法条；反之则不能适用相应的法条。但是，还存在两种情形：其一，有时行政机关并不能查明相关的状态，这种不确定状态不等于存在或者不存在相关事实状况或法律观点，只是其是否成立尚未明确，是否发生相应的法律效果也处于不确定状态。而为了追求法律状态的明确性和安定性，双方作出让步就成为一种可能。其二，有时非经重大支出不能查明相关状态。在这种情形下，要适用相应法律，其实就是在公益原则(法的安定性+重大公共支出)与法律优位原则之间作出权衡。这两种情形都可以说构成了法律优位原则的例外。其前提是有适用某法律的必要，且处于行政机关可让步、亦即可裁量的范围之内。基于重大公益的需要，法律允许缔结和解合同。立法者在事前作出了权衡，以法律的方式授权行政机关在该特定条件下缔结和解合同，也就是法律优位的作用力通过法律发生了转让。

在我国，并不存在这种法律对和解合同的授权，只是在《行政诉讼法》有限地承认了行政诉讼调解，《行政复议法》承认了行政复议调解。2014

① 参见[德]哈特穆特·毛雷尔：《行政法学总论》，高家伟译，法律出版社 2000 年版，第 355-356 页。

② 参见陈敏：《行政法总论》(第 8 版)，2013 年自版发行，第 593 页。

年《行政诉讼法》第60条规定:“人民法院审理行政案件,不适用调解。但是,行政赔偿、补偿以及行政机关行使法律、法规规定的自由裁量权的案件可以调解。调解应当遵循自愿、合法原则,不得损害国家利益、社会公共利益和他人合法权益。”2023年《行政复议法》第5条规定:“行政复议机关办理行政复议案件,可以进行调解。调解应当遵循合法、自愿的原则,不得损害国家利益、社会公共利益和他人合法权益,不得违反法律、法规的强制性规定。”相比之下,复议调解的适用范围更大,且被规定在《行政复议法》的总则中。在法院和行政复议机关的调解下,行政机关也只能本着合法原则与原告进行协商,在裁量权的范围内就一定事项达成妥协,缔结调解书。但在法定裁量权范围内,并不意味着就不产生违反法律优位的问题。在事实清楚、法律明确时,行政机关即负有严格执行法律的义务,而不得以有裁量权为由而实施和解,法院也同样不得居中调解,行政复议机关更不能不论有无裁量权均实施调解,置法律规定于不顾。

2. 行政指导与法律优位

行政指导以相对人自愿协力为前提,对相对人的权利义务并不产生影响。因而,一般认为,行政指导不需要法律的根据,只要处于行政机关的组织权限之内,不违反法律,即可实施。① 如果申请某事项是当事人的权利,行政机关在法定条件之外作出不要申请的劝告,应当认定为违反法律。

现实中,因行政机关具有优势地位,行政指导可能具有事实上的拘束力,成为私人的一种社会规范。如果这种事实上的社会规范违反法律的规定,如何解决两者之间的冲突就会成为问题。② 在日本,曾有判例显示了法院的相关态度。按照日本《建筑基准法》的规定,建筑者在开工前要就建筑计划是否符合相关建筑基准申请确认。在符合基准时,建筑主事必须予以确认。在品川区公寓案中,原告建筑者X申请本案公寓的建筑确认,而周边居民以明显妨碍采光等为由反对本案建筑,向东京都知事提出陈情。建筑主事Y便指导X与周边居民协商,以圆满解决纠纷。X考虑到难以协商,便以建筑确认不作为为由提出行政复议。但在复议期间,X仍在继续协商。X最终以金钱补偿的方式与周边居民结束了对话,并撤回复议申请。Y根据X的申请作出了确认处分。随后,X请求Y赔偿其建筑确认保留期间增加的建筑工程承包费用等。日本最高法院认为,在建筑者已表明不配合、不服从时,比较衡量建筑者所受不利与行政指导所要实现

① 参见[日]盐野宏:《行政法总论》,杨建顺译,北京大学出版社2008年版,第137-139页。

② 藤田宙靖「行政と法」同『行政法の基礎理論(上巻)』(有斐閣,2005年)36頁参照。

的公益上的必要性,只要不存在建筑者不配合就违反社会正义观念的特别情况,仅以正在进行行政指导为由而不作出确认处分,应理解为违法。根据协商的进展状况和周围的客观情况,建筑者对建筑主事保留确认处分而作出的行政指导已真挚而明确地表明无法配合的意思,请求对其确认申请直接作出应答。这时,只要没有其他特殊情况,就不允许以行政指导为由让建筑者忍受保留确认处分的措施。此后以行政指导为由保留确认处分,必须说是违法的。① 在该案中,行政机关以不予确认来保障行政指导的实效性,让本为自愿配合的行政指导具有了事实上的拘束力。法院虽然最终认定保留确认处分违法,但是也可以反推,法院仍然允许在一定情况下以行政指导正在进行为由保留许可、认可等。1993 年日本《行政程序法》第 33 条明确规定,"申请人已表明不遵从行政指导的意思时,行政指导实施者不得以继续实施行政指导等方式来妨碍申请人行使权利"。但是,在申请人表明这一意思之前,或者如该判例所示,从客观情况来看不遵从行政指导违反社会正义观念时,继续予以保留也是容许的。

五、法律优位原则的贯彻和保障

概言之,在行政法上,法律优位要求,只要存在法律,一切行政活动即不得违反法律,法律只能由法律变更废止。法律优位可以说是一个分离而非互动的构想,要求法律与行政之间保持一定距离,确保法律在位阶和内容上相对于行政的优位。法律是立法机关给行政机关划定的一条红线,行政机关不得逾越。在制度上,法律优位虽非绝对原则,允许有例外存在,但应严格限定于有更强理由的情形,以确保法的安定性。法律优位是国家民主性与理性化的要求。维护法律优位,就是在维护全国人大及其常委会的地位,维护人大制度之下立法机关与行政机关的正当关系。而要实现法律优位原则,不仅在观念上不容许行政机关视法律为工具,而且也不容许不符合其目的即将法律抛诸脑后;更需要借助于行政诉讼制度——依法律行政原理的保障机制——加强对违反法律的行政活动进行审查,特别是要加强对行政立法的合法律性审查。为了进一步落实合乎法院的宪法地位,同时可预见地在行政领域实现法律权威和法制统一,国家应当明确赋予法院在维护法律优位上的应有权限。

① 最高裁判所 1985 年 7 月 16 日判決,最高裁判所民事判例集 39 巻 5 号 989 頁参照。

第四章　法律保留（一）行政立法

行政立法的必要性固然已为世界各国的理论和实践所承认，但对于行政立法与议会立法之间的权限分配、行政立法是否需要以法律为根据，学理上聚讼纷纷。作为依法律行政原理的三大原则之一，行政立法的法律保留，即“法律的法规创造力”原则，不仅关涉法律、法规等基础概念的理解，①更关乎立法机关与行政机关之间的权限分配，包含着在立法与行政关系中对分权与民主的理解方式。我国自清末民初时期起，从德国、日本吸纳这一原理，然而，该原理在现今中国却已淡出人们视野。重新接续这一段历史，在当下中国，特别是对于理解宪法第 89 条第 1 项的“根据宪法和法律”制定行政法规、对于在行政立法日益扩张的背景下维护法秩序的统一性和民主性而言，具有强烈的现实意义。

一、法律的法规创造力原则的内涵与价值

自近代法治国家以来，如何处理立法机关与行政机关之间的关系始终是一项重要课题。“在没有保障议会固定权能的宪法规范的地方，一直普遍存在着行政制定的法规；绝对主义向宪政国家的转变过程也不明朗清晰。当议会获取稳定的宪法地位时，人们就会寻找立法权与行政权之间的界限，一方面在基本权利的层面上——只能以法律形式（Gesetzesform）干预‘自由和财产’；另一方面在区分‘持久的’立法和‘变化的’行政活动中，换言之，在一般与特殊的对立矛盾中进行寻找。”②

（一）法律的法规创造力的内涵

奥托·迈耶首次将法治（法律的支配）原理体系化为三大原则，即法

---

① 凡无特别说明，本章的“法规”是专门术语，是指具有法规性质的规范，而非我国行政法规与地方性法规的形式性简称。“法规”对应的德语是 Rechtssatz。该词有多种译法，有译成“法规”者[如萨孟武：《政治学》（增订 4 版），台北，三民书局 1980 年版，第 249 页]，有译成“法则”者（如钱端升：《德国的政府》，北京大学出版社 2009 年版，第 216 页），有译成“法条”者（如[德]拉伦茨：《法学方法论》，陈爱娥译，商务印书馆 2003 年版，第 132 页）。但考虑到“法规命令”也是我们的常用术语之一，且“法规”的译法也是行政法规中“法规”一词的源头，本章仍采用“法规”的译法。

② [德]米歇尔·施托莱斯：《德国公法史：国家法学说和行政学（1800—1914）》，雷勇译，法律出版社 2007 年版，第 496 页。

律的法规创造力、法律保留与法律优位。其中,法律的法规创造力便是对法律支配直接内容的阐发。

奥托·迈耶认为,合宪性法律的最重要特征在于法律的内在拘束力,即在法规中宣告拘束的能力。法律的法规创造力(Rechtssatzschaffende Kraft des Gesetzes),是指一切法规均应由法律来创造。其中,法规是指由一般性标准显示构成要件,对符合构成要件的所有人就什么是法所作的规定。依据宪法,它是以前应经议会协赞辅佐后由君主发布,现在仅由议会发布的法律的特有能力。国家意志的其他表现形式在性质上本来并不具有创造法规的能力。这种能力并不是通过法律保留才开始有的。奥托·迈耶主张,法规在行政关系中具有双重拘束力,一方面是对外效果,规定人民相对于公权力应为、可为之事,另一方面是对内效果,为国家机关应依法行事的法定拘束奠定基础。奥托·迈耶将自己的逻辑植根于自由主义的权力分立理论中,同时将国家与私人的关系理解为一种法律关系成为可能。①

对于法律的法规创造力原则的独立价值及其与法律保留之间的关系,理论上存在一定争议。在奥托·迈耶的法律支配理论中,法律的法规创造力与法律保留相互独立。奥托·迈耶对两个原则的区分是以其对立法与行政的区别,进而是以命令(行政立法)与处分的区别为背景的。奥托·迈耶理解的立法是抽象的一般性规范,而行政则是具体的个别处理,前者体现为法律,后者体现为行政行为。法律的法规创造力适用于一般性规范,法律保留适用于行政的个别行为。法规均由法律创造,而行政却并非概由法律保留,只有侵害私人的自由和财产时才需要法律的依据(侵害保留说)。在不需要法律保留的领域,行政只要不违反法律便是自由的。另外,对行政立法的授权不同于对行政行为的授权。赋予行政立法的权限是法律的特别之力(法规创造力)的产物。行政立法相对于行政行为在数量上并非多数,但从法治国家的观点等来看,行政立法是行政行为的上级。对行政立法的授权优先,能通过行政立法进行规范时,不允许作出行政行为。② 也就是说,在一般性规范得到遵守时,即不必作出个别处理,"垂法而治"。

而安许茨(G. Anschütz, 1867—1948 年)则认为,不论是抽象的规定还是个别的行为,行政对个人自由的一切限制均要有法律的授权。他是将奥

① 塩野宏『オットー・マイヤー行政法学の構造』(有斐閣,1962 年)112-113 頁参照。
② 松戸浩「法律の法規創造力の概念について」法学 67 巻 5 号(2003 年)242-245 頁参照。

托·迈耶所谓法律的法规创造力原则统合于法律保留原则之下。[①] 也就是说,法律保留之中既有对个别行为的法律保留,也有对制定规范的法律保留。而这种理解也正是奥托·迈耶所批判的对象。安许茨的理解,无法显示出立法(一般性规范)与行政(个别处理)的差异,同时也让一个原则包含了两种不同的逻辑和范围。本书可以接受广义法律保留的理解,但仍要对其下的一般规范与具体行为作出区分。因为即便后来法律保留的范围扩张,也并不意味着法律的法规创造力原则失去了独立价值。有学者认为,在制定法规应由议会垄断这一点上,法律的法规创造力与法律保留原则重合,因而现在不能承认法律的法规创造力原则具有其固有的意义。[②] 的确,在防止对私人权益的侵害方面,不委诸行政权的专断而谋求立法权的判断,法律的法规创造力和法律保留是共通的。但法律的法规创造力原则让裁判规范的创设由立法权垄断,同时在委任的范围内让行政权制定的规范也成为裁判规范;而在法律保留原则下,得到授权的行政活动并不会成为裁判规范,而仅作为根据法规进行审查的对象。换言之,两原则的不同之处在于,法律的法规创造力原则在法律授权行政权设定基准之际成为问题,而该基准也拘束法院。但在法律保留原则下,行政活动的性质不变,只是在该原则的范围内,要求该行政活动必须存在作为其根据的法律。[③] 另外,这两个原则在各国宪法上也有分别不同的表现。例如,一般认为,《德国基本法》关于授权立法的第 80 条规定、[④]《日本国宪法》第 41 条规定的国会"是国家唯一的立法机关",是法律的法规创造力原则在德国、日本宪法上的体现,而法律保留原则要结合基本权利等规定来表现。

(二)法律的法规创造力原则的价值

在资产阶级革命胜利之后,由议会参与立法权的行使(君主立宪制国家),乃至独立行使立法权(共和制国家),成为共识。进入 20 世纪后,行政立法的重要性获得越来越多的认同。但奥托·迈耶继承前人的学术主张,仍提出了"法律的法规创造力"原则。承认法律的法规创造力,实际上就是承认立法权对一般性规范的垄断。立法权可以自行创造一般性规

---

① 松戸浩「法律の法規創造力の概念について」法学 67 巻 5 号(2003 年)253 頁参照。持这一立场的有,曽和俊文 = 山田洋 = 亘理格『現代行政法入門』(有斐閣,2007 年)31 頁参照(亘理格執筆)。

② 大橋洋一『行政法Ⅰ　現代行政過程論』(有斐閣,2009 年)26 頁参照。

③ 松戸浩「行政立法と法律の根拠——法律の法規創造力の原則の意義」広島法学 32 巻 2 号(2008 年)80 頁参照。

④ 《德国基本法》第 80 条第 1 款规定,联邦政府、联邦部长或州政府,可根据法律发布法规命令(Rechtsverordnungen)。此项授权的内容、目的及范围,应以法律规定。

范,也具有通过委任立法实现创造一般性规范的能力。行政机关非经授权,不得创制一般性规范。法律的法规创造力原则可谓植根于权力分立原则和民主原则,而权力分立原则又植根于对法律的一般性的追求。

一般认为,法律是一般性规范或普遍性规范,即针对不特定主体和案件所制定的规范。法律的一般性是自由与公平的保障。① 孟德斯鸠是从权力分立的角度来理解法律的一般性的。集权产生暴虐和专制,分权才是自由和安全的保障。立法权是国家的一般意志,而其他权力则是对这种意志的执行。行政机关执行的、法官宣告的法律必须在事前为公民知晓,才能保障公民的安全。法律决定各个公民地位,其一般性是合法性体制的条件自身,立法者不能用其个别意志去毁灭每一个公民。② 这是法治国家体制的本质前提。

行政立法固然也有一般性,但不能彰显机关之间的权力制约,更缺乏法律所独有的民主性。卢梭就是从人民主权的角度来阐述法律的一般性。卢梭将立法权与人民主权等同视之,认为立法权就是公意的表达。法律由全体人民创造,同时也是为全体人民或者关于全体人民作出的规定。法律的对象是普遍性的,只考虑臣民的共同体以及抽象的行为。政府负责执行法律。③ 法国《人权宣言》第 6 条就明确规定,"法律是公共意志的表现……法律对于所有的人……必须都是同一的。公民在法律面前一律平等"。在德国,法律的民主性在君主立宪制时期并未实现,魏玛共和国时期才真正为法律的民主性提供了民选国会的机制。

简言之,权力分立和民主原则,要求由国会来创制一般性规范,而这一般性规范的体现形式就是法律。法律就是由立法机关制定的一般性规范。法律不仅含有民主正当性,还因为经过审议程序而具有妥当性,更因为其一般性和安定性而让人民能具有预见可能性。法律的法规创造力原则肯定了议会的立法权,而法规的一般性既为立法权的行使提供正当性,也构成了对议会立法权的约束。

二、法规与法律事项的范围

正如法律的法规创造力原则的名称所示,凡有法规内容者,即由法律

---

① 参见[德]卡尔·施米特:《宪法学说》,刘锋译,上海人民出版社 2005 年版,第 162-168 页。

② 参见[法]孟德斯鸠:《论法的精神》(上册),张雁深译,商务印书馆 1961 年版,第 155-158 页。

③ 参见[法]卢梭:《社会契约论》,何兆武译,商务印书馆 1980 年版,第 50-52、76 页。美国学者古德诺将国家职能区分为政治(国家意志的表达)与行政(国家意志的执行)两类,清楚地表明了立法与行政之间的关系。参见[美]古德诺:《政治与行政——政府研究》,毕洪海译,商务印书馆 2024 年版,第 12 页。

创造。传统公法学说一般是从“法规”界定的角度确定法律事项范围。法律的创造空间体现于法规的内涵与范围,法规的范围就是法律的管辖范围,即法律事项的表征。法规是法律的实质内容。凡属法规者,应由议会制定,至少应有议会参与决定。“法规”一词在学说史上具有重要意义,对其内涵和功能的把握历来是行政法学上的难题之一。法规概念大致承载着两种功能。其一,能决定立法权与行政权之间制定规范的权限分配,即决定行政权在制定规范时是否必须有法律的授权。其二,能决定规范有无法的拘束力。法律、法规命令均为法规,均有法的拘束力,而行政机关内部的行政规则就没有法的拘束力。① 法规的内涵抑或法律事项的范围,在学说史上大致存在以下四种代表性的观点。

(一)权利规范说

权利规范说是指将法规界定为关于权利义务的规范,但不以一般性为法的本质属性。这是一种着眼于规范性质的法规界定。这一学说的代表者之一是保罗·拉班德。1850 年《普鲁士宪法》第 62 条规定,“立法权由国王与两院共同行使。所有法律必须获得国王和两院的一致同意”。而其第 99 条又规定,“国家的总收入和总收支每年必须预先安排,列入预算。预算每年以法律的形式规定”。1862 年至 1866 年,俾斯麦在预算未获国会批准的情况下强行开展军制改革,发生了长期的预算争议。② 面对这一争议,保罗·拉班德从宪法理论上给出了权威解释。保罗·拉班德认为,《普鲁士宪法》第 62 条的“立法”,只能从实质意义上去理解,而预算并非实质的法律,只是政府和议会在支出的必要性和合理性上达成的一致。预算形式上是法律,实质上是行政命令。构成政府收支的实质性法律基础的不是预算,而是诸如国防法、税法等法律。在预算案没有通过的时候,就需要根据这些法律进行支出。③

保罗·拉班德首次将形式法律与实质法律体系化。保罗·拉班德认

① 参见朱武献:《公法专题研究(一)》(第 2 版),台北,辅仁大学丛书编辑委员会 1991 年版,第 250-251 页。

② 1862 年威廉一世计划进行陆军改革,但遭到国会否决。于是,俾斯麦强行改革。舆论认为,俾斯麦的做法因未经国会同意而违宪。俾斯麦提出“欠缺说”,宪法规定了国王与国会意见一致的情形,而没有两者意见不能一致时的规定,这是宪法的欠缺。国王在宪法实行前即拥有独自决定预算的固有权力,故在宪法没有明确限制(有欠缺)的地方,国王应当继续享有这一权力。参见[日]佐藤功:《比较政治制度》,刘庆林、张光博译,法律出版社 1984 年版,第 93-97 页。

③ 参见张翔:《宪法释义学:原理·技术·实践》,法律出版社 2013 年版,第 9 页。

为,实质法律是指法规的法拘束性规定,由内容的法规性和效力的规定性两个要素构成。规定(Anordnung)是基于法拘束性意识的意思行为,是有法效力的规定。而法规(Rechtssatz),等同于法,为各个主体相互的权利义务设定界限,或因人们的共同生活而要求给各人自然行动的自由设定界限。形式法律是指以一定庄重的形式而成立、宣告的国家意志行为。形式法律可能不含法规,例如经费预算的确立、决算的承认等。① 如此,在19世纪末,以君主制原理为背景,在传统君主主权与议会势力展开的斗争中,双重法律概念学说形成。这一学说虽然因其背景的特殊性而显得奇特,但保罗·拉班德对法规的阐释却影响深远。保罗·拉班德所理解的法规实际等同于法规范,即关于权利义务的规范,含有法规的法律均应由议会同意。但保罗·拉班德的法规界定并不以一般性为法的本质属性。保罗·拉班德承认一般性是法律的属性,但否定一般性是法律的本质属性。② 如此才能容纳预算等形式的法律,进而与其双重法律概念相契合。

(二)权利限制规范说

权利限制规范说是指将法规界定为限制权利的规范。这是着眼于规范对象的法规界定,安许茨的法规概念是其代表。起初,安许茨继受了保罗·拉班德的法规概念,并稍作修正。他认为,法规是具有一定标志的规范。客观的标准是为权利主体的意思领域设定界限,主观的标准是首要目的在于以法规设定意思领域的界限。规范如果不含法规,就是行政的行为。但1901年,安许茨改变其法规概念,放弃目的要素,而改从自由和财产条款定义。实质的法律是侵害臣民权利状态的命令,即对个人相互间或相对于国家在自由和财产上的占有身份设定界限的命令。③ 安许茨脱离了将法命题与实质法律概念相结合的保罗·拉班德以来的定式,将法规定

① 堀内健志『ドイツ『法律』概念の研究序説』(多賀出版,1984年)58-60頁参照。亦可参见林来梵:《法律实证主义方法的故事——以拉班德的国法学为焦点》,载《浙江学刊》2004年第3期;陈淑芳:《拉邦德——德国公法学与概念法学的先驱者》,载《月旦法学杂志》第94期(2003年)。

② 法律的一般性在理论上因拉班德的否定立场而一跃成为法律概念的重要论题。然而,经过一场论争之后,法律的一般性又在魏玛宪法下成为支配性见解。小山正善「法律の『一般性』に関する一考察——『措置法』概念に関連して」山口經濟學雜誌32卷3·4号(1983年)74頁以下参照。

③ 堀内健志『ドイツ『法律』概念の研究序説』(多賀出版,1984年)76-82頁参照。

义为侵害“自由和财产”的规范。虽然这一观念也受到诸多批判,①但却有一定的历史基础,属于另一种意义上的法规的界定。

在近代资产阶级革命之后,立法机关与行政机关发生分离,制定一般性法规范的部分权力划归立法机关。1814 年德国《拿骚宪法》第 1 条率先规定,“非经议会同意,不得制定人身自由、财产及宪法相关的新的重要国法”。“自由和财产”条款源于洛克等人的思想,他们将自然法基础上自由和财产作为不可侵犯的人的权利。该思想在当时汉诺威与英国之间存在共主邦联的助推下,经由布莱克斯通进入汉诺威。人们认为,国家权力的任务在于保护自由和财产。在施泰因的影响下,自由和财产条款必须有议会参与,写入了 1814 年德国《拿骚宪法》。这一规定也为德国诸多邦所继受。在宪法中,保留给立法机关的事项,即成为国家行为的内容、与自由和财产相关者就被称作“法规”。新“法规”的制定权保留给立法机关。法规的概念是自历史情势中产生的完全历史性、习俗性概念。②

安许茨式的法规界定也让法律的法规创造力与法律保留(侵害保留说)两大原则之间趋于近似。安许茨将宪法上的自由财产条款视为立法权规定;而奥托·迈耶则将其视为基本权利条款,需要法律保留,且在此之外尚有立法事项的存在。③

(三)一般的权利规范说

一般的权利规范说认为,法规是关于权利义务的一般性的规范,奥托·迈耶的法规界定是其代表。侵害与给付是一对范畴,传统的依法律行政原理仅关注侵害部分,与侵害无关者,即无须法律的授权和控制。在安许茨的理论中,将法规视为对私人自由和财产的侵犯,给付性质的规范不属于法规的范畴。奥托·迈耶的理论因从形式上来理解法治国家,其结果

---

① 卡尔·施米特指出,对自由和财产的侵犯必须“根据法律”,但却被颠倒语式,法律是对自由和财产的侵犯,这在政治上十分简单,但在逻辑上却是错误的。安许茨对实质法律概念的全部解释都基于这个观点。参见[德]卡尔·施米特:《宪法学说》,刘锋译,上海人民出版社 2005 年版,第 161 页。有批评认为,将法规混同于“自由和财产”,在文字上转化为“权利命题”,完全截断了自萨维尼以来产生的纽带。石川健治『自由と特権の距離—カール・シュミット「制度体保障」論・再考—(増补版)』(日本評論社,2007 年)213 頁参照。法语 règle de droit 本来就是德语 Rechtsregel(法的规则)的直译,在继受法国民法学的过程中,与 Rechtssatz 变得同一化(实际上 règle de droit 的日语译法一般是“法规”),其定位是这样的命题:(1)以法主体、法上人格的存在为前提;(2)规范法上人格间的关系;(3)仅以外在的行为为问题;(4)能由外在的强制等执行;(5)让个人人格的尊重、保护与集团性利益的拥护、要求共存,进而保障社会的调和。参见前揭书,第 86 页。

② 宮沢俊義「立法・行政両機関の間の権限分配の原理」同『憲法の原理』(岩波書店,1977 年)161–162 頁参照。

③ 松戸浩「法律の法規創造力の概念について」法学 67 巻 5 号(2003 年)254 頁参照。

是，行政并无给付行政的意味，而基本上是在国家权力的高权行为意义上来理解。只有通过排除公共福利的各相关事实要素，才能运用“法律学的方法”使行政法体系化，进而通过类推司法将行政程序法理化。① 所以，奥托·迈耶的法规界定虽然从逻辑上说能涵盖侵害行政与给付行政，但实质上并不包括给付的内容。② 这些学说在实际内容上与安许茨的法规界定具有相似性。

但在“二战”之后，有很多学者对“法规=侵害自由和财产的命令”提出批评，认为其范围过窄，而将法规界定为与私人权利义务相关的规范，即法规=权利义务规范，而不限于侵害私人权利、课予私人义务的规范。胡瓦尔(G. Huwar)认为，干预个人权利和改善个人法的地位均应包括在内，凡涉及个人权利的一般抽象的规定，都应理解为实质的立法。国家对个人提供给付的规范，特别是有关生存照顾的规范，具有实质法规的性质。奥森比尔(F. Ossenbühl)认为，基本法上的社会国家原则不仅包括对行政权的社会发展的委任，也创立了供法官解释的方针，最主要的是课予立法者以宪法上的义务，使立法者经由规范的制定去实现社会国家。如果促进福利的规范不属于法规范畴，而属于行政权单独的专属制定权，这不仅剥夺了私人受保障的法地位，也剥夺其权利保护的法地位。③ 在包含给付规范之后，法规就变成了关乎公民权利义务的一般性规范。

(四)一般规范说

一般规范说认为，凡属于一般的、抽象的法规范均为法规，而不限于关于公民权利义务的法规范。随着议会地位的提升和民主的强化，议会立法权的事项范围(法律事项)在扩大，法规的内涵也发生扩张。在19世纪君主立宪制时代“法规”被认为是“直接限制国民权利、课予义务的法规范”；而在民主主义的宪法体制之下，应更为广泛地把握“实质意义的法律”，将“法规”理解为所有一般抽象的法规范大致是妥当的。所谓法律的一般性和抽象性(也合称为一般性)，是指法律对不特定多数人在不特定多数的情形或案件中适用的法规范。法律的受规范者、法律所规制的情形或案件是不特定的多数，所以法律就变得对谁都平等适用，具备对案件处理的预测可能性，有助于促进经济社会的发展。一般规范说是合乎法治主义思想

① 碧海純一=伊藤正己=村上淳一編『法学史』(東京大学出版会，1976年)164頁(村上淳一執筆)参照。

② 如前所述，在日本，美浓部达吉也认为，“增进臣民幸福”的命令因系将利益提供给人民而没有“法规”的性质。美濃部達吉『憲法撮要』(有斐閣，1932年)529頁参照。

③ 参见朱武献：《公法专题研究(一)》(第2版)，台北，辅仁大学丛书编辑委员会1991年版，第397-400页。

的观念。① 一般规范说与一般的权利规范说相比,最大的差别在于其承认组织规范的法规属性。

传统行政法学上一直秉持外部关系与内部关系的二元思考,即国家—私人的关系与国家内部的关系在性质上是不同的,规范前者的是行为规范,规范后者的是组织规范。行为规范属于法规,属于近代法治国家理论的关注对象;而组织规范则没有法规的属性,属于君主的官制大权,不受法律控制,并非近代法治国家原理的所及之处。

保罗·拉班德认为,只有国家—个人、个人—个人之间是"法"规范的对象,各种内部关系(官厅—官厅、个人的自律等),如组织的规定等即不在此范围内。这种理解与其对"法""人格"的理论是一致的。他认为,法就是给各个主体相互的权利义务设定界限。存在复数的主体是其前提。在个人之外,国家具有作为主体的人格,而国家的各个机关是没有人格的。这从国家法人说的立场来看也是如此。② 而奥托·迈耶或许是认为行政组织具有政治性,但基于法律学的方法原因,其在行政法总论体系中并未处理组织法的问题,这体现出忠实于保罗·拉班德的一面。③ 之后的学者基本上坚持这种内部关系与外部关系的二分,而将组织规定排除于法规之外。

但是,"组织权属于行政固有的领域,这种思想是君主制原理的推论。在民主制下,一切国家权力必须由国民提供正当性,行政权也概莫能外"。④ 历史表明,原来属于君主或行政的不受限制的组织权逐渐受到了议会的侵蚀,实质意义上的组织法也分解为形式的组织法律与组织命令。⑤ 至此,传统上的"法规"概念——勘定法与非法、外部关系与内部关系、行为规范与裁判规范——已不复堪命,要么扩张法规的概念,要么另起

① 参见[日]芦部信喜:《宪法》(第6版),[日]高桥和之补订,林来梵、凌维慈、龙绚丽译,清华大学出版社2018年版,第234页。

② 堀内健志『ドイツ『法律』概念の研究序説』(多賀出版,1984年)62頁参照。这一观点也存在矛盾之处。奥森比尔认为保罗·拉班德犯了结构上的错误:在论及法规时将行政与统一的国家分离,划分行政官署意思领域与其他国家机关间意思领域的规范是法;而在论及法的意义时,又认为国家具有封闭性,其内部范围不属于法的领域。参见朱武献:《公法专题研究(一)》(第2版),台北,辅仁大学丛书编辑委员会1991年版,第243页。

③ 塩野宏『オットー・マイヤー行政法学の構造』(有斐閣,1962年)58頁参照。对于行政规则,奥托·迈耶认为,因其适用于特别权力关系之内,不具有双重拘束力,故其不是法规。参见[德]奥托·迈耶:《德国行政法》,刘飞译,商务印书馆2002年版,第108页。

④ 堀内健志『立憲理論の主要問題』(多賀出版,1987年)140頁参照。

⑤ 佐藤功『行政組織法』(有斐閣,1986年)11-12頁参照。

炉灶,换一种径路来界定法律事项。① 于是,就有了法规概念扩张说和民主性统治构造说等解释。②

理论上,将法规解释为直接或间接与公民权利义务相关的一般性规范,是可能包括部分组织规范的。"二战"后,德国行政法学家福斯特霍夫认为,组织法的法性质必须从两个观点来理解。第一,一般的法规范即行为规范与组织规范的区别与关系。这也可以说是法规范或一次性规范与法实现规范或二次性规范的区别。法规范需要由组织来保障其实现,这是二次性规范或法实现规范的存在理由,国家组织法就属于这一领域。第二,组织法的法的性质还必须从国家意志的形成和国家机关的概念关系上来思考。组织规范规定着在何种前提条件下特定人的意志活动作为国家的意志活动而使其归属于国家或者说在何种前提条件下将自然人视为国家机关。从君主立宪制时代的法规概念来看,组织权力的作用没有法规性,因为它在性质上并非侵犯人民的自由和财产,因而,没有必要在立法机关的参与下赋予其法律的形式。但组织法并非因没有法的拘束力而被否定法规性。如此,应当区分为两种情形。通过组织权力创设官厅、指定权限时,该权限不仅作用于官厅相互之间,而且对外发生作用,该组织权力的行为具有法规命令的性质;而当组织权力的行为是纯粹官厅内部的性质时,它具有行政命令的性质。只是该行政命令除了欠缺法规性质外,在措辞的完整意义上具有法的性质。③

福斯特霍夫并没有将行政组织的所有规范均纳入法规的范畴。这实际上是他在行政组织的双重性质之间进行必要的协调。一方面,行政组织作为统治机构的一个机关,当然带有政治性;另一方面,行政组织的功能重在实行、建设,因而也当然具有技术性。行政组织的政治性要求国会直接控制,行政组织的技术性又要求行政组织具有机动性、弹性、高效性。④

如果与传统的法规界定相比,扩张至一般规范后的法规概念虽然尚可从法规的角度进行阐释,但实际上正在走向另一条勘定法律事项范围的径路,即从议会权能的角度来说明应由民主控制的领域。传统径路是在回答议会所立之法是什么的问题,重点在于法是什么;而新的径路则是在回答

---

① 黑勒(H. Heller)抛弃了历史性、习俗性地被狭隘地界定的"法规"概念,将国民的一般意志读入"法律"之中。他将组织规范的制定置于民主主义的控制之下。堀内健志『ドイツ『法律』概念の研究序説』(多賀出版,1984 年)238 頁以下参照。

② 盐野宏认为,对于组织规范的制定权,法规概念扩张说不甚明确,民主性统治构造说更为可取。参见[日]盐野宏:《行政组织法》,杨建顺译,北京大学出版社 2008 年版,第 7-8 页。

③ 佐藤功『行政組織法』(有斐閣,1986 年)14-16 頁参照。

④ 室井力「行政組織法総説」雄川一郎等編『現代行政法大系 7 行政組織』(有斐閣,1985 年)7-8 頁参照。

议会在立法上扮演怎样的角色才合乎议会的应有权能问题,重点在于议会能做什么。宫泽俊义指出,在某些法制成熟的国家,“在属于立法、行政两机关的大部分权限已由法律占领的情况下,在内容上分配两机关权限的实际意义已消失大半。如此,再去明确构成法规概念的必要性也在减少”。① 但即便其制度性意义逐步淡化,“法规”仍不失为重要的概念,仍具有较强的说明性意义。②

三、法律的法规创造力原则的继受与当代论争

法律的法规创造力原则很好地提炼出立法机关在制定一般性规范上的地位和作用。该理论在日本明治时期从德国传入日本,之后又经由日本传入中国。但在中国,囿于特殊的历史背景,该原则的实践有限。

(一)法律的法规创造力原则的继受与衍变

大陆法系关于法律的法规创造力的理论早在清末民初时期就传入我国,并在学术界和立法上均获得肯定。日本行政法学鼻祖美浓部达吉曾全文翻译奥托·迈耶的《德国行政法》,美浓部达吉的行政法讲义于 1907 年被译为中文。他将奥托·迈耶的法律支配三原则称为“法律之留保”(法律保留)、“法律之最强力”(法律优位)及“法律之拘束力”(法律的法规创造力)。所谓法规,是指在国家与臣民之间或个人相互之间规定其意思界限,具有一般拘束力的抽象法则。美浓部达吉指出,法规具有对外和对内的双重拘束力,进而有别于仅有对内效果的训令。法规拘束力的特别之处在于其一般性。凡符合其规定的,均须一般同受拘束。这种拘束力仅法规具有。法规须以制定法律为原则。但他同时也认为,法律的内容不限于法规,还可能规定行政行为、注意、劝告等,但后者不具有法律上的拘束力。③ 显然,美浓部达吉接受的是奥托·迈耶的理论,但同时也受保罗·拉班德双

---

① 宮沢俊義「立法・行政両機関の間の権限分配の原理」同『憲法の原理』(岩波書店,1977 年)175 頁。

② 当然,的确也有将法规等同于法规范、舍弃“法规”概念的做法。传统“法规”概念具有历史的局限性,它立足于君主与国民的二元论,很难为当今国民主权的一元论所包容。法律的法规创造力原则的传统功能在德国已经实现(《德国基本法》第 80 条),国会的法律已经很多,几乎涵盖行政的所有领域,在法的层面上再提法律的法规创造力缺乏现实意义。而且,法律的扩张在一定程度上已经溢出了“法规”的传统界定。或许正因如此,“法规”乃至法律的法规创造力原则在德国已不再是重要术语。日本的进展与此相似,但理论上“法规”仍是重要概念,法律的法规创造力原则仍在被阐释。而当今的中国与之不同,不可简单地以此非彼。

③ 参见[日]美浓部达吉:《行政法总论》,熊范舆编辑,丙午社 1907 年版,第 2、16-17 页。对于美浓部达吉之后的变化及日本相关学说的衍变,松戸浩「法律の法規創造力の概念に就いて・続——我国学説に於ける受容と変容」稲葉馨二亘理格編『行政法の思考様式』(青林書院,2008 年)147 頁以下参照。

重法律概念的影响。

或许由于法律之拘束力的晦涩,其被引入之后并未产生影响。直到20世纪20年代,钟赓言在其讲义中曾指出:“以设定法规为目的之作用,谓之立法。以维持法规为目的之作用,谓之司法。于法规之范围内实行国家之目的之作用,则行政之谓也。”“法规,原则上本系立法权之作用,自不得以命令制定之。以命令权而制定法规者,殆属例外之事,且此种例外事项,亦惟于预定之限度内,得以行之有效而已。”①

钟赓言将法律的这种功能称作“立法权之留保”,并指出:

> 各国宪法上,立法权留保之范围大略相同。例如关于人民之自由权,莫不有一定之保障。其保障维何?即非依法律不得侵犯之一事是已。此所谓自由者,大要不外身体自由、居住自由、言论自由、结社自由、宗教自由、财产保护、书信秘密等。顾不论何国之宪法,要不能就各种方面网罗一切之自由也。除上所述者而外,如受教育之自由、婚姻之自由、契约之自由等宪法中往往别无规定,如以立法事项为皮相之解释,将谓宪法有明文者,非依法律不得限制,否则虽侵害人民之自由,亦不必以法律规定,其权衡失当也甚矣。现今国法学者之通说,或谓不问宪法中明文之有无,凡侵害人民之自由之事项,皆属于立法权之范围。宪法所列记者,惟就其最重要之点而举示之,以表明此等事项非依立法权不能制定,非以是为立法权之制限也。他若有本属行政权当然之权限,而宪法特以之畀诸立法权者,如《临时约法》第33条规定官制官规,须提交参议院议决,则其性质真所谓立法权之留保矣。②

从这段文字能看出钟赓言受到奥托·迈耶和美浓部达吉学说的影响。此后在20世纪30年代,范扬也曾指出,要使法律拘束行政的原则发生实效,首先应在宪法上限制行政机关的立法权,使限制人民自由、规范人民权利义务的事项一律为立法权所保留。非有法规根据,不得侵害人民权利或使人民负担义务。③ 这里则能看出其受到安许茨学说的影响。在当时的国家情势下,宪法在承认法律的法规创造力原则的同时,也多保留着例外

① 钟赓言:《钟赓言行政法讲义》,王贵松、徐强、罗潇点校,法律出版社2015年版(原书为1927年版),第25、57、60-61页。另外可参见赵琛:《行政法总论》,上海法学编译社1933年版,第201-202页。

② 钟赓言:《钟赓言行政法讲义》,王贵松、徐强、罗潇点校,法律出版社2015年版(原书为1927年版),第60-61页。

③ 参见范扬:《行政法总论》,中国方正出版社2005年版(原书为1937年版),第23-25页。

规定。因而,在学说上多数也只是将其作为原则来看待。值得注意的是,民国时期对“法规”的认识与德国法传统上的“法规”具有近似性,其内涵的主张也存在类似的差别。

当然,近代中国行政法学中并未出现“法律的法规创造力”原则的字眼,而是在实际表达着该原则的要求。而作为近代中国行政法学的继受对象,日本在“二战”之前也没有使用这一特定概念用语,①直到“二战”之后才出现“法律的法规创造力”的表述,并被学界广泛接受。因为没有特定术语,所以在一定程度上影响了这一原则的传播。而在新中国,1954 年宪法明确规定,全国人大是“行使国家立法权的唯一机关”(第 22 条),可谓确认了法律的法规创造力。而 1982 年宪法是否如此,则存在一定争议。社会上既缺乏法律的法规创造力观念,国家权力的实际结构也在逐渐发生变化,现实似乎难以有力地支持法律的法规创造力原则。

应当说,对于“法规”的认识是连续地存在着的,只是其传统功能逐渐淡化。改革开放之初,《法学词典》对“法规”的界定是这样的,法规是指“宪法、法律、法令和国家机关制定的一切规范性文件的总称。如‘法规汇编’。有时也指国家行政机关公布的部分规范性文件,如‘行政法规’”。②这里的“法规”仍然延续着中华民国以来的传统,只不过将虚在的法规范的实质转变成实在的法文件的总称,即法规从内容性质的界定(法规性)变成了形式的界定,这是一个重要转变。至 1982 年宪法,“行政法规”才成为实定法类型的一个专有名称,专指国务院制定的规范性法文件。而增订版的《法学词典》也随即作出修改:法规是指“宪法、法律、法令和国家机关制定的一切规范性文件的总称。如‘法规汇编’。有时也指某国家机关公布的规范性文件,如我国国务院制定和颁布的行政法规;省、自治区、直辖市人民代表大会及其常务委员会制定和发布的地方性法规”。③ 此后,既有将法规当成行政法规与地方性法规的合称者,如“法律、法规”,也有继

① 不仅美浓部达吉等早期学者未曾使用“法律的法规创造力(原则)”一词,20 世纪 30 年代专门研究依法律行政原理的田上穣治也只是直接使用了奥托·迈耶的德语原文 Rechtssatzschaffende Kraft。田上穣治「憲法に於ける法律の意味」同『法律による行政』(有斐閣,1943 年)28 頁参照(初出 1931 年)。

② 《法学词典》编辑委员会编:《法学词典》,上海辞书出版社 1980 年版,第 455 页。这里例示的“行政法规”与中华民国期间所称的“行政法规”似有所差别,后者大致是指与行政相关的法规,可能由立法机关制定,也可能由行政机关根据授权制定。例如,钟赓言认为,“行政法之目的,在于就现在之行政法规,而分析说明其法律上之现象。行政学则以研究行政法规及行政作用之利害得失为目的”。钟赓言:《钟赓言行政法讲义》,王贵松、徐强、罗潇点校,法律出版社 2015 年版(原书为 1927 年版),第 42 页。

③ 《法学词典》编辑委员会编:《法学词典》(增订版),上海辞书出版社 1984 年版,第 602 页。

续将法规当作所有实定法规范的总和者,如“政策法规”“交通法规”。

而与此同时,教科书上也首次出现了不同于德国双重法律概念的广义狭义法律二分论。① 而宪法文本上的“法律”内涵与范围也不甚清晰,②连行政法规也可能放入广义法律之中来理解。广义法律概念在观念上瓦解了狭义法律的独特权威和价值,法律与行政法规的关系出现了凌乱。③

(二)关于现行宪法第 89 条第 1 项的论争

返诸当下的中国,对于行政立法是否要以法律为根据,能否在没有法律根据的情况下直接具体化宪法,换言之,行政立法能否在法律之外制定创制性法规范,仍然存在较大争议。我国现行宪法第 89 条第 1 项规定:国务院“根据宪法和法律”,“制定行政法规”。现有的研究主要集中于“根据宪法和法律”的内涵。其中的“和”字是作“且”字理解(根据宪法且法律),还是作“或”字理解(根据宪法或者根据法律),无论在理论上还是实践中,无论是在《立法法》颁布之前还是之后,均存在重大分歧。

对于如何理解宪法规定的“根据”,存在“职权说”与“依据说”两种意见。前者认为,国务院可以根据宪法规定的职权制定行政法规。④ 后者认为,宪法规定的国务院职权是管理的权限,而非创制规范的权力,国务院制定行政法规应有直接的根据、具体的授权。依据说认为,职权说将导致行政机关拥有无限的立法权,破坏我国的政体。根据宪法和法律的方式要么是根据授权,要么是根据执行宪法和法律的需要。⑤ 但也有人批评认

---

① 参见孙国华主编:《法学基础理论》,法律出版社 1982 年版,第 43 页。

② 参见韩大元、王贵松:《中国宪法文本中“法律”的涵义》,载《法学》2005 年第 2 期。该文中提及的形式法律与实质法律,实际上应是狭义法律与广义法律之称。

③ 从尊重狭义法律、减少沟通成本的角度而言,恢复过去的传统认识是可取的,即将“法律”专指全国人大及其常委会依据立法程序所制定的法律,将“法规”或“法令”作为所有实定法的总称,将“法”作为高于实定法条文的规范。“法令”只短暂地作为全国人大常委会的立法形式出现过(参见 1954 年宪法第 31 条第 4 项;1975 年宪法第 18 条第 1 款;1978 年宪法第 25 条第 3 项)。1982 年宪法之后,法令不再是法律概念。

④ 例如,刘春华虽然认为,“必须同时以宪法和法律为根据”,但又认为,这里的法律分为两种情形:一是“在国家尚未制定具体法律调整某一方面社会关系的情况下,是指根据国务院组织法(法律)”;二是“在国家已经制定具体法律调整某一方面社会关系的情况下,则既指国务院组织法,同时也指该具体法律”。参见刘春华:《国务院立法权限若干疑难问题探讨》,载《中外法学》1998 年第 5 期。第二种情形只是执行性立法,而第一种情形实际上是依职权直接依据宪法立法。故刘春华实质上仍为职权说的支持者。又如,邹奕认为,当有法可依时,行政法规需同时依据宪法和法律;当无法可依时,行政法规仅需依据宪法。我国的行政法规既可能直接依据法律制定,也可能直接依据宪法制定。参见邹奕:《论我国行政法规的宪法基础》,载《法学论坛》2012 年第 6 期。这也可以归入职权说之列。

⑤ 参见陈斯喜:《论我国立法权限的划分》,载《中国法学》1995 年第 1 期;许元宪、吴东镐:《论国务院制定行政法规的宪法根据》,载《法学家》2005 年第 3 期。

为,职权说失之过宽,混淆了立法权与行政权的性质;而依据说失之过窄,不利于调动行政立法的积极性。①

2000年《立法法》的起草参与者认为,考虑到立法的现状,《立法法》采取了折中态度,②但因为肯定了可依职权立法,实质上也就是肯定了职权说。2023年《立法法》第72条第2款规定,行政法规可以就下列事项作出规定:(1)为执行法律的规定需要制定行政法规的事项;(2)宪法第89条规定的国务院行政管理职权的事项。第1项的执行性立法属于共识,第2项的职权性立法则存在一定争议。在法条的理解上,我们应当注意到,这是《立法法》第72条第2款的规定,第1款规定着"国务院根据宪法和法律,制定行政法规",第1款的规定构成了第2款适用的前提。也就是说,这两款之间的关系是,国务院根据第1款的规定制定行政法规,其具体范围是第2款规定的事项。于是,问题仍然要回到"根据宪法和法律"应当作何理解。③ 那么,我们能否将《立法法》的规定当作宪法第89条第1项"根据宪法和法律"的"法律"呢?即《立法法》能否一揽子将宪法第89条的事项授权国务院制定行政法规?答案是否定的,否则将违反《立法法》第13条第1款关于"授权决定应当明确授权的目的、事项、范围"的规定,④故不能作出使《立法法》自相矛盾的解释。

显然,即便属于国务院自身的职权范围,国务院也无权针对全国人大及其常委会专属的法律事项制定行政法规。但立法法上的法律事项范围过窄,而且范围不清。如此,全国人大与国务院就可能在竞合性立法事项上产生冲突。而宪法第58条又规定,"全国人民代表大会和全国人民代表大会常务委员会行使国家立法权"。在没有法律时,能承认为实施宪法而直接制定行政法规吗?承认国务院依据宪法授予的职权立法会不会冲击全国人大及其常委会的立法权?两者如何协调,如何契合国务院的宪法地位,仍有待学理探究。

四、法律的法规创造力原则与创制性行政法规

如果承认法律的法规创造力原则,就会反对没有根据法律而直接根据

---

① 参见许安标:《论行政法规的权限范围》,载《行政法学研究》2001年第2期。另外,许安标之前的观点似乎是在支持依据说。参见许安标:《关于中央与地方法权限的划分》,载《中国法学》1996年第3期。

② 参见张春生主编:《中华人民共和国立法法释义》,法律出版社2000年版,第165-166页。

③ 有学者认为,"从《立法法》第72条第2款来看,没有法律授权规定,国务院也可以在特定条件下制定行政法规"。刘志鑫:《法律保留的双重构造》,载《法律科学》2023年第6期。这就是因仅关注该条第2款而忽视第1款所形成的见解。

④ 《立法法》这一条款的本意或许在于控制专门的授权决定(如1984年、1985年的全国人大及其常委会授权决定),但也应能控制法律中的授权条款。

宪法制定行政立法。法律事项范围扩张到哪里,行政立法才可能跟随到哪里。在中国现行宪法框架之下,固然对宪法第 89 条第 1 项具有两种解释的可能性,但从历史和规范两个角度来看,以禁止直接依据宪法制定行政法规的解释为宜。

(一)独立命令的历史兴替

"独立命令",是指行政机关在没有法律的授权时针对没有法律规定的事项所制定的命令。[①] 这里的命令是指行政机关以命令的形式发布的法规范文件,如国务院令、部令、委令、省政府令等。[②] 在中国现行宪法的语境下,可将国务院的独立命令称为创制性行政法规。考察主要国家的历史可以发现,除了下面两种国家存在独立命令之外,均无直接依据宪法明文规定而从事行政立法的情形。

1. 君主立宪制下的独立命令

日本明治时代实行君主立宪制,天皇是国家元首,总揽统治权。根据明治宪法第 5 条的规定,"天皇依帝国议会的协赞,行使立法权"。但在此之外,明治宪法又明确规定了紧急命令与行政命令两种独立命令。它采用的是二元立法的构造。明治宪法第 8 条规定:"天皇为保持公共安全或避免灾厄,依紧急必要,在帝国议会闭会期间,可发布替代法律的敕令。""此敕令应于下次会期提交帝国议会,若议会不予承认,政府应公布其面向将来失去效力。"第 9 条规定:"天皇为执行法律或保持公共安宁秩序及增进臣民的幸福,可发布或使政府发布必要的命令,但不得以命令改变法律。"前者被称为紧急命令,后者被称为行政命令。伊藤博文认为,紧急命令系天皇特权,以紧急公事为限。紧急命令可补充法律,可变更法律。行政命令系依行政大权而制定,不得变更法律。在警察消极目的之外,行政命令在一定范围内劝导扶掖鼓励新机,不偏离法律所定的界限,也可以尽到保护法律之责。紧急命令系应变之举,而行政命令纳于法律之中,系守常之用。[③]

---

① 高橋和之『立憲主義と日本国憲法』(有斐閣,2013 年)364 頁参照。钟赓言认为,独立命令既非由法律授权,又非以执行法律为目的,而是直接依据宪法制定,全然独立于法律。与之并列的有紧急命令,它也是直接由宪法授予权限,由行政首长发布的与法律具有同等效力的命令。参见钟赓言:《钟赓言行政法讲义》,王贵松、徐强、罗潇点校,法律出版社 2015 年版(原书为 1927 年版),第 59 页。但本章从与法律的关系上,将独立命令作为紧急命令的上位概念来使用。也有学者在狭义上使用独立命令的概念,他认为,直接实施宪法规定的命令并非独立命令,独立命令与立法权的归属相关。大石真「立法と権限分配の原理(二)」法学 43 巻 1 号(1979 年)63 頁参照。

② 这种命令在当前的中国学术界已鲜被使用,而是更多地在具体行为内容的层面上被使用,即行政机关针对特定事项所作出的指示。但考虑到"独立命令"相较于"独立行政立法"更为简洁,且在名称上不与"立法"相混淆,故而沿用。

③ 参见[日]伊藤博文:《日本宪法义解》,沈纮译,金粟斋 1901 年版,第 4-6 页。

但“二战”后的《日本国宪法》确认国会是“国家唯一的立法机关”(第41条),否定了上述两种独立命令,实行一元立法的构造,承认了法律的法规创造力。该法第73条第6项规定,内阁“为了实施本宪法和法律的规定而制定政令。但是,除法律有特别委任的情形外,政令中不得设定罚则”。该规定存在两种读法,一是为了实施宪法和为了实施法律的规定,二是为了实施宪法和法律的规定。但通说持后一种读法,否定直接依据宪法而制定政令。理由在于,宪法授予国会以一般的立法权。如不待法律为媒介,以政令规定实施宪法,一切实质意义上的立法就都可以说是为了实施宪法的规定而制定,宪法赋予国会以排他性立法权的宗旨也就完全丧失了。因此,通说认为,应将“本宪法和法律”读成不可分的整体。① 另外,宪法规定中缺乏能以直接政令实施的余地,而且宪法典仅规范国民相互之间或国民与国家之间的关系,因而必须首先采用法律的形式。②

2. 总统制下的独立命令

总统制下的独立命令相对较为常见,已无须赘言。③ 而法国第五共和宪法实行半总统制,它也承认独立命令,至今仍保有其生命力。其背景是,法国1848年宪法实行总统制,却因路易·拿破仑的滥权而遭到破坏,梯也尔总统也与国民会议发生过冲突。此后法国人更加重视对总统职权的限制,第三共和国总统因此而少有实权,亦由国会选举产生。④ 法国在1958年制定第五共和宪法时,一大目标就是要改变1946年宪法所设计的议会独大的宪政结构,以实现戴高乐“强行政,弱议会”的制宪理念。该宪法将“总统”置于“主权”之后“国会”之前,确立了总统在宪法中的首要地位,放弃了“议会优先”的原则,明确列举了制定法律的事项(第34条)。⑤

在法国第五共和宪法之下,存在两种独立命令,即第16条的紧急情况条例和第37条的自主条例。⑥ 按照该宪法第16条和第19条规定,“紧急情况条例”适用于共和制度、国家独立、领土完整或履行国际义务遭受严重且危急的威胁,致使宪法上公权力正常运作受到阻碍的情形;其制定程序

① 参见[日]宫泽俊义:《日本国宪法精解》,[日]芦部信喜补订,董璠舆译,中国民主法制出版社1990年版,第500-501页。

② 堀内健志『ドイツ『法律』概念の研究序説』(多賀出版,1984年)151頁参照。

③ 过去还有一个惨败的立法例,即魏玛宪法下总统的处置权(第48条)。钱端升将其音译为总统的迭克推多权(Diktaturgewalt)。这里不再展开,可参见钱端升:《德国的政府》,北京大学出版社2009年版,第103-107页。

④ 参见钱端升:《法国的政府》,北京大学出版社2009年版,第56-57页。

⑤ 参见李晓兵:《法国第五共和宪法与宪法委员会》,知识产权出版社2008年版,第42-45页。

⑥ 参见王名扬:《法国行政法》,中国政法大学出版社1989年版,第143-144页。

相对简易,总统经正式咨询总理、国会两院议长及宪法委员会后,即可制定应付该情势的紧急情况条例,且无须经总理或有关部长副署。而“自主条例”是指政府就法律范畴之外的事项所制定的条例。该宪法第 34 条列举了属于法律范围的事项;第 37 条第 1 款规定“凡法律范畴以外的一切其他事项均属行政法规性质”;第 38 条还规定了法令条例,即“政府为执行其施政计划,可要求国会授权在一定期限内,以条例方式采取原属法律范畴的措施”,进一步限制法律权限的范围。①

虽然这两种独立命令获得了宪法的直接认可,但更为重要的是,1962 年法国修宪规定,“总统由全民直接投票选举”(第 6 条),开创了国会与总统的民主二元制。总统直选为总统的紧急情况条例回填了实质的民主正当性契机。而总理作为政府首脑,由总统任命,通常为国会多数党领袖,这也在一定程度上为政府的自主条例补充了民主正当性。②

(二)中国宪法与创制性行政法规的禁止

外国的经验表明,君主立宪制下的独立命令已遭废止,议会内阁制下不存在独立命令的空间,而总统制或半总统制下因总统直选而使独立命令具有与议会法律相当的民主正当性。与此类似,旧中国除 1908 年《钦定宪法大纲》承认皇帝的独立命令权、③1914 年《中华民国约法》承认大总统的独立命令权外,④均未承认行政机关具有独立命令权。1912 年《中华民国临时约法》第 31 条明确规定,“临时大总统为执行法律,或基于法律之委任,得发布命令,并得使发布之”。1923 年宪法第 80 条亦规定,“大总统为执行法律或依法律之委任,得发布命令”。1947 年宪法稍有特殊,规定了总统于一定条件下依紧急命令法发布紧急命令的权力,⑤但仍然强调了紧急命令法的存在。而在新中国的宪法之下,将创制性行政法规解释为禁止之列方为妥当,其理由有以下几点。

---

① 详细分析可参见韩大元主编:《外国宪法》(第 4 版),中国人民大学出版社 2013 年版,第 54-55、62-63 页(朱国斌执笔)。

② 对于法国总统和总理的关系,可参见王蔚:《法兰西第五共和国宪法:制度与变迁》,法律出版社 2022 年版,第 115-116 页。

③ 参见 1908 年《钦定宪法大纲》第 11 条(行政命令)、第 12 条(紧急命令)。

④ 参见 1914 年《中华民国约法》第 19 条(行政命令)、第 20 条(紧急命令)。

⑤ 该宪法第 43 条规定,“国家遇有天灾或灾害、疠疫或国家财政经济上有重大变故,须为急速处分时,总统于立法院休会期间,得经行政院会议之决议,依紧急命令法,发布紧急命令,为必要之处置,但须于发布命令后一个月内提交立法院追认。如立法院不同意,该紧急命令立即失效”。此前,王世杰认为,是否应采用紧急命令制度,应视政局安定的程度和法治的素养而定,不可一概而论。参见王世杰:《法律与命令》,载《国立武汉大学社会科学季刊》第 1 卷第 2 期(1930 年),第 264 页。

1. 国务院非民意代表机关

人民代表大会制度是我国的根本政治制度。根据宪法，人大由民主选举产生，人大是民意代表机关，是人民行使国家权力的机关。国家行政机关由人大产生，对它负责，受它监督。国务院总理及国务院组成人员并非选举产生，而是根据国家主席的提名，由全国人大决定国务院总理的人选，根据国务院总理的提名，由全国人大决定副总理、国务委员、各部部长、各委员会主任、审计长、秘书长的人选。

可以说，中国现行的政体与德国、日本具有相似性，相关的宪法规定亦与德国、日本具有相似的结构，而不同于法国。[①]《德国基本法》第 80 条、《日本国宪法》第 41 条均否定了独立命令。我国人大制度的基本内涵还要求行政机关具有比德国、日本内阁更高的民主正当性源泉。[②] 国务院的宪法地位在于，由全国人大产生，系全国人大的执行机关，而非民选产生的机构。通过执行法律而获得民主正当性的国务院，缺乏制定独立命令的民主正当性前提。

2. 国家立法权的专属性

国家没有固有的权限，国家的一切权力源于人民、属于人民。人民制定宪法，将各种权限分配给各个机关。对于授予行政机关权限的方式，可能存在两种理解。一是人民通过宪法直接将具有一定内容的行政权授予内阁（宪法授权型或分离型），二是将立法与行政置于上下关系，行政的内容只依据法律而成立（法律授权型或下降型）。[③] 我国宪法看似将全国人大的权限与国务院的权限平行列举规定于第三章国家机构的第一节和第三节，但两者之间的关系并非平行关系，而是上下关系。宪法第 89 条规定了国务院的职权，很大程度上是划定国务院的职权范围或者管辖事项，而

---

① 这也是后文时常运用德国、日本的立法与理论来辅助论证的一个原因。当然，与规范上的差异不同的是，在现实的权力运行中，中国与法国相似。

② 这里顺便想指出的一点是，有学者认为，中国现行宪法建立起了“法律—法规—规章”三层结构，不同于经典的“法律—法规”二层结构。法律与命令二层结构的依据在于，“《基本法》第 80 条第 1 款规定联邦政府命令与部长命令属于同一位阶，具有相同效力。《日本国宪法》第 98 条第 1 款规定政府内阁的政令、总理大臣的府令以及各大臣的省令具有相同效力”。但社会主义宪法区分了这两种命令的位阶与效力。参见刘志鑫：《法律保留的双重构造》，载《法律科学》2023 年第 6 期。但这一说法本身是缺乏依据的。《德国基本法》第 80 条第 1 款只是规定，联邦政府、联邦阁员或邦政府，可根据法律发布命令；《日本国宪法》第 98 条第 1 款只是规定违反宪法的法律、命令无效。的确，两者均没有区分命令的类型，但这并不表示政府命令与部长命令具有相同效力。两者有无上下位阶关系，其实首先取决于内阁总理是第一部长还是内阁首长。实际上，德国、日本的政府命令均高于部长命令。政府命令和部长命令的关系是命令的内部问题。

③ 安西文雄等『憲法学の現代的論点』（有斐閣，2009 年）152 頁（浅野博宣執筆）参照。

并不意味着国务院可以独立自主地行使第 89 条规定的职权。宪法第 85 条明确规定,国务院"是最高国家权力机关的执行机关";第 92 条又进一步明确,国务院对全国人大及其常委会负责并报告工作。可见,国务院应当在全国人大与国务院之间的关系中适当行使职权。国家立法机关与最高行政机关的关系在立法权上就体现为法律与行政法规的关系。

在君主立宪制年代,法律的制定权是由君主与议会分享的,有的国家甚至由君主主导,议会则处于辅佐地位。但在国民主权模式中,法律已成为人民意志或公意的表达,而议会才是公意的唯一代表。立法权专属于议会,是国民主权的象征和法制统一的需要。只有议会制定的法律,才能赋予其法律的效力。"二战"后,《日本国宪法》第 41 条规定,"国会是国权的最高机关,是国家唯一的立法机关"。所谓国会是"唯一"的立法机关,是指实质意义上的立法必须完全由国会(以法律的形式)来规定。也就是说,第一,除了宪法有特别规定(议院规则、最高法院规则)外,不允许在国会立法之外存在实质意义的立法(国会中心立法原则);第二,国会立法的成立,不需要国会以外的机关参与(国会单独立法原则)。① 国会中心立法原则是权限分配上的实体性、内容性原则,国会单独立法原则是国家行为形成上的程序性、形式性原则。②

无独有偶,我国 1954 年宪法第 21 条、第 22 条作出了类似规定,"中华人民共和国全国人民代表大会是最高国家权力机关","全国人民代表大会是行使国家立法权的唯一机关"。"《宪法》规定全国人民代表大会是行使立法权的唯一机关,使全国有统一的行为准则,避免法出多门,维护法制的统一与协调。"③这一规定在起草审议过程中并未产生争议,合乎人们对全国人大地位的基本认知。1954 年宪法第 49 条第 1 项规定,国务院"根据宪法、法律和法令,规定行政措施,发布决议和命令,并且审查这些决议和命令的实施情况"。④ 但国务院所发布的命令并不被承认具有法的性质。基于全国人大与其他机关之间的关系,只有全国人大有权制定法律,国务院等机关可以成为提案权的主体,但无权分享全国人大的立法权。⑤ 国务院虽有权"根据宪法、法律和法令,规定行政措施,发布决议和

① 参见[日]芦部信喜:《宪法》,[日]高桥和之补订,林来梵、凌维慈、龙绚丽译,清华大学出版社 2018 年版,第 234 页。

② 大石真『憲法講義Ⅰ』(有斐閣,2009 年)137 頁参照。

③ 韩大元:《1954 年宪法制定过程》,法律出版社 2014 年版,第 396 页。

④ 1978 年宪法第 32 条第 1 项作出了相同规定。

⑤ 在实行议会内阁制的国家,行政机关可以向议会提出法律案;而在总统制国家,行政机关则不可。参见王世杰、钱端升:《比较宪法》,商务印书馆 2010 年版,第 309 页。

命令"(1954 年宪法第 49 条第 1 项),但也只是执行全国人大的法律。①1982 年宪法承认国务院行政法规的法规性,并作出了与 1954 年宪法第 49 条第 1 项具有相似性的规定。1982 年宪法第 58 条一方面确认全国人大常委会可行使国家立法权,另一方面也将"行使国家立法权的唯一机关"改为"行使国家立法权"。在全国人大与其他机关的关系未曾发生变化的情况下,后者的变化是因为在国家立法权之外,省级人大的立法权得到了宪法的承认,②不宜再说全国人大是"行使国家立法权的唯一机关"。③ 在国家层面,"国家立法权"仍专属于全国人大及其常委会,国务院只应是执行法律,或者在法律授权(包括授权决定和授权条款)下制定行政法规。

3. 宪法根据的原则性

在理论和实践中一直有一种质疑,宪法允许制定行政法规,宪法的根据高于法律的根据,为什么在有了宪法根据之后还要有法律的根据呢?这是因为即便是宪法的具体授权,从宪法规范的表述来看,也是十分原则的事项条款。因此,宪法的授权也应合乎个别化要求。宪法第 89 条规定的国务院职权范围极其广泛,轻易承认国务院可以直接根据宪法制定行政法规,将会导致行政权的肆意扩张、行政机关侵夺立法机关空间,将会形成由国务院行政法规"宰执天下"的局面,进而严重有悖于彰显人民当家作主的人大制度。而且这是与全国人大及其常委会享有国家立法权,与国务院行政管理机关、执行机关的属性相悖的。宪法授权很大程度上是在给法律提出指引和约束,而非直接授予行政机关以权限。只有在法律具体化了之后,才可能形成一个可以行使权限的规则。

如果不可以直接根据宪法制定行政法规,宪法为什么要规定"根据宪法和法律"的字样呢?宪法第 90 条第 2 款④在规定部门规章时仅要求根据法律和行政法规,没有"根据宪法"的字样。有学者认为,宪法条文中之所以加上"根据宪法"的文句,是要为宪法第 89 条第 18 项的解释留下充分的解释空间。第 89 条第 18 项规定,国务院行使全国人大及其常委会授予的其他职权。故结合第 89 条第 1 项的规定,有学者具体解释为,全国人大

---

① 参见许崇德主编:《中国宪法》(第 4 版),中国人民大学出版社 2010 年版,第 173 页(许崇德执笔)。

② 宪法第 100 条授权省级人大及其常委会"在不同宪法、法律、行政法规相抵触的前提下,可以制定地方性法规,报全国人民代表大会常务委员会备案"。这种限制不同于对国务院"根据宪法和法律"制定行政法规的限制,地方立法权可以有较大的自主空间。

③ 参见肖蔚云:《我国现行宪法的诞生》,北京大学出版社 1986 年版,第 57-58 页。

④ 该款规定,"各部、各委员会根据法律和国务院的行政法规、决定、命令,在本部门的权限内,发布命令、指示和规章"。

及其常委会可授予国务院制定行政法规的职权。也就是说,在“宪法第 89 条第 18 项所规定的全国人民代表大会及其常务委员会的授权决定”和“法律的授权”的前提下,国务院才能制定行政法规。① 但这种解释稍显牵强,因为没有“根据宪法”字样,同样可以将授权制定行政法规解释进全国人大及其常委会的宪法第 89 条第 18 项的权限中。当然,宪法第 89 条第 1 项中的“根据宪法”并非多余文字,而是对制定行政法规的限制:一是要根据宪法的原则和精神;二是要根据宪法所规定的国务院职权,这也是更重要的一点。不属于宪法第 89 条规定的国务院权限事项,即便存在法律,国务院也不得制定行政法规。

而且,在制定行为法规时,必须先有行为法律(行为法上的法律)存在,仅有组织法律的存在是不够的。组织法律与行为法律具有不同的功能。组织法律只是在不同的机关之间分配权限,而与外部的私人无直接关联。而行为法律则是对行政机关与私人关系的调整。国务院可以制定执行行为法律的行政法规,也可以在获得行为法律授权的前提下制定补充性、创制性的行政法规。

按照前述“依据说”的一种观点,如果宪法有具体授权,国务院也可以依据宪法规定制定行政法规。有学者认为,宪法第 89 条第 3 项、第 4 项的规定就是授权国务院立法,因此,国务院可以对该授权事项制定行政法规,并设立创制性规范;宪法其他条款的规定就没有授权国务院立法的意思,因而,国务院对其职权范围内的其他事项,要制定行政法规并设立创制性规范,那就不能根据宪法,而要根据法律的有关授权规定。② 宪法第 89 条第 3 项、第 4 项分别授权国务院“规定各部和各委员会的任务和职责,统一领导各部和各委员会的工作,并且领导不属于各部和各委员会的全国性的行政工作”,“统一领导全国地方各级国家行政机关的工作,规定中央和省、自治区、直辖市的国家行政机关的职权的具体划分”。与第 89 条其他各项相比,这里突出了“规定”二字。但组织立法是法律的管辖事项之一。只要是以行政法规的形式来规定,就应受到宪法第 89 条第 1 项“根据宪法和法律”要求的约束。“根据宪法和法律”不仅是对制定行政法规的授权规范,更是对制定行政法规的控制规范。

五、中国法律的管辖事项与行政立法的界限

既然不宜承认创制性行政法规,也就是要求制定行政法规应当以法律

① 参见许元宪、吴东镐:《论国务院制定行政法规的宪法根据》,载《法学家》2005 年第 3 期。

② 参见陈章干:《论制定行政法规的根据》,载《现代法学》1998 年第 5 期。

为根据。如此,从逻辑上说,确定了法律的管辖范围,①也就框定了行政法规等行政立法的管辖范围。确定了法律事项的范围,实际上也就是确定了始源性规范的范围,框定了行政立法的界限。在我国现行宪法之下,法规或法律事项的范围究竟依何基准而定,尚需结合我国的宪法文本来讨论。

(一)以一般性规范为基准确定法律事项

根据法律的法规创造力原则,只有明确了法律事项的范围,才能明确行政法规的界限。在我国,主张行政法规须根据法律制定的依据说中,存在几种对行政法规的管辖事项的界定方式。例如,陈章干主张,制定行政法规应当有法律根据,但行政法规应当与规范性行政命令区分开来,行政机关内部管理的某些工作制度以及对行政实体上和程序上的权利(职权)义务(职责)不产生影响的某些行政管理事务等,可以由行政命令规定。②吴东镐指出,在现代民主主义与法治主义原理框架中,行政立法必须以“法律的授权”作为其存在的前提。他所称的行政立法是指行政机关制定涉及公民权利义务的一般性规范的活动。③ 这一主张类似于“一般权利规范说”,有关公务员、行政机关内部等的规范均不含其中。但这些主张其实是存在逻辑问题的。既然行政法规须以法律为根据,则应先确定法律的管辖事项,而不能先确定行政法规的管辖事项。

从全国人大的宪法地位和人员构成等来看,以一般规范说为基准来界定我国的法律事项是妥当的。全国人大系民主选举产生的国家机关,代表全国人民的利益和意志。法律应当是一般意志的体现。而全国人大又是最高国家权力机关,有权就国家的重要事项制定法律。关于公民权利义务的一般规范,应当由法律规定。2015 年修改《立法法》时,将部门规章严格限制在执行性规定的地位,④显示的倾向是限缩行政机关在没有法律、行

① 如果细致区分,还可以分为法律的专管事项与竞管事项。法律的专管事项,又称为法律的专属管辖事项,是指在各种国法形式中除宪法修改外,只有法律才能管辖的事项。而法律的竞管事项,又称为法律的竞合性管辖事项,是指宪法上其他国法形式专属管辖事项之外的事项。新正幸「法律の概念」大石真、石川健治編『憲法の争点』(有斐閣,2008 年)197 頁参照。例如,在日本法上,最高法院有权就有关诉讼程序、律师、法院内部纪律以及司法事务处理等事项制定规则(《日本国宪法》第 77 条第 1 款),这就属于一种竞管事项。

② 参见陈章干:《论制定行政法规的根据》,载《现代法学》1998 年第 5 期。但陈章干的观点并非纯粹的依据说,他认为国务院可以直接依据宪法第 89 条第 3 项和第 4 项制定行政法规。对此,前文已作分析。

③ 参见吴东镐:《行政立法的意义及其界限》,载《延边大学学报(社会科学版)》2011 年第 1 期。

④ 2015 年《立法法》第 80 条第 2 款规定,“部门规章规定的事项应当属于执行法律或者国务院的行政法规、决定、命令的事项。没有法律或者国务院的行政法规、决定、命令的依据,部门规章不得设定减损公民、法人和其他组织权利或者增加其义务的规范,不得增加本部门的权力或者减少本部门的法定职责”。该规定在 2023 年修改《立法法》时得到维持(2023 年《立法法》第 91 条第 2 款)。

政法规依据的情况下制定限制公民权利规范的权限。虽然在现阶段,采用一般权利规范说作为我国法律事项的界定标准,是基本妥当的,相对更具有可行性,但“应当充分注意的是,‘国民权利义务的规范是法规’与‘法规是规定国民权利义务的规范’具有完全不同的意味”。[①] 宪法对全国人大及其常委会的立法事项并没有限制。[②] 而且,即便从我国宪法明确列举的“法律”来看,法律事项已不限于“一般权利规范说”。宪法规定,各级人民政府的组织由法律规定(第 86 条第 3 款,第 95 条第 2 款、第 3 款)。宪法第 89 条第 17 项还规定,国务院“依照法律规定任免、培训、考核和奖惩行政人员”。行政人员的“任免、培训、考核和奖惩”属于宪法明定的法律事项。宪法第 91 条第 2 款规定,审计机关依照法律规定独立行使审计监督权。《国务院组织法》、《地方各级人民代表大会和地方各级人民政府组织法》(以下简称《地方组织法》)、《公务员法》、《审计法》等法律均与公民的权利义务无直接关联,但均由全国人大及其常委会制定,无须行政机关同意即可拘束所有的行政机关。因而,结合宪法上关于法律与行政法规关系的相关规定、宪法上明确列举的法律事项来看,“一般性规范”是法律事项的确定标准。

(二)国务院的立法空间

凡属于一般性规范,均应交由立法机关制定或由法律授权给国务院制定行政法规。国务院没有全国人大及其常委会的授权,不得立法。从全国人大与国务院的关系来看,只存在全国人大及其常委会在立法上的专管事项,而没有专属于国务院的管辖事项。

但是,有人认为,“根据宪法第 89 条规定,规定各部和各委员会的任务和职责,规定中央和省、自治区、直辖市的国家行政机关的职权的具体划分是国务院的职权。据此,关于各部和各委员会的任务和职责以及中央和省、自治区、直辖市的国家行政机关的职权的具体划分的问题,不应当由全国人大及其常委会制定法律来规定。规定各部和各委员会的任务和职责以及中央和省、自治区、直辖市的国家行政机关的职权的具体划分,应当视为国务院的专有立法权”。[③] 这种观点似乎符合解释学“明示其一即排斥其他”的规则。[④] 但这种体系解释的形式逻辑规则未必周延,也违反宪法

---

① 大石真「立法と権限分配の原理(一)」法学 42 巻 4 号(1979 年)15 頁参照。

② 2023 年《立法法》第 11 条所列举的法律事项只是例示性规定,而且其第 11 项作了概括性规定,即“必须由全国人民代表大会及其常务委员会制定法律的其他事项”。

③ 刘春华:《国务院立法权限若干疑难问题探讨》,载《中外法学》1998 年第 5 期。

④ 参见王利明:《法学方法论》,中国人民大学出版社 2011 年版,第 349-350 页。

对全国人大及其常委会与国务院的权限分配规定。

宪法第 89 条第 3 项、第 4 项涉及国务院部委的权限、中央人民政府与省级政府的权限划分,均为典型的组织法规定。而宪法第 86 条第 3 款规定,“国务院的组织由法律规定”;第 95 条第 2 款规定,“地方各级人民政府的组织由法律规定”。组织法的内容至少包括机构设置、权限分配、相互关系等,这与国务院的组织权之间产生竞合。而宪法第 62 条第 3 项规定,全国人大制定和修改国家机构的基本法律;第 67 条第 2 项规定,全国人大常委会制定和修改除应当由全国人大制定的法律以外的其他法律。2023 年《立法法》第 11 条第 2 项明确将“人民政府”的产生、组织和职权列为法律的专属管辖事项。按照《立法法》的规定推论,政府职能部门的产生、组织和职权则并非法律的专属管辖事项。如此,对于省级人民政府与中央人民政府的权限分配,只能由法律规定,国务院无权以行政法规的形式规定。对于国务院部门的任务和职责,也应在有了法律之后,才能以行政法规对其具体化。

(三)法律与行政立法的关系

全体人民的一般意志由法律来表达,行政立法是对法律的执行,只有执行法律或得到法律授权的行政立法,才可以认可其具有法的性质。在宪法之下,法律属于始源性的法规范,行政立法是对法律的执行,是法律的进一步具体化,属于派生性的法规范。如此,由法律而行政法规再行政规章,如臂使指,井然有序。这是一个发端于人民主权的自上而下的法秩序。根据宪法的规定,全国人大及其常委会行使国家立法权,国务院有权制定行政法规。[①] 两者在诸多立法事项上存在竞合。对于竞合的立法事项,并非可以按照先占原则,由国务院先行占据制定行政法规,而是应当根据法律的法规创造力原则,先由全国人大及其常委会制定法律,国务院再根据该法律来制定行政法规,将法律的规定进一步具体化。

在宪法和法律之下,行政立法有两种可能的存在情形。第一,在已存在法律的情况下,对属于国务院职权范围的事项,国务院可以自主制定执行法律的行政法规;对不属于国务院职权范围的事项,国务院也不可以执

① “行政立法”及“行政立法权”的概念为行政法学界广泛接受。但有宪法学者反对将行政法规制定权称作“行政立法权”,认为只宜理解为委任立法,否定制定行政法规具有立法的性质,而只有行政、执行的性质。参见王磊:《对行政立法权的宪法学思考》,载《中外法学》1998年第 5 期。该观点从逻辑上说是通顺的,行政立法权的确易生误解。但《立法法》也明确将行政法规作为法、受《立法法》规范的对象。现在问题的根本不在于否定行政机关制定具有法性质的规范,而是如何去规范这种权限。当然,即便使用行政立法或行政立法权的概念,也应当明确其执行的属性。

行法律之名制定行政法规。例如,对于诉讼费用,2023 年《民事诉讼法》第 121 条第 3 款、2017 年《行政诉讼法》第 102 条均规定,收取诉讼费用的办法另行规定。2006 年《诉讼费用交纳办法》第 1 条规定,国务院根据《民事诉讼法》和《行政诉讼法》的有关规定,制定了该办法。但是,诉讼费用属于司法制度的一部分,关乎私人行使诉权的可能性,国务院不可以超越职权,强行将其解释为行政事业性收费。第二,在不存在法律的情况下,国务院可以根据法律的授权针对法律事项制定补充性、创制性行政法规。① 法律授权目前有两种方式:一是授权条款,即在某部法律中以个别条款的方式授权特定机关制定本属于法律事项的规范;二是授权决定,即不存在相应的法律,而以全国人大及其常委会的决定方式授权特定机关制定本属于法律事项的规范。② 虽然 2023 年《立法法》第 13 条已对授权决定作出了较强的限制,但授权决定,特别是"一揽子"授权的决定作为法律主治的重大例外,少用乃至不用为宜。

六、确立法律的法规创造力原则的条件与意义

法律的法规创造力原理是依法律行政原理的重要内容之一。依法律行政,不仅包括法律对行政行为的控制,更包括法律对行政立法的控制。依法行政,不能仅仅是依行政立法而行政,而应强调依法律来规范控制行政。随着议会地位的强化,法律的法规创造力原则已成为普遍共识。为了维护全国人大及其常委会的立法权威、遏制行政立法的僭越,应当在实行人大制度的我国全面确立这一原则。从全国人大及其常委会的权限、国务院的宪法地位角度来看,国务院"根据宪法和法律"制定行政法规应当理解为国务院在宪法规定的职权范围内根据法律制定行政法规。一般性规范应由法律来创造,非经法律授权,行政立法不得制定一般性规范。法律应当是全国人大及其常委会按照立法程序制定的法规范,它不仅是侵害私人权利、课予私人义务的规范,也包括影响、提升私人地位的规范;不仅是一般权利义务规范,还应包括组织设立、机构、权限等方面的行政组织基本规范。

然而,中国的现实是,法律的涵盖领域较为有限,行政立法以其高效性

① 根据 2023 年《立法法》第 12 条的规定,"犯罪和刑罚、对公民政治权利的剥夺和限制人身自由的强制措施和处罚、司法制度等事项",不得授权给国务院制定行政法规,属于法律的绝对专属管辖事项。

② 例如,1984 年全国人民代表大会常务委员会的《关于授权国务院改革工商税制发布有关税收条例草案试行的决定》(2009 年废止),1985 年全国人民代表大会的《关于授权国务院在经济体制改革和对外开放方面可以制定暂行的规定或者条例的决定》。后者也应予以废止。

和实效性而大行其道。行政法规、规章的数量远远多于法律的数量,①诸多行政法规、规章是没有法律根据的,属于创制性行政立法。为贯彻法律的法规创造力原则,落实全国人大的宪法地位,对于现有的行政法规等,应将没有法律根据的行政法规等尽快上升为法律。同时,应当改变目前"尚未制定法律的,行政法规可以……"的立法惯性。从"行政法规可以设定除限制人身自由以外的行政处罚"(《行政处罚法》1996 年版第 10 条第 1 款、2021 年版第 11 条第 1 款),到"尚未制定法律的,行政法规可以设定行政许可"(2003 年《行政许可法》第 14 条第 1 款),再到"尚未制定法律,且属于国务院行政管理职权事项的,行政法规可以设定除本法第九条第一项、第四项和应当由法律规定的行政强制措施以外的其他行政强制措施"(2011 年《行政强制法》第 10 条第 2 款),这种立法权限分配的嬗变也显示出回收、限缩行政立法权的趋势。确立法律的法规创造力原则,要求全国人大及其常委会缩短自身的民主正当性链条,更为切实地履行自身的法定职责,②要求国务院更加积极主动地提交法案请求全国人大常委会审议。虽然从我国宪法出发应将一般性规范作为判断法律事项的标准,但因为外部行政法与内部行政法在理论基础和考虑事项上存在差异,将组织制度方面的法律事项排除出去,仅从传统的外部法视角谈法律的法规创造力原则也是具有合理性的。当然,就可行性角度而言,按照循序渐进的原则,可先将减损权利、增加义务的限制权利规范作为判断法律事项的标准。全国人大也可设置一定的过渡期,在此期限内,总结行政立法积累起来的经验,尽快完成相关法律的制定。

确立法律的法规创造力原则,在理论上也要求废除"职权立法"的行政立法类型。我国行政法学长期将行政立法从权力来源的角度分为职权立法与授权立法两种,其中的职权立法是指"行政机关直接依据宪法和组织法规定的职权制定行政法规和规章"。③ 但只有依据宪法和行为法上的

---

① 截至 2025 年 1 月 1 日,我国共制定 305 部现行有效的法律;根据国家行政法规库和国家规章库的统计,现行有效的行政法规共有 597 部,部门规章共有 2588 部。

② 这也要求对全国人大及其常委会作适当的改革,以适应其应有宪法地位的需要。参见韩大元:《论全国人民代表大会之宪法地位》,载《法学评论》2013 年第 6 期。人大制度固然有种种问题,却是我国宪法明定的根本政治制度。行政立法过程中零散地吸纳民意等程序无法取代制度性的代议制民主。人大制度的完善与要不要落实宪法要求的法律的法规创造力原则是两个问题。

③ 罗豪才主编:《行政法学》,中国政法大学出版社 1989 年版,第 94 页(姜明安执笔)。虽然后来有学者称,行政机关的权限均来自授权,应改称一般授权立法与特别授权立法。参见罗豪才主编:《行政法学》,北京大学出版社 1996 年版,第 145 页(湛中乐执笔)。但一般授权立法是依据宪法和组织法所授予的职权立法,仍为本章所批驳的对象。

法律(而非组织法律)制定行政法规和规章,才是可容许的行政立法。应当从行政立法与法律的关系上,将行政立法分为执行立法与授权立法。在存在法律时为了执行法律而将其具体化,为执行立法;①在法律未作规定时,因涉及法律事项,在获得法律授权时而作规定,为授权立法。

确立法律的法规创造力原则,固然会给全国人大及其常委会的立法能力带来严峻的挑战,会给现实中不少行政法规的合宪性提出严肃的考验,却是巩固人大制度、恢复人民民主的应有要求。确立法律的法规创造力原则,有助于划清法与非法的界限。行政机关制定的规范,如果不存在法律的根据或授权,就不能成为法源,不属于法的范畴。② 不是法,就不能对权利义务问题进行规范,就不能作为法院的裁判规范。没有法律根据或法律授权的规范,行政机关制定的规范就只能作为行政机关内部的行政规则,不具有对外的拘束力。在设区的市政府都有了规章制定权的今天,通过这一套规则去认定法,对于法的秩序具有重大的现实意义。在宪法之下,根据法律进行行政立法,有助于提升法秩序的民主性,加强法秩序的有序性。

---

① 有学者将职权立法与执行性立法相等同,主张职权立法是行政立法的基本类型。参见陈章干:《职权立法是行政立法的基本类型》,载《中国行政管理》1999 年第 9 期。但职权立法易引起在职权范围内无法律根据亦可立法的误解。有学者主张,我国的行政立法应从职权立法转向授权立法。参见喻少如:《论我国行政立法中的职权立法》,载《武汉大学学报(哲学社会科学版)》2009 年第 1 期。

② 参见[日]平冈久:《行政立法与行政基准》,宇芳译,中国政法大学出版社 2014 年版,第 143-144 页。

第五章　法律保留(二)具体行为

只有在法律保留的意义上,“无法律即无行政”才是成立的。法律保留原则决定着行政机关采取某种措施介入社会的容许性,让立法机关在保障基本权利、控制行政权上发挥着重要作用。但在现实中,我国行政机关还有很大的自主空间,行政活动距离法律保留的要求还较为遥远。当下需要回答的一个基本问题是:在实行人大制度的法治国家之下,行政究竟在什么情况下有了法律的根据才能采取行动?本章将首先厘清法律保留概念的内涵,再梳理日本公法学的相关理论变迁,把握法律保留原则背后的宪法要求和“立法—行政—人民”的关系结构,解明法律保留的考虑因素,最后在此框架下探讨中国行政法在法律保留问题上的可能立场。

一、具体行为意义上的法律保留

“法律保留”一词具有多义性,不仅有行政活动法上的法律保留,也有行政组织法上的法律保留。在行政活动法上,不仅有具体行为的法律保留,也有行政立法的法律保留的说法。学界在过去20多年里在法律保留原则上已积累一定的研究成果,但至今尚缺乏清晰的认识,诸如在何种层面上谈论法律保留、法律保留与立法权分配有无区别、是否有了法律的规定就符合法律保留要求等。厘清法律保留的内涵,是有效贯彻法律保留的前提。

(一)关于一般规范与具体行为的法律保留再区分

在行政法上,一般规范与具体行为的区分具有重要意义。奥托·迈耶就是在这一区分的基础上区分了法律的法规创造力原则与法律保留原则。① 法律的法规创造力原则适用于对前者的规范,涉及立法权限分配问题;法律保留原则适用于对后者的规范,涉及行政机关作出具体处理决定的权限问题。只是在后续的发展中,因为不论是制定一般规范还是作出具体行为,都有寻求法律根据的需要,才出现了合流的现象。最初,安许茨就是将行政立法的法律保留与行政行为的法律保留两部分内容包含在法律

① 参见[德]奥托·迈耶:《德国行政法》,刘飞译,商务印书馆2002年版,第68页以下。

保留的概念之下使用。[1] 但即便是采取合流的立场,只要承认一般规范与具体行为的区别,承认一般规范相对于具体行为的优位性,无论对“法规”的范围采取何种立场,就都会在实质上承认法律保留原则与法律的法规创造力原则之间存在差异。卡尔·施米特曾将法的一般性视为法治国家的阿基米德支点。[2] 创制一般规范的权力应由立法机关垄断,行政机关只能在得到法律的授权时方可为之。“行政权不具有固有的法规范制定权的论断与主张,并非直接得自所谓‘自由权与财产权干预公式’,因此与干预保留或法律保留的思想并无直接关系。换句话说,即使非属法律保留领域内的事项,行政作用无须先获得法律之授权依据即得自主为之,但行政权仍不得于该等领域发布具有外部法效性的法规命令,充其量仅能发布对内自我拘束的内规(行政规则)。”[3]

基于法律对行政的相同控制,可以将法律对行政权限的控制统称为法律保留,但是,基于一般规范与具体行为的差异,在法律保留之下尚需进一步区分。上一章是在行政立法的层面上探讨法律保留问题,即法律的法规创造力。而本章是在行政具体行为的层面上探讨法律保留问题,这也是法律保留理论最初的关注对象。具体行为意义上的法律保留,就是指行政机关在作出某种具体行为时需要获得法律的授权。当然,如果主张全部保留说,那行政也就成为纯粹的执行,在理论上区分法律保留与法律的法规创造力也就失去意义。

对于我国《立法法》的法律事项规定(2000年版第8条、2015年版第8条、2023年版第11条),多数学者认为是法律保留规定,也有少数学者认为是立法保留或全国人民代表大会保留规定。[4] 也有学者认为,法律保留与立法保留的两种理解并不矛盾,立法保留是加强型的法律保留。[5] 但是,《立法法》的法律事项规定实际上是在处理法律与其他规范的制定权限分配关系——法律事项只能以法律的形式来规定,行政法规等一般不得染指——因而可以理解为关于法律的法规创造力的规定。[6] 法律的法规

① 松戸浩「法律の法規創造力の概念について」法学67巻5号(2003年)253頁参照。

② [德]卡尔·施米特:《宪法学说》,刘锋译,上海人民出版社2005年版,第144页。

③ 蔡宗珍:《法律保留思想及其发展的制度关联要素探微》,载《台大法学论丛》第39卷第3期(2010年)。

④ 参见陈新民:《中国行政法学原理》,中国政法大学出版社2002年版,第35页。

⑤ 参见孙展望:《法律保留与立法保留关系辨析——兼论立法法第8条可纳入法律保留范畴》,载《政法论坛》2011年第2期。

⑥ 以公安机关没有法律的根据而作出拘留决定为例,这一决定一般会被认为违反法律保留原则,而不会被认为违反2023年《立法法》第11条的规定。

创造力原则与法律保留原则之间确实有交叉的部分,具体行为要求法律保留,也就意味着其中的法规范要由法律或由法律授权来创造;但对于不要求法律保留的具体行为,只需不违反法律即可,而与法律的法规创造力无涉。[①] 2023 年《立法法》第 11 条与行政具体行为相关的主要是其第 5 项(限制人身自由的强制措施和处罚)、第 6 项(税收征收管理等税收基本制度)、第 7 项(对非国有财产的征收、征用)、第 9 项(基本经济制度)。其他内容,诸如第 4 项(犯罪和刑罚),若与行政活动无关,就与行政具体行为意义上的法律保留无关,而纯粹是法律与行政立法等之间的权限分配问题。实际上,立法工作者也是这样来理解的。时任全国人大常委会法制工作委员会主任顾昂然在 2000 年《关于〈中华人民共和国立法法(草案)〉的说明》中针对"关于立法权限的划分"问题指出,"宪法对这些国家机关的立法权限从大的原则上作了规定,立法法草案对全国人大及其常委会与国务院、中央与地方之间,在立法事项方面的具体划分作了规定";[②]时任全国人大常委会法制工作委员会国家法室主任童卫东将《立法法》中的这一规定称作"全国人大及其常委会专属立法权"。[③]

(二)具体行为法律保留的"法律"

实际上,法律本身也多种多样,未必都能成为行政行为的根据。例如,《行政处罚法》第五章行政处罚程序的规定并不在 2023 年《立法法》第 11 条明确列举的事项之内,但却是法律作出的规定。该程序规定不是行政处罚的根据,而是对行政处罚的规范。法律按照内容和功能大致可以区分为组织规范、根据规范与规制规范。法律保留的"法律"应系根据规范。[④] 组织规范是指将行政事务分配给不同行政机关的法律规范,即关于设置怎样的行政机关、如何在各行政机关之间分配行政事务、如何规定各行政机关的组织等的法律规范。[⑤] 而根据规范,又被称为授权规范,是指在组织规范规定的所辖事务范围内,立法机关事前承认行政机关的具体活

---

① 有学者认为,如照本书前文那样理解法律的法规创造力原则,将会在逻辑上造成该原则与法律保留原则重复。参见黄宇骁:《也论法律的法规创造力原则》,载《中外法学》2017 年第 5 期。但两原则其实只是有交叉之处,这在法律原则的层面上属于正常现象。

② 顾昂然:《关于〈中华人民共和国立法法(草案)〉的说明——2000 年 3 月 9 日在第九届全国人民代表大会第三次会议上》,载《全国人民代表大会常务委员会公报》2000 年第 2 号,第 30 页。

③ 童卫东:《新〈立法法〉的时代背景与内容解读》,载《中国法律评论》2023 年第 2 期。

④ 参见[日]盐野宏:《行政法总论》,杨建顺译,北京大学出版社 2008 年版,第 46-47 页。

⑤ 例如,2012 年《人民警察法》第 2 条第 1 款规定,"人民警察的任务是维护国家安全,维护社会治安秩序,保护公民的人身安全、人身自由和合法财产,保护公共财产,预防、制止和惩治违法犯罪活动"。

动并规定其实体要件和效果的法律规范。① 规制规范是指在可以作出某种行政行为的前提下,为了确保行政行为的公正性而设置的法律规范。规制规范主要是目的规范和程序规范。② 在法律保留上尤其需要注意的是组织规范和根据规范的差别。组织规范是内部法的问题,是在不同机关之间分配行政权限,借由组织规范也能确定外部的法律责任归属;根据规范是外部法的问题,是规范行政机关与私人之间的关系。只有具备了根据规范,实施相应的行政行为,才符合法律保留的要求,但法律的法规创造力原则并不区分法律规范的这三种类型。虽然组织规范与根据规范并非泾渭分明,但组织规范一般较为原则、宽泛,并不针对具体的案件,更无法确定具体行为的要件和效果。有学者认为,对于侵害行政、一般情况下的给付行政应当有行为法上的法律依据,对于行政指导、行政合同只要有宪法和组织法上的权限依据即可。③ 前者为根据规范,后者为组织规范。如果承认具有组织规范就能满足法律保留的要求,那么,法律保留的功能将大为缩减,与否定法律保留并无实质差异。通常而言,在行政活动法上,法律保留就是指实体法意义上的行为权限保留给法律来设定。

在法律的范围上,法律保留的"法律"仅为全国人大及其常委会所制定的法律,而不包括行政法规和规章等。法律保留原则是关于立法机关与行政机关之间关系的规范,是行政的一种他律机制。有学者认为,在中国行政法学上,由于狭义法律之外的法规、规章等在一定范围内可以自主对行政机关进行授权,所以对法律保留原则中的法律,有时也予以广义的界定。④ 这一观点固然符合目前的现实,⑤却与民主性他律原理不合,且不能提示未来的发展方向。也有学者认为,将法律保留的法律限定为国会的法律,实际上是否认行政立法的存在。正是基于行政立法的出现,法律保留才有了绝对保留(国会保留)和相对保留(授权行政立法保留)的二分。行

---

① 例如,2012 年《治安管理处罚法》第 66 条第 1 款规定,"卖淫、嫖娼的,处十日以上十五日以下拘留,可以并处五千元以下罚款;情节较轻的,处五日以下拘留或者五百元以下罚款"。

② 以规制规范之典型的行政程序规定为例,2012 年《治安管理处罚法》第 87 条第 2 款规定,"检查妇女的身体,应当由女性工作人员进行",这是对公安机关检查行为的规范,而非授权女性工作人员检查妇女身体。

③ 参见黄学贤:《行政法中的法律保留原则研究》,载《中国法学》2004 年第 5 期。

④ 参见李洪雷:《行政法释义学:行政法学理的更新》,中国人民大学出版社 2014 年版,第 73 页。

⑤ 实务中也有不少这种认识。例如,有法院认为,"根据法律保留原则,行政机关作出具有外部法律效力的行政行为(不包括一般给付),应以法律、法规、规章的具体授权(而非概括授权)为依据"。江苏全邦建设有限公司诉南京市城乡建设委员会城乡建设其他行政行为纠纷案,南京铁路运输法院(2018)苏 8602 行初 761 号行政判决书,2018 年 11 月 2 日。

政立法应当包含在法律保留的“法律”中。[①] 的确,相对保留与行政立法密切相关,但行政立法是得到了法律的授权之后才得以规定法律保留的事项,相对保留仍然是法律的保留,而非保留给了行政立法。没有授权法,就没有相应的行政立法。

二、法律保留的宪法基础变迁

法律保留概念并非一成不变,其内涵会随着宪法背景的变化而增加。这里大致可以看到法律保留理论的两个发展阶段。

(一)法律保留的内涵之变

“法律保留”一词首次以汉字的形式出现是在1903年的日本(法律の留保),[②]也就是美浓部达吉翻译奥托·迈耶《德国行政法》这一译著之中,译自德语 Vorbehalt des Gesetzes。[③] 此后对这一概念的理解也发生变化,20世纪50年代发生的“清宫·宫泽论争”即为例证。

1955年,美浓部达吉的弟子、东京大学教授宫泽俊义出版了评注书《日本国宪法》,在阐释新宪法第三章时,他指出:“明治宪法的权利保障,多数附带有所谓‘法律保留’,即禁止以行政权的行为(命令)侵犯这些权利,但以立法权的行为(法律)侵犯,是不禁止的。本章原则上不承认这种‘法律保留’,不仅限制行政权,也限制立法权(甚至是宪法制定权)。这里所保障的权利,就是根据法律(甚至根据宪法修改)也不得侵犯。”[④]

对此,同为美浓部达吉弟子的东北大学教授清宫四郎提出批评:“对于立法权的限制,明治宪法与现行宪法之间的差别诚如所言。但是,德国传统上惯用的 Vorbehalt des Gesetzes 一词,重点是在于行政权的行为侵害国民权利时必须依据立法权行为之法律。虽然是用词问题,但‘法律保留’毋宁是在上述 Vorbehalt des Gesetzes 意义来理解才是适当的。如果作此理解,‘法律保留’在现行宪法上也是得到承认的。”[⑤]

---

① 参见王锴:《论法律保留原则对行政创新的约束》,载胡建森主编:《公法研究》第5辑,浙江大学出版社2007年版。持类似观点的还有金承东:《论行政法律保留原则》,载《浙江社会科学》2002年第1期;黄学贤:《行政法中的法律保留原则研究》,载《中国法学》2004年第5期。王锴还认为,法律保留主要关注水平方向的权力分立,地方性法规、地方政府规章、自治条例和单行条例则不宜包含在法律保留的“法律”中。对此,本书将在第七章中分析。

② 高田敏『法治国家観の展開—法治主義の普遍化的近代化と現代化』(有斐閣,2013年)457頁参照。

③ Otto Mayer(美濃部達吉訳)『独逸行政法(第1巻)』(有斐閣,1903年)127頁参照。

④ 宮沢俊義『日本国憲法』(日本評論社,1955年)187頁。中文版可参见[日]宫泽俊义:《日本国宪法精解》,[日]芦部信喜补订,董璠舆译,中国民主法制出版社1990年版,第159页。

⑤ 清宮四郎「宮沢俊義『日本国憲法』」国家学会雑誌70巻3・4号(1956年)232頁参照。

对此批评,宫泽俊义也撰文回应:“法律保留”在德语中有两个对应词,即 Vorbehalt des Gesetzes(以下略写为 VdG)和 Gesetzesvorbehalt(以下略写为 GV)。VdG 源自奥托·迈耶,即对于一定的事项,否定行政的自由,其活动应当依据法律。在明治宪法下,穗积八束和上杉慎吉理论中与大权事项相对的立法事项大抵属于奥托·迈耶 VdG 之类。德国学者托马(Thoma)认为,GV 是指宪法规定里含有“根据法律”的表述,据此可以法律限制基本权利,宪法基本权利的诸多规定由具有宪法之力被削弱为仅具有法律之力。VdG 与 GV 混用者也不在少数。但宫泽俊义认为,GV 通常与 VdG 有区别,他是在 GV 意义上使用。VdG 在实现最小限度的依法律行政上,可称为依法律行政以前的原理;而 GV 则超越单纯的依法律行政的程度,使基本权利的限制脱离法律之手,确保法律作为权利规定的例外限制一定的基本权利,在这一点上可称为依法律行政以后的原理。① 更明确地说,两者在成立上是有差别的,VdG 是一般法原则,而 GV 是实定宪法上的要求,而且 GV 中已包含着基本权利拘束立法者的意味,而这种观念在基本法之前的时代是不存在的。

(二)两种法律保留的宪法基础差异

日本对于法律保留理论的上述认识分歧,在一定程度上也折射出其宪法基础的变化。在德国,同样存在两个阶段的变化,用语倒是其次的问题。② 德日两国不仅都由君主立宪走向了国民主权,而且在“二战”后都建立了议会内阁制,宪法的最高法地位也有了实际的制度保障。如此,对于法律保留的要求也会发生变化。

早期的法律保留是在君主立宪制之下产生的,体现着君主与议会之间的对立关系。奥托·迈耶将行政与司法作对比,指出:“法律是司法活动的必要基础,任何裁判都必须以法律规定为依据。没有法律,就没有处罚。行政活动则不是这样具有依附性。因此,合乎宪法的法律只是对一些特别重要的国家事务而言是必要基础。在其他所有方面对执行权则无此限制,行政以自有的力量作用,而不是依据法律。我们把这个在特定范围内对行政自行作用的排除称之为法律保留。”③奥托·迈耶持法律保留观点

---

① 宮沢俊義「法律の留保について」同『憲法の原理』(岩波書店,1967 年)361 頁以下参照。

② “德文中固然有区分‘Vorbehalt des Gesetzes’以及‘Gesetzesvorbehalt’,前者主要是在传统法治国之行政合法性脉络下,对于法律与行政关系之处理,后者则主要表现于基本权保障之界限的范畴,较着重于基本权保障界限之合宪要件。但学理上也越来越常以同义词理解此两组概念。”蔡宗珍:《法律保留思想及其发展的制度关联要素探微》,载《台大法学论丛》第 39 卷第 3 期(2010 年)。

③ [德]奥托·迈耶:《德国行政法》,刘飞译,商务印书馆 2002 年版,第 72 页。

的背景是,行政权本来是自由的,可以自有之力来行动。只有在这种自由侵害臣民的自由和财产时,才被置于法律的制约之下,这是法律保留的目的。法律保留将行政权的自由置于法律的制约之下,在这一点上是服务于立法权(议会)的利益;但对于其他事项则依然承认,甚至是确保行政权的自由,在这一点上又服务于行政权(君主)。因而,法律保留是19世纪德国式君主立宪制意识形态之子。①

卡尔·施米特曾指出,"'法律保留',即一项先行确定的、可预测的、一般的、可控制的规定的保留只有在涉及真正的基本权利时才有意义"。②他所称的"真正的基本权利"也就是自由权。也就是说,法律保留只是在自由权上才是有意义的。这是与其法治国家的"分配原则"相对应的。"个人的自由领域被预设为一种先于国家存在的东西,而且个人自由原则上不受限制;相反,国家干预这个领域的权力原则上要受到限制。"③国家要侵害个人的自由和权利,就必须给出理由,找到法律的根据。

法律保留原则的最初目的并不在于行政的民主化,而在于保障私人的自由不受行政机关的非法侵害。也就是说,这是在自由主义国家观之下实现对国家与社会进行区分的一个重要手段。当然,国家与社会的区别和分离绝不是带来国家与社会的孤立化、分裂化,而是成为强化两者之间特殊关系的基础。伯肯弗尔德认为,国家的形成意味着将分散的政治性支配和决定权能集中化,同时让每个人在相关政治决定权以外的地方得到解放。国家与社会的区别意味着政治决定功能相对独立于来自社会的直接影响。也就是说,社会上的强力者因此并不当然将政治权力作为自己之物来使用。将政治权力集中于国家,就可能将政治性支配权力的所及领域仅限定为个人生活的特定领域。这样,就让个人的生活不是在整体上,而是仅在特定领域以特定理由服从于支配性政治性的行动规制。划定这一领域的就是基本权利。尽管有这些界限,国家仍然有广泛而强大的权能,与组织化功能统一体的其他组织不可同日而语。正是因为其权能广泛,所以必须将国家这一组织体细分化,为了防止滥用这种权能而确定其程序规则,国家权能必须服从原则性界限。这正是国家与社会的区别和对立所表达或

① 宮沢俊義「法律の留保について」同『憲法の原理』(岩波書店,1967年)370頁参照。
② [德]卡尔·施米特:《宪法学说》,刘锋译,上海人民出版社2005年版,第191页。
③ [德]卡尔·施米特:《宪法学说》,刘锋译,上海人民出版社2005年版,第139页。

保障的事情。① 也正是在这个意义上,卡尔·施米特又讲到法治国家的"组织原则":"原则上受到限制的国家权力由几个机构共同分享,并被纳入一个受限定的权限系统中。"②经典的权力分立理论,就是以政治自由为目的的理论。孟德斯鸠认为,自由就是做法律允许之事的权利,它只有在有限政体中权力不被滥用时才存在。自由的内容由法律形塑,因而其关注点当然就在于有关法律的国家活动。孟德斯鸠关注的中心是执行权中与国民自由相关的部分,即法律的执行。正因为自由是法律所赋予的,作为实现自由的原理,权力分立论就是以法律的概念为基轴而展开。③ 在王权时代,公民的自由和财产由议会来保障,其边界由法律来确定,行政权要侵害公民的自由和财产,就需要得到议会的同意或法律的授权。这是法治国家原则的基本逻辑之一。

但自魏玛宪法开始,国民主权确立,王权不复存在。在魏玛时代,"虽迈入议会民主政治时期,但议会之优于行政,仍无法实现,议会并无法要求行政谨守法律保留原则,主要原因在于总统依宪法第 48 条第 2 款拥有紧急命令权之故"。"在法律保留适用范围上却仍延续以往的侵害保留,并无重大变更。"④"二战"之后,《德国基本法》第 20 条第 3 款规定,"立法权应受宪法的限制,行政权与司法权应受法律与法的限制"。行政权受法律的拘束。但行政权的背后是国民主权,不再是议会的对立面,毋宁是从属于立法权,与议会协作实现法律的要求。另外,《德国基本法》第 1 条第 3 款确认了基本权利的法的地位,直接拘束立法权,法律也不得侵害基本权利。法律不仅要在程序和形式上符合宪法,还要在内容上符合宪法。这时,法治国家的重点问题由过去的行政权的合法律性逐渐转为立法权的合宪性,并通过设置宪法法院实施违宪审查维护宪法的权威性。由此,宪法上法律保留的防范对象扩展至立法权。而且,基本法逐渐对立法权提出了更高的要求。对于那些国民生活的重要事项,议会应当制定符合宪法的法

---

① Ernst-Wolfgang Böckenförde(初宿正典編訳)「現代民主制的社会国家における国家と社会の区別の意義」同『現代国家と憲法・自由・民主制』(風行社,1999 年)61 頁以下;藤田宙靖「E・W・ベッケンフェルデの国家と社会の二元的対立論」同『行政法の基礎理論(上)』(有斐閣,2005 年)95 頁参照。

② [德]卡尔·施米特:《宪法学说》,刘锋译,上海人民出版社 2005 年版,第 139 页。

③ 渡邊亙『法律の留保に関する比較研究』(成文堂,2019 年)57-58 頁参照。

④ 吴万得:《论德国法律保留原则的要义》,载《政法论坛》2000 年第 4 期。这篇论文也是早期研究德国法律保留原则的佳作。

律,而不得假手行政机关制定规则。①

针对行政权的法律保留可作为行政法的原则,继续发挥控制行政权的作用,没有法律就不得侵害公民的自由;而针对立法权的法律保留则属于宪法的原则,发挥规范立法权的作用,只有根据法律才能侵害公民的自由,而且该法律还必须合乎宪法。② 因宪法和基本权利能拘束立法者,法律保留的内涵发生了转变,但本来意义上的法律保留在新的宪法精神之下仍然是妥当的。换言之,这是法律保留内涵的叠加或补充,而非替代或蜕变。传统的法律保留要解决的问题是什么样的事项需要保留给法律,而新的法律保留进一步要解决的问题是保留给什么样的法律。两种对法律保留的理解其实是反映着法律保留的两个阶段(宪法保障—法律限制,或者法律授权限制—行政机关根据法律作出限制),而非水火不容的两个事物。

三、权力结构变迁中的法律保留范围

在法律保留的基本内涵和宪法基础大致清晰之后,便要确定法律保留的范围,即什么样的行政领域或事项要保留给法律来规定、什么样的行政具体行为需要获得法律的授权。这一范围的确定,不仅涉及议会与行政之间的关系,还关乎人民在国家中的地位。鉴于近些年来国内主要是在介绍德国的法律保留理论,而中国却是在清末从日本引入法律保留理论的,下

---

① 由此可见,在基本权利广泛进入宪法之后,一般法原则意义上的法律保留(VdG)独立价值在降低,但这并不意味着 VdG 被实定宪法上的法律保留所消解,因为仍存在没有保留规定的基本权利,仍然存在 VdG 发挥作用的空间。对于某一基本权利的法律保留而言,VdG 与 GV 几乎是相同的。之后,VdG 因联邦宪法法院提出本质性理论而发生根本变化,披上新装再度登场。这时的 VdG 不是超越实定宪法的一般法原则,而是在基本法上没有明文规定的宪法原则。有时为了区别于基本法明文规定的某法律保留,也将其称作一般意义的法律保留。松本和彦「基本権の制約と法律の留保」樋口陽一ほか編『日独憲法学の創造力——栗城壽夫先生古稀記念(上巻)』(信山社,2003 年)377-380 頁参照。实定宪法上的法律保留是一直存在的。进入基本法时代之后,因为基本权利具有拘束立法者的效力,所以才让 GV 有了另一个面向。

② 有学者认为,宪法意义的法律保留是指在国家法秩序的范围内有某些事项必须保留给法律来规定,不可由其他国家机关代为规定,特别是行政机关。因为是保留给立法者,故又称为立法保留或国会保留。参见陈新民:《中国行政法学原理》,中国政法大学出版社 2002 年版,第 34-35 页。但是,宪法意义上的法律保留与国会保留并不等同,仍有授权立法的可能。有学者将国会保留称作"宪法保留"(参见沈寿文:《宪法保留:对基本自由权利限制的限制原则》,载《北方法学》2010 年第 3 期),但这可能是一种误解,虽然宪法在某些事项上对立法权有限制,但它仍然是保留给法律来规定,而非宪法自身。宪法保留的事项只有通过修改宪法才能改变。

面拟简要梳理日本的相关理论脉络。① 当然,日本与德国具有较大的相似性,在法律保留上都大致经历了两个阶段的变化(从君主立宪到国民主权),出现了三类代表性的倾向。这可能也显示出法律保留范围与其背后权力结构变化的规律。

(一)侵害保留说:自由主义之下立法对行政的控制

明治宪法(1889 年制定,1890 年施行)第二章“臣民权利义务”规定了若干权利,并多数设有“依法律”的要求。例如,其第 27 条规定,“日本臣民之所有权不受侵犯。因公益需要之处分,依法律规定而行”。如此,必须以法律来规范的事项是否限定为宪法各条的规定,就成为当时宪法解释论上的一个问题。

对此,明治时期(1868—1912 年)以国权学派代表穗积八束为中心的多数学说认为,仅在宪法各条规定的事项上有必要具有法律的根据,其他领域,即使是限制臣民自由、侵害权利的情形,行政也不必有法律的根据即可行动。这就是所谓“立法事项说”。这一学说不仅具有宪法文理解释的基础,同时还有更为根源性的基础,即明治宪法所采取的君主主权统治构造。这一学说在明治宪法前半期居于通说地位。与此相对,大正时期(1912—1926 年)民权学派的代表美浓部达吉吸收当时德国的通说观点,主张法律保留不仅是宪法列举的事项,而且应当及于侵害臣民权利自由的所有领域。美浓部达吉的侵害保留说在明治宪法前半期尚处于少数说地位。这种依法律行政原理上的学说之争,从宏观上也可以说是明治宪法两个内在侧面(绝对君主制、自由法治国)在解释论上的表现形态。在方法论上,立法事项说是从强调明治宪法的独立性出发的,而侵害保留说则通过研究欧陆自由法治国试图加以克服,这也决定了之后日本行政法学的方向。②

对于明治宪法仅对特定自由和权利的侵害实行法律保留,美浓部达吉的弟子田中二郎认为,其旨趣并不仅限于保障列举的特定自由和权利,而是广泛地将对自由和权利的侵害保留给法律。法律对行政的规范也在绵密化,但如果说凡行政均处于法律的支配之下,则是轻率的。③ “二战”之后,田中二郎构筑起日本行政法学基础,他仍然认为,并非所有的行政作用都需要在行为规范上有法律的明确根据。例如,对于与人民权利义务并不

---

① 日本的相关介绍,亦可参见杨建顺:《日本行政法通论》,中国法制出版社 1998 年版,第 132-135 页;杨建顺:《行政规制与权利保障》,中国人民大学出版社 2007 年版,第 103-113 页。

② 塩野宏『法治主義の諸相』(有斐閣,2001 年)106-107 頁参照。

③ 田中二郎『法律による行政の原理』(酒井書店,1954 年)36-37 頁参照。

直接相关的行政作用,就应当认为不必有明确的法律根据。即使是与人民权利义务有关系的情形,例如在预算范围内,对地方公共团体及其他公共团体或私人采取各种补助奖励措施、设置各种设施供人民使用等,也可以认为本来就是属于行政自由的事项。①

对于"侵害"的概念,当时也有较为严格的限定。国家权力行为必须具备目的指向性(以规范为目的)、直接性、法形式性、命令性等特征,才构成对基本权利的侵害。② 也就是说,侵害是以狭义行政行为为典型的。如果不符合其中的某个特征,就不符合侵害要件,就无须法律的根据。侵害概念的严格限定也在很大程度上限制了法律保留的适用范围。

在明治宪法时代,要侵害臣民的权利,就需要获得议会的承认。在这一意义上是具有近代性的。③ 但反过来说,不论是怎样的法律,只要有法律的根据,就可以随意侵害臣民的权利。也正是在这一意义上,有学者指出,法律保留"最清楚地显示出'依法律行政'原理的民主法治与反民主反法治的两面性"。④

在侵害行政上,法律保留否定了行政权的自由性,没有法律的授权就不得启动行政权。但是,这也只是意味着原本自由的君主行政权在特定领域需要得到议会的同意才能启动,议会只是以法律的形式对特定事项上行政权的启动予以承认就够了,并不需要法律对行政权的启动要件作出严密的规定。换言之,法律作概括授权,即可满足。⑤ 之所以如此,还是要回到当时的国家权力结构中来理解。君主的行政权与议会的立法权处于对立状态,为了克服君主主义,限制行政权,确立了侵害保留说。这时的国民是以选民的方式为议会提供正当性基础。代表自由委任,不受选民意志影响,如此,国会也就成为具有独立性、自主性和决定自由的组织,国民只有通过国会才能发言。立法权更多地体现为立法机关的"权利"。有法律根据即可,一般条款、概括授权也无妨,总归是议会的意志。⑥

---

① 田中二郎『行政法総論』(有斐閣,1957年)32頁参照。

② 神橋一彦「憲法と行政法——行政法における基本権『侵害』の意味を中心に」同『行政判例と法理論』(信山社,2020年)65頁参照。

③ 当然,当时在君主立宪制之下并未采取典型的权力分立制度,天皇总揽统治权,是权力的所有者,只不过是在天皇行使权力时承认议会的协赞辅佐权限和机关的分立。因而,这种近代性相较于普鲁士宪法更为落后。高田敏「現代における法治行政の構造」渡辺先生古稀記念論文集刊行委員会編『行政救済の諸問題』(有信堂,1970年)11頁参照。

④ 手島孝『行政国家の法理』(学陽書房,1976年)109頁。

⑤ 高田敏「現代における法治行政の構造」渡辺先生古稀記念論文集刊行委員会編『行政救済の諸問題』(有信堂,1970年)12頁参照。

⑥ 渡邉亙『法律の留保に関する比較研究』(成文堂,2019年)116-117頁参照。

(二)全部保留说:国民主权的逻辑推演

“二战”之后,《日本国宪法》(1946 年颁布、1947 年施行)确立了尊重基本人权、国民主权与和平主义三大原则。在民主制之下,明治宪法下的行政发生质变,行政权由宪法创设、根据法律行使,行政权的先验性和自由性遭到否定。与此相伴,日本公法学界已不满足于传统的侵害保留说,提出了全部保留说的学术主张。①

作为全部保留说的代表性行政法学者,杉村敏正认为,伴随着君主立宪制国家向国民主权制国家的变革,民主对行政的控制也得到强化,法治主义的内容也发生了质变。在君主立宪制下,承认君主行政权具有相对于议会的独立地位,而侵害保留说就是这种思考在现在的延续。在现行宪法下,除地方公共团体制定的条例外,承认国会制定的法律具有行政法规范的创造力,就不能再采用侵害保留说。与行政机关没有法律根据就不得征税一样,没有法律根据,就不得设定营业上的垄断权、解除法律的禁止和命令。一切公权性行政自不待言,非权力性公行政也应当要有法律(或地方的条例)的根据。②

作为全部保留说的代表性宪法学者,高桥和之认为,如果在君主立宪制之下把握行政权,它就是在所有国家作用中扣除立法权、司法权之后剩下的部分,这一界定的出发点是君主作为主权者握有所有权力。但在采取国民主权的《日本国宪法》之下,如此理解行政权就不再妥当。如果在国民主权模式之下思考立法与行政的性质,立法是在宪法之下制定始源性的法,行政是法律的执行。在国民主权模式之下,主权者国民制定宪法,授予国会立法权。国会在宪法之下就某些事项首先作出法的规范。在宪法之下,作出始源性规范的最高法规范是法律,直接执行宪法的是法律,不允许行政权在没有法律的地方没有法律根据就采取行动。在这一意义上,行政是法律的执行。这里所说的执行是指,行政权的所有行为终究以法律为根

① 与此背景的转变类似,在德国,耶施(Dietrich Jesch)的名著《法律与行政》强调《德国基本法》的议会民主原则为立法与行政两权关系带来了根本改变,强调法律保留的适用必然要走向全部保留。国会与国会法律的概念已从过去君主政体下“确保个人自由免受君主王权无限的侵害”转变为“确保国家权力的民主正当性”,法律保留的适用范围自然不能局限于以往的侵害保留,而必须扩及所有的事务领域,让各领域的国家权力行使均有国会法律的依据。这一论点也凸显出从君主到民主背景下的范式变迁为法律保留的内涵与规范强度所带来的深远影响。参见黄舒芃:《民主国家的宪法及其守护者》,台北,元照出版有限公司 2009 年版,第 21-22 页;程皓楠:《法律保留原则中的全面保留理论》,载《交大法学》2023 年第 6 期。亦可参见,遠藤博也「イェシュにおける憲法構造論(一)—憲法と行政法の関連に関する一考察—」北大法学論集 18 巻 3 号(1968 年)8 頁以下。

② 杉村敏正『行政法講義　総論上巻』(有斐閣,1969 年)41-43 頁参照。

据,行政表现为凯尔森意义上的法律实现。当然,内阁并不只是被动地执行国会的决定。内阁具有自己的政策,为实现政策可以向国会提法律案,获得法律的制定完成政策的目标。① 采取“行政 = 法律的执行”模式,在法律保留上也就意味着采取全部保留说的立场。

也有学者对该学说提出批评,认为“法律的执行”是个多义词。对于私经济行政,并不能理解为法律的执行;行政合同也只是需要行政机关在组织规范上具有权限。而对于公行政,如果要用“法律的执行”来说明,就不得不将“法律”的概念扩大至“根据规范+规制规范”。除了“行为规范”概念具有多义性之外,“行政=法律的执行”模式是以实质意义行政之典型的“行政行为”来设想的,的确陈腐。②

(三)侵害保留说的扩容:国民主权下立法与行政的功能定位

在法律保留的范围上,侵害保留说相对有限,而全部保留说则显得并不现实。于是,在这两端的中间地带就有了诸多的理论尝试,诸如权力保留说、公行政保留说、社会保留说、重要事项保留说等。其中,较有影响力的是权力保留说和重要事项保留说。但总体上,侵害保留说仍在判例和实务上维持着通说地位,各种理论尝试都维持了侵害保留说的基本要求。

1. 权力保留说

对于侵害保留说的批评,首先就是“侵害”概念的不清晰。比如,许可、认可是不是侵害行为,为什么也要法律保留?有学者针对这一疑问指出,它不是授予利益,而是确认没有一定的障碍,恢复原本在宪法上受保障的权利自由。因而,如果拒绝,就是侵害权利自由,反过来,许可、认可也属于这里的侵害行为类型。而拒绝支付补助金,是授益行为的拒绝,就不理解为侵害行为。所以,仍然维持侵害保留说。③ 但这又引起一种疑问,比如禁止车辆行驶是侵害行为,但作出禁止的是国会的法律,以此来约束行政权,这就是以法律保留为根据吗?有学者指出,侵害保留说的侵害并不是在许可、撤销这种个别行为层面,而是在行政作用整体的层面上来理解的,即侵害行政。这里的侵害就是无须相对人的同意,行政机关以单方判断即可形成法律关系,也就是与权力性行为同义。因为委诸行政机关判断

---

① 高橋和之『立憲主義と日本国憲法』(有斐閣,2020 年、第 5 版)388、402 頁参照。

② 高木光『法治行政論』(弘文堂,2018 年)101-110 頁参照。

③ 阿部泰隆『行政法解釈学Ⅰ実質的法治国家を創造する変革の法理論』(有斐閣,2008 年)97 頁参照。

可能有滥用权力之虞,故要以法律保留为根据。[1] 于是,要求对权力性行政活动实行法律保留的权力保留说也成了重要学说之一。

原田尚彦认为,在民主法治国家,一切权威和权力的渊源均求诸国民代表议会制定的法律。行政机关并不当然具有优越于国民的固有权威。国家站在优越的立场上压制国民的自由意思(自我决定权)、单方地决定法律关系、施加强制,必须有容许启动公权力的法律规定。没有法律的授权,行政机关就不得剥夺各个国民的自我决定权。行政机关在采取权力性行为形式时,无论是侵害国民权利自由还是免除国民的义务,均应有法律的授权;采取非权力性行为形式时,可在国民的同意和协作下应对行政的需要。[2] 藤田宙靖认为,原本依法律行政原理的目的并不在于行政的合法律性,而在于保护私人的权利利益。在今天这样的出发点仍然没有被否定。不过,现代像双重效果的行政行为那样,侵益性行政活动和授益性行政活动的区别越发相对化了。有鉴于此,在法律保留原则的妥当范围上,侵害保留理论与全部保留理论均有不足,不论是授益还是不利,凡行使公权力的行政活动均要有法律的根据,即权力保留说的观点具有充分的理由。这里的法律原则上应具有根据规范的性质,但在例外的情况下也不是完全不可以考虑以组织规范、规制规范替代根据规范。[3] 藤田宙靖的权力保留说实际上处于侵害保留说的延长线上。

也有学者对此学说提出尖锐的批评,认为无论有无国民的同意,行政机关可单方面改变国民权利义务意义上的"权力",在法律以前是不存在的,因而权力保留说就陷入了循环论证。如果是否使用权力性行为形式,并不限于根据规范,也存在于规制规范,那么,权力保留说就不是在回答能否进行某活动的问题。[4] 但藤田宙靖反驳道,正是采取权力保留说的立场,才会有创造权力性形式须法律授权的讨论,批评者才是陷入了循环

---

① 岡田雅夫『行政法学と公権力の観念』(弘文堂,2007 年)223-226 頁参照。对于田中二郎的侵害保留说,有学者认为,其中的侵害行政是在个别行为层面上来把握的。需要法律授权的事项是包含授益性行政行为在内的所有权力行为。田中二郎所说的法律保留就不是传来的侵害保留说,而是说权力行为要有法律根据。高田敏「田中先生の法治主義論」ジュリスト767 号(1982 年)38 頁参照。

② 原田尚彦『行政法要論』(学陽書房,2012 年)88 頁参照。

③ 参见[日]藤田宙靖:《行政法总论》(上卷),王贵松译,中国政法大学出版社 2023 年版,第 78-80 页。

④ 宇賀克也『行政法概説 I 行政法総論』(有斐閣,2023 年)39-40 頁。盐野宏也持相似立场。参见[日]盐野宏:《行政法总论》,杨建顺译,北京大学出版社 2008 年版,第 49-50 页。

论证,至于采取规制规范,那只是例外的情形。①

2. 重要事项保留说

重要事项保留说(本质性保留说)是当代德国的通说。② 大桥洋一参考德国判例法理,也主张行政活动的本质事项必须由议会决定。重要事项保留说立足于法治主义的观点,在基本人权的保障上要求有法律的根据,维持侵害保留的见解,并对于那些未被理解为侵害的活动,着眼于其规制的功能,扩张侵害保留的见解。例如,制裁性公布姓名的做法就要有法律的根据。重要事项保留说还从民主主义的观点出发,要求行政系统中的基本决定要有法律的根据。例如,核电站选址计划等因规定着能源政策、土地利用政策、雇用政策等将来社会的状态,因而要有议会的参与。重要事项保留说的特色在于着眼于法律制定程序所具有的功能。包含在野党在内的法律制定过程在整合多元见解上优于仅由官僚主导的行政过程,国会的审议过程在媒体报道等公开性上也有优势。因而,在重要事项保留说中,要从什么事项适合在具备这种功能的法律制定程序中审议、决定来探讨法律保留的事项。③

"吸收侵害保留说中的自由主义要素和全部保留说中的民主主义要素,并作出最佳权衡的理论就是重要事项保留说。"④"法律保留理论从出发点上就可以说是本质性保留理论。当初正是因为'侵害行为'被认为是本质事项,侵害保留说才是妥当的。为应对现今行政活动的样态变化,重要的是从经验上逐步确定现今的本质性事项。总之,明确的基准尚未成立,于是问题就回归到出发点。"⑤

重要事项保留说虽说是确定了重要事项属于法律保留的范围,但更重要的是确定了保留给谁的问题,亦即将重要事项保留给国会制定法律。所以,这一理论又被称为国会保留说或议会保留说。"民主正当化的立法机关自身要负起责任,有时要在公开的意思形成过程中衡量种种相互冲突的利益,至少在大体上形成重要生活领域的秩序。"相较于行政机关,议会具有更强的民主正当性、法律制定程序的公开性、高度的纷争调整能力,而要

---

① 参见[日]藤田宙靖:《行政法总论》(上卷),王贵松译,中国政法大学出版社 2023 年版,第 79 页。

② 对于德国法上的重要事项保留说及对其的批判,中文文献可参见张慰:《"重要性理论"之梳理与批判——基于德国公法学理论的检视》,载《行政法学研究》2011 年第 2 期。

③ 大橋洋一『行政法 I 現代行政過程論』(有斐閣,2009 年)34-35 頁参照。

④ 山本敬生「法律による行政の原理」高木光=宇賀克也編『行政法の争点』(有斐閣,2014 年)23 頁。

⑤ 磯部力「法律による行政の原理」芝池義一ほか編『行政法の争点』(有斐閣,2004 年)21 頁。

确保这一民主决定过程的功能得到发挥,就要由国会保留。在出发点上,重要事项保留理论具有民主主义法律保留的性质,是强调民主要素的一个表现。①

在法律的规范强度上,重要事项保留说也与侵害保留说不同,是在议会民主主义的背景下,要求议会自身形成相应的法律规则。议会授权也要在授权的目的、内容、范围上具有明确性,而不得概括授权或空白授权。②这就形成了对立法权的防范。

总结而言,重要事项保留说对于法律保留理论具有重要意义:第一,对扩张法律保留的领域作出了贡献;第二,在法律保留领域内部,重要事项成为可授权事项与不可授权事项的区分标准;第三,在允许向行政授权的情形中,重要事项概念是授权规范的明确性基准,授权规范的明确性必须与受到规范的基本权利的重要性相一致。③ 这种转变的背景是,在国民主权确立之后,议会与行政的关系转为协作关系。议会保留的观念意味着将权限视作"义务",必须适当行使。之所以有了立法权限的义务化,是因为"国民"加入了视野之中,国民对国政的有效参与,遏制密室政治,要求议会在公开的立法程序中亲自行使权限,过去"法律的支配"转变成为"国民的支配"。④

在解明法律保留背后的宪法与权力结构之后,似可得出一个大致的分析框架:侵害保留说可以兼容于君主立宪与议会内阁制,属于立宪政体、法治国家的基本要求;全部保留说仅适用于国民主权、议会主权之下,将民主主义的要求推到极致,但行政的所有活动均为议会意志的执行,固然强化了议会的地位,却在各国均无实现的可能;而权力保留说等其他学说则是在国民主权之下,考虑议会与行政的关系、各自的功能定位等,在自由法治国家的基础之上、适当考虑民主主义的要求。以此为线索,可分析中国对法律保留问题的应有立场。

---

① 大橋洋一『現代行政の行為形式論』(弘文堂,1993 年)16-18 頁参照。

② 《德国基本法》第 80 条第 1 款规定:"联邦政府、联邦阁员或州政府,可根据法律发布命令。此项授权的内容、目的及范围,应由法律规定。所发命令,应引证法律根据。如法律规定授权可再移转,需要以命令进行授权的移转。"

③ 大橋洋一『現代行政の行為形式論』(弘文堂,1993 年)32 頁参照。相关中文评述,可参见叶海波、秦前红:《法律保留功能的时代变迁——兼论中国法律保留制度的功能》,载《法学评论》2008 年第 4 期。

④ 渡邊亙『法律の留保に関する比較研究』(成文堂,2019 年)117-118、124 頁参照。

四、法律保留在中国的继受与展开

法律保留观念在中国已有百余年的历史。自清末民初开始,主要是由留日学者将日本乃至德国的法律保留理论引入中国,对中国的相关理论和制度实践产生了深远影响。

(一)法律保留观念的吸纳

1907年,美浓部达吉的讲义《行政法总论》被译成中文,该书在行政与法律的关系上已有法律保留原则的存在,并指出没有法律授权不得侵犯臣民权利。① 这就是侵害保留说的立场。这一立场也为我国行政法学者所接受。中华民国推翻了君主专制政体,确立了人民的主权者地位,并在宪法和宪法性文件中保障人民的自由和权利。在这种结构之下,中国人开始探索什么样的法律保留才适合中国需要。在中华民国时期,侵害保留说是学界共识,此外也存在一些扩张的主张。

20世纪20年代,钟赓言在其教材中也接受法律保留的理论,并称行政处分是否必以法规为根据,应当就其内容进行区别,他支持侵害保留说的立场:"行政处分之效果,凡足以侵害人民之自由剥夺其权利或使之负担特定之义务者,皆非依据法规不可。盖在近世立宪国,人民对于国家之服从义务,非无制限者也。其服从云者,要于法规之范围内行之,非能依行政机关之自由决定权而要求之。现今各国之成文宪法,虽皆明揭所自由权之种类,然此种规定,第举其最重要者而为例示,非限定的列记也。其精神要与对于人民非依法律不得侵其自由、夺其权利或强令负担义务之概括的规定相同。"②

20世纪30年代,进入五权宪法时代之后,立法院与行政院之间处于分工合作的关系,在法律保留上出现了多样化立场。首先,传统的侵害保留说自然不乏主张者。朱章宝(日本中央大学法学士)认为,行政处分"要始终以法规为根据,因为行政处分往往有限制人民自由的作用,法治国的人民自由非依法律不得限制,故行政处分不得有超越法规范围以外的行动。法规命令和行政处分都是用以实现行政目的的手段,而行政处分尤其是执行法规的一种手段,故凡行政处分必定先有一种行政法规为其根据"③。朱采真认为,行政处分是否必须根据法规,要看其内容。如果内容

---

① 参见[日]美浓部达吉:《行政法总论》,熊范舆译述,丙午社1907年版,第13-14、140页。

② 钟赓言:《钟赓言行政法讲义》,王贵松、徐强、罗潇点校,法律出版社2015年版(原书为1927年版),第83页。

③ 朱章宝:《行政法总论》,商务印书馆1934年版,第159-160页。

有侵害人民自由权利的地方,则非有法规上的根据不可。但如果是对服从特别权力关系的人施行或者由于受处分者的承诺而成立,也可以不必根据法规。① 其次是类似于权力保留说的立场。白鹏飞承袭美浓部达吉观点,②指出行政权侵害人民的自由及财产时,必须有法规的根据。虽然各国宪法多承认行政权在一定限度内有立法的作用,可以行政权规定侵害人民的自由及财产,但这属于特别的例外。行政权非有法规的根据,不得对特定人免除其法规上的义务或为特定人设定特权。国家抛弃其权利,仅可由立法为之,不属于行政权自由裁量的范围。不依法规而设定特权是对平等原则的违背。③ 赵琛(明治大学法学士)认为,处分是否必须根据法规,应当区分讨论。处分侵夺人民权利或使其负担义务,应当以法规的授权为必要。虽然处分仅授予人民利益,不必根据法规,但若处分的设定对抗第三人权利,即同时使第三人承担新义务,或者处分仅提供利益,却抵触既定法规,就都需要获得法规的特许。④

20 世纪 40 年代,在新宪法公布之后,马君硕在其教材第一章"行政上之法律支配"中指出,19 世纪法治主义本以保障个人自由及权利为主,现代法治国家则以国家及社会利益为重,个人自由在今天并非绝对不可侵犯,但行政机关限制人民自由及权利或使其负担义务之际须有法律根据,而且这里的法律以具有下列情形之一而有限制必要者为限:防止妨碍他人自由,避免紧急危难,维持社会秩序,增进公共利益。行政机关为人民设定权利或免除义务,也须有法律根据,而不得厚此薄彼有所偏袒。⑤ 这一观点较侵害保留说更宽,同时也罕见地对"法律"提出要求。⑥

在实定法方面,1929 年,立法院制定了《法规制定标准法》。其第 2 条第 3 项规定,除了现行法律有明文规定应以法律规定者,"人民之权利义务关系经立法院认为有以法律规定之必要者",为法律案,应经立法院三读会程序通过。1943 年,立法院修改《法规制定标准法》,其第 2 条第 1 项明确规定,"关于人民之权利义务者""应以法律定之"。如此,剥夺人民权利、

---

① 参见朱采真:《行政法新论》,世界书局 1932 年版,第 183 页。

② 参见[日]美浓部达吉:《日本行政法撮要》(上卷),杨开甲译,考试院 1933 年版,第 16-17 页。

③ 参见白鹏飞:《行政法大纲》(上卷总论),好望书店 1935 年版,第 17-20 页。范扬、林纪东持相同观点。参见范扬:《行政法总论》,中国方正出版社 2005 年版(原书为 1937 年版),第 25-26 页;林纪东编著:《中国行政法总论》(第 5 版),正中书局 1947 年版,第 16-17 页。

④ 参见赵琛:《行政法总论》,上海法学编译社 1933 年版,第 220-221 页。

⑤ 参见马君硕:《中国行政法总论》,商务印书馆 1947 年版,第 50-51 页。

⑥ 其背景之一是 1947 年《中华民国宪法》第 23 条规定:"以上各条列举之自由权利,除为防止妨碍他人自由,避免紧急危难,维持社会秩序,或增进公共利益所必要者外,不得以法律限制之。"

课予人民义务的行政行为就必须根据法律方可作出。也就是说,中华民国时期采取了侵害保留说的立场。

(二)法律保留理论的展开

在新中国,法律保留理论在很长时间内无人问津。1988年南博方的《日本行政法》被译成中文,该书在法治行政原理中指出,法律保留是要求行政活动必须有国会制定的法律根据。关于其适用范围众说纷纭,有侵害保留说、重大事项说、权力行政保留说、全部保留说等。南博方认为,无论侵益行政还是授益行政,在行政享有首次性法律适用权时,便应该有法律的根据。① 这是新中国对法律保留理论较早的介绍,也再次接续上日本法的相关原理。

1996年制定的《行政处罚法》第9条第2款规定,"限制人身自由的行政处罚,只能由法律设定"。这意味着,作出限制人身自由的行政处罚必须有法律的根据,否则即为违法。也有不少学者认为,这是新中国最早明确提出法律保留要求的立法。参与该法制定的应松年可能是新中国最早使用"法律保留"概念的学者。他认为,法律保留是指凡属于宪法、法律规定只能由法律规定的事项,则只能由法律规定,或者必须在法律明确授权的情况下由行政机关制定行政规范来规定。宪法第62条、第67条规定的法律保留事项是修改宪法,制定和修改刑事、民事、国家机构的和其他的基本法律,还有其他法律。但哪些属于"其他的基本法律"和"其他法律"尚未明确。② 这实际上是将全国人大及其常委会的立法事项当作了法律保留的事项,甚至将修宪也列入其中。

自2000年《立法法》公布之后,对法律保留的研究逐渐增多,法律保留概念获得了更多的使用。其间,我国台湾地区学者的法律保留研究对大陆的相关研究发挥了重要的参考作用。③ 这时的应松年认为,"法律保留,在《立法法》中称为国家专属立法权,指在多层次立法的国家中,有些立法事项的立法权只属于法律,法律以外的其他规范,一律不得行使,其目的在于保证人民群众对国家最重大问题的最后决策权,保障国家法制的统一和公

---

① 参见[日]南博方:《日本行政法》,杨建顺、周作彩译,中国人民大学出版社1988年版,第10页。其后来改为"无论侵益行政,还是授益行政,只要是在行政单方面地行使规制权限而采取行动的情况下,就应该要求其有法律的根据"。参见[日]南博方:《行政法》(第6版·中文修订版),杨建顺译,商务印书馆2020年版,第13页。

② 参见应松年:《依法行政论纲》,载《中国法学》1997年第1期。到2004年仍有类似看法,参见黄学贤:《行政法中的法律保留原则研究》,载《中国法学》2004年第5期。

③ 其中的代表性佳作除蔡宗珍、黄舒芃前揭文外,还有许宗力:《论法律保留原则》,载《法与国家权力(一)》,台北,元照出版有限公司1999年版。

民的权利”。限制公民权利和自由“世界通例都属于法律保留事项,只有最高权力机关才有权作限制性规定”。① 很明显,这与其先前的认识有所不同,这种新的认识也代表了当时关于法律保留的一般理解。

而在现实的行政中,政府的基本立场是,“没有法律、法规、规章依据,行政机关不得作出影响公民、法人和其他组织权益或者增加其义务的决定”。这一立场在多个重要的中央文件中均有表达,②在行政许可、行政处罚、行政强制等多个领域均有体现。这看似与侵害保留相近,但实质上只是侵害的法规范保留,而非法律保留。

近些年,随着全国人大的现实地位逐渐上升、国务院领导的行政权有所收缩,围绕两者关系的研究逐渐增多,法律保留的研究也有所升温,部分公法学者更是不加论证地将《德国基本法》下的法律保留当作自有之物加以使用,但尚未由此形成关于法律保留的一般共识和通说性见解。如果各种法规范的保留、各种范围的法律保留都能在理论上找到自己的根据,那这种理论就难以发挥对现实行政的解释力和批判力。我们应当在法律保留的历史脉络和权力结构中找到一个评判标准,确立一个合理的区间,一端是法律保留的底线,另一端是法律保留的努力方向。

五、当代中国法律保留的可能选择

经过40多年改革开放的发展,中国的政治格局和公民的权利意识都发生了很大改变,法律保留作为调节立法与行政关系的重要手段也在悄然发生变化。本章最后要探讨的是,在中国究竟应当确定多大范围、多大强度的法律保留?

(一)法律保留的范围

对于行政的某些具体行为须得到法律的授权,学界是有共识的。问题主要在于,什么样的事项需要法律保留?如何确定需要法律保留的事项和范围?有不少学者是从全国人大及其常委会的职权角度来分析法律保留

---

① 应松年:《〈立法法〉关于法律保留原则的规定》,载《行政法学研究》2000年第3期。

② 例如,《全面推进依法行政实施纲要》(国发〔2004〕10号)第5点(“……合法行政。行政机关实施行政管理,应当依照法律、法规、规章的规定进行;没有法律、法规、规章的规定,行政机关不得作出影响公民、法人和其他组织合法权益或者增加公民、法人和其他组织义务的决定”);国务院《关于加强法治政府建设的意见》(国发〔2010〕33号)第14点(“严格依法履行职责……着力提高政府公信力,没有法律、法规、规章依据,行政机关不得作出影响公民、法人和其他组织权益或者增加其义务的决定”);中共中央《关于全面推进依法治国若干重大问题的决定》(2014年)第三部分第1点(“依法全面履行政府职能……行政机关不得法外设定权力,没有法律法规依据不得作出减损公民、法人和其他组织合法权益或者增加其义务的决定”);等等。

的事项，也有不少学者是从冠以“法律”一词的宪法规定来确定法律保留的事项，也有学者是从理论上推演法律保留的范围。有学者综合宪法上的法律规定和《立法法》的法律事项规定，认为我国实行的既不是全部保留说，也不是侵害保留说，而是重要事项保留说。① 虽然这是一种对现实规定的可能的概括抽象，但相关事项十分有限，加上“极为”二字限定，即极为重要事项保留，可能更加符合现实。

1. 确定法律保留范围的考虑因素

法律保留的范围并不是一成不变的，也没有放诸四海而皆准的标准，从实然的角度而言，它会随着国家权力格局和人民地位的变化而变化。从前文分析来看，需要将法律保留的范围置于立法—行政—人民的三者关系之下来探讨，虽然无法从中一义性地得出法律保留的范围，但可以大致推知哪些是确定法律保留范围时应当考虑的因素。

第一，立法与行政的关系。我国实行共和政体，贯彻人民主权原则。宪法第 2 条第 1 款、第 2 款规定，“中华人民共和国的一切权力属于人民。人民行使国家权力的机关是全国人民代表大会和地方各级人民代表大会”。如此，实行人大制度这一政体就是人民主权的体现。“全国人民代表大会是全国人民行使国家权力的机关，从理论上说，它应是一个全权机关，但是国家机关既然有分工，就不可能一切国家事务都要集中由它直接处理。全国人大通过宪法和法律确定了各类国家机关之间的职权划分，而把最具决定性意义的职权留给自己。”②宪法列举了全国人大的重要职权。“当然，职权的列举，并不影响全国人民代表大会的权力的无限性和至高性。”③全国人大并不需要、也不应该亲自行使所有国家权力。宪法设置了国务院，并在第 85 条规定，国务院“是最高国家权力机关的执行机关”。如此，国务院便具有执行最高国家权力机关意志的地位。宪法第 89 条规定了国务院的职权，其中第 18 项规定，国务院行使“全国人民代表大会和全国人民代表大会常务委员会授予的其他职权”。国务院的职权源自宪法和全国人大及其常委会的授权。宪法第 67 条第 6 项和第 7 项还规定，全国人大常委会监督国务院的工作，并有权“撤销国务院制定的同宪法、法律相抵触的行政法规、决定和命令”。从这个规定来看，我国并没有“行政保留”的存在空间，不存在国家权力机关不能介入的行政领域。在权力性的

① 参见周佑勇、伍劲松：《论行政法上之法律保留原则》，载《中南大学学报(社会科学版)》2004 年第 6 期。

② 许崇德主编：《中国宪法》(第 4 版)，中国人民大学出版社 2010 年版，第 153 页。

③ 吴家麟主编：《宪法学》，群众出版社 1983 年版，第 449 页。

职权事项上,行政是对立法机关的执行。当然,执行的可能是法律,也可能是最高国家权力机关以决议、决定等其他方式表达出来的意志。也就是说,从职权的关系上,可以得出国家权力机关保留的结论。换言之,在我国的国家权力结构下,法律保留宜采用权力保留说的结论。至于能否实现权力保留的要求,这在很大程度上是政治问题,取决于民主的射程。

第二,基本权利的保障。与德国、日本历史稍有不同的是,在新中国的历史上,先确立了人民主权原则,再通过 1999 年的修宪填补了法治国家原则。前者要求人民通过人大行使国家权力,后者则对国家权力的行使提出要求,应当符合法律、尊重和保障人权。由德国、日本所代表的法律保留理论最初也是最重要的适用领域是自由权的领域。现今中国的法律保留原则是适用于所有基本权利,还是仅仅适用于自由权呢?我国宪法除了规定自由权之外,还规定了不少社会权,诸如劳动权、受教育权、获得物质帮助权等。我国作为社会主义国家,将民生作为最大的政治,在一定程度上优先保障社会权。与此相关联,全国人大及其常委会已经制定了不少法律,诸如《教育法》《义务教育法》《高等教育法》《劳动法》《社会保险法》《未成年人保护法》《妇女权益保障法》《老年人权益保障法》《残疾人保障法》等,已为这些领域的行政活动提供了部分法律根据。虽然社会权领域的法律仍不充分,但自由权领域的法律更显不足,公民的表达自由、宗教信仰自由等主要还是由行政法规为行政活动提供根据。在实行社会主义的国家(与社会国家有精神上的联系),在国家已积极介入社会领域之后,传统保障自由权的法律保留还能否继续适用呢?换言之,在国家与社会的界分不再明确的时候,是否这种自由权就不再值得保障了呢?我们应该看到,国家的介入社会、社会给付等问题正是从国家与社会的区别中产生的。社会国家就是为了调整从市民社会原理中产生的社会不平等,为个人的法的自由创造现实基础。社会国家不是废止,而是确认了国家与社会的区别。① 因而,法律保留虽然历经变迁,但保障自由权的初衷、侵害保留说的内核仍得以维续。如此,仍可认为自由权的保障始终是不可舍弃的,仍应作为法律保留的首要目的。至于社会权的保障,则有不少法律问题之外的政治、经济和社会因素考量。

第三,宪法上的"法律"规定。是否宪法中明确列举的"法律"事项就是法律保留的事项,或者只有明确列举的"法律"事项才属于法律保留?

---

① 藤田宙靖「E・W・ベッケンフェルデの国家と社会の二元的対立論」同『行政法の基礎理論(上)』(有斐閣,2005 年)98 頁参照。

“法律”在我国宪法文本中共使用了87次,也有多样的内涵,未必都提出了法律保留的要求。例如,宪法第2条第3款的人民“依照法律规定”参政的规定,一般并不会被理解为要实行法律保留。就自由权的限制而言,明确使用“法律”一词的有宪法第13条第3款关于财产权的规定、第34条关于剥夺政治权利的规定、第40条关于通信自由和通信秘密的规定,后两者主要是刑法和刑事诉讼的问题。目前,宪法第13条第3款明确对私有财产的征收征用实行法律保留,《民法典》第117条、第243条第1款也予以重申,2019年《土地管理法》第2条第4款、2019年《城市房地产管理法》第6条等予以落实。宪法虽然没有对人身自由的限制明确提出法律保留要求,但2021年《行政处罚法》第10条第2款已经明确对人身自由的限制实行法律保留。宪法虽然没有明确对住宅自由的限制实行法律保留,仅规定“禁止非法搜查或者非法侵入”,但2012年《治安管理处罚法》第87条第1款以法律的方式对此作出规范。① 由此可见,即便在实定法上,法律保留的事项也并不限于宪法上的“法律”事项,宪法上的“法律”事项只是例示列举。对于没有明文规定的“法律”事项,法律之所以能限制基本权利,其根据在于宪法第51条的规定。②

第四,国家任务的需求。总体而言,国家的任务在日益扩张。但如果社会自治越成熟,国家任务就会相对减少。而我国目前处于社会自治有限,对国家依赖程度较高的阶段。一方面需要理顺国家与社会的关系;另一方面也要在转型时期适当发挥国家功能,促进国家任务的实现。这种需求可能要伴随社会主义初级阶段的始终。宪法序言第七自然段规定,“国家的根本任务是,沿着中国特色社会主义道路,集中力量进行社会主义现代化建设”,这一任务不仅艰巨而且庞杂。在这种要求下,立法机关应当更加勤勉地履行自己的法定职责,努力供给法律,设定整个国家的法律秩序;

① 2012年《治安管理处罚法》第87条第1款规定:“公安机关对与违反治安管理行为有关的场所、物品、人身可以进行检查。检查时,人民警察不得少于二人,并应当出示工作证件和县级以上人民政府公安机关开具的检查证明文件。对确有必要立即进行检查的,人民警察经出示工作证件,可以当场检查,但检查公民住所应当出示县级以上人民政府公安机关开具的检查证明文件。”但遗憾的是,2020年《公安机关办理行政案件程序规定》第82条第1款将法律规定的原则改成了例外:“对与违法行为有关的场所、物品、人身可以进行检查。检查时,人民警察不得少于二人,并应当出示人民警察证和县级以上公安机关开具的检查证。对确有必要立即进行检查的,人民警察经出示人民警察证,可以当场检查;但检查公民住所的,必须有证据表明或者有群众报警公民住所内正在发生危害公共安全或者公民人身安全的案(事)件,或者违法存放危险物质,不立即检查可能会对公共安全或者公民人身、财产安全造成重大危害。”

② 张翔称此条为“概括性法律保留条款”。参见张翔:《基本权利限制法律保留的中国方案》,载《法律科学》2023年第6期。

而行政机关也应有一定的作用空间,努力发挥自身优势,推进公共利益的实现。两者在监督与被监督的关系之外,应当还有协作的关系。有学者认为,在我国全面深化改革时期,我国法律保留的范围不宜过宽,以采取侵害保留说为宜,而对于不涉及私人权利义务或者增加公民权利自由的情形,则允许以非立法性的规范性文件作为依据。① 这一观点也是基于对我国所处的特殊历史时期而作的一种考虑。

基于上述四点考虑因素的分析,我国宪法的国家权力结构虽然与权力保留说更具有亲和性,但考虑到自身的发展阶段,按照务实进取、循序渐进的原则,现阶段至少应当采取侵害行政法律保留的立场。② 侵害保留是实行法律保留的底线,关乎法治国家的根本存在目的。没有侵害保留,就意味着公民的自由并非由立法机关保障并确定界限,而是拱手让与行政机关确定。只有在事前确立侵害保留,才能在事后基于自由权请求法院排除行政机关非依法律所施加的侵害,才能确立个人相对于国家的主体地位。在侵害保留的基础之上,可根据情势变化适时扩容。也就是说,这里确立的是法律保留的合理区间,首先应实现对侵害行政的法律控制,保障公民的自由权,再确立权力保留说的努力方向,对于那些能单方面改变私人权利义务的行政行为均实行法律保留。但即便如此,这种立场仍然对现实构成不小的挑战。因为即便是侵害行政领域,我国也远远没有实行侵害的法律保留。《行政处罚法》《行政许可法》《行政强制法》(以下简称“行政三法”)确立了分级化法规范保留,即将行政处罚、行政许可、行政强制措施的设定权在法律、行政法规、地方性法规和行政规章等不同位阶的法规范之间分配。相应地,行政机关在作出行政许可、行政处罚、行政强制措施等典型侵害行为时,并非均须有法律的根据,以有权的行政法规、地方性法规

---

① 参见李洪雷:《行政法释义学:行政法学理的更新》,中国人民大学出版社 2014 年版,第 78 页。不过,如前所述,李洪雷虽然是持侵害保留的立场,但却是保留给法律、法规、规章。

② 实务中也存在这种认识。例如,有法院认为,“根据法律保留原则,只有在法律明确授权的情况下,行政机关才能对公民的个人自由、财产权等重要事项予以干涉”。朱某勇诉江苏省如东高新技术产业开发区管理委员会拆迁行政强制案,江苏省南通市中级人民法院(2019)苏 06 行终 653 号行政判决书,2019 年 10 月 3 日。也有法院认为,“法律优先,是指一切行政行为都不得违反法律,且行政措施不得在事实上废止、变更法律,这一原则适用于一切行政活动。法律保留,是指行政机关只有在确定法律授权的情况下才能实施相应的行为,即行政行为不仅需要组织法依据,同时还必须有行为法依据。一般认为,仅有侵益性行政行为需要同时具有组织法依据和行为法依据,而授益性行政行为则只要求组织法依据,并不一定要求有行为法依据。如前所述,迁建行为属于行政允诺,系授益性行政行为,其应当遵循法律优先原则,但在法律保留原则方面,却不必具有行为法依据,否则就会因为法律的滞后性导致行政行为丧失应有的灵活性和应急性”。毛某兵诉瑞金市人民政府确认征收房屋违法案,江西省高级人民法院(2020)赣行终 553 号行政判决书,2021 年 2 月 4 日。

和行政规章为根据亦为合法。[①] 实行法律保留,可首先从这三个典型侵害行为着手落实,但这样是否会导致现有法律秩序的紊乱呢?一方面,需要正视立法机关能力的提升,既需要继续加强和完善全国人大及其常委会自身的建设,加大法律供给的能力,也需要灵活运用法律授权。另一方面,还可以充分发挥地方性法规的作用,地方性法规与法律具有同质性。[②] 毫无疑问,这是一个系统工程,需要在宪法设定的框架内多头展开。如此的发展既是实现法律保留的要求,也与我国的人大制度相吻合。

2. 侵害保留立场的适时扩充

对于侵害行政,要坚持侵害保留说的内核,但也要根据权力结构的变化,适时扩充侵害的内涵。第一,如果说古典的侵害概念是针对狭义行政行为而言的,它是限于限制私人权利、课予其义务的侵害行为,而侵害行为本来效果以外的附随效果则属于该行为相对人基本权利的"侵害"(目的外侵害)。第二,授益性行政行为在与该行为的相对人关系上并不符合古典的侵害概念,但对于该行为相对人之外的第三人可能产生基本权利的"侵害"(间接侵害或第三人侵害)。第三,行政活动中符合古典侵害概念的是公权力的行政活动(行政决定等),非权力性而仅为事实行为(行政指导等)并不符合侵害的概念。但扩大侵害概念,事实行为也会产生对基本权利的侵害。这也就扩大了基本权利侵害的行为形式。[③] 如此,即使我们仅坚持侵害保留说的立场,也能接近权力保留说的立场,对于现实中的保障基本权利、控制行政权的各种需求作出适当回应。

对于给付行政,是否要实行法律保留,历来都有对立的观点。肯定者认为,从法治国家的租税法定主义、政府动支财源所具有的侵益性质、现代行政的服务性本质以及有效救济公民获取给付的权利等角度来讲,给付行政必须受法律保留原则的支配。[④] 但有学者认为,为了保障行政给付功能的实现,就不能要求行政给付的所有活动都具有法律的个别授权,必须赋予行政机关一定程度的自主性、灵活性和应变性。预算法定主义应是行政

---

① 或许有人认为,"行政三法"的做法其实已经确立了法律保留原则,只是立法者通过这三部法律将部分权限授权给行政法规、地方性法规和行政规章而已。但这种理解显然并非立法者的本意,"行政三法"的相关规定实际上是一种立法的权限分配,而非意在法律保留。如果理解为法律保留,那么,"行政三法"的授权立法则过于笼统概括,也不符合授权明确性原则。

② 对此,可参见本书第七章的分析。

③ 神橋一彦「憲法と行政法——行政法における基本権『侵害』の意味を中心に」同『行政判例と法理論』(信山社,2020年)66-67頁参照。对于其中的事实侵害问题,亦可参见陈征:《论行政法律行为对基本权利的事实损害——基于德国法的考察》,载《环球法律评论》2014年第3期。

④ 参见黄学贤:《给付行政适用法律保留原则若干问题探讨》,载《江海学刊》2005年第6期。

给付法律保留的最低要求。[①] 后一种观点实质上是否定说,只是要求在实施给付行政时需要人大对预算的批准。对于给付行政问题,涉及的是财政支出问题,理应按照财政民主主义的要求进行控制,但未必都能体现为法律的形式,对于社会保障等常规给付有法律化的可能,而对于救助金等特别给付则难以法律化。应当指出的是,给付行政是一类行政活动的总称,为了实施具体的给付,可能需要对受给付者展开一定的调查、采取一定的措施,这些并非给付本身的内容。如果涉及侵害内容,自应遵守法律保留原则的要求。[②]

(二)法律的规范强度

虽然选取了以侵害行政法律保留为底线、以权力行政法律保留为目标的立场,但这并不意味着退回到侵害保留说时期的法律规范强度——可自由授权立法,甚至允许概括授权。在民主国家,立法机关与行政机关之间已非对立关系,两者需要协作完成国家任务。人民也不再仅仅是选民——立法机关民主正当性的总来源,而且还能"依照法律规定,通过各种途径和形式,管理国家事务"(宪法第2条第3款),能对立法机关的职权行使提出批评建议、实行民主监督。在法律保留中,也应该对法律的规范强度提出要求,如此才能真正赋予人民对行政活动的预见可能性。

一方面是针对法律的要求。有的事项只能由立法机关亲自制定法律,实行国会保留,而且法律自身要具有明确性,唯有明确的法律才能发挥法律保留的应有功能。2023年《立法法》第7条第2款对法律规范的明确性提出要求,规定"应当明确、具体,具有针对性和可执行性";第12条对禁止授权的法律事项作出规定,确立了绝对保留的范围(犯罪和刑罚、对公民政治权利的剥夺和限制人身自由的强制措施和处罚、司法制度等事项)。实践中,我国虽然在立法技术上已取得不小的进步,但法律规定仍然相对原则、笼统。例如,2011年《行政强制法》第13条第1款规定,"行政强制执行由法律设定",但行政强制执行的何种事项要由法律设定,并不清楚。现实中,法律可能仅规定某种行政机关(主体)可以对何种违反法定义务的行为(事项)实施强制执行,但对于强制执行的条件等多交由下位法规定。再如,在行政许可领域,法律仅规定了某种行为需要许可,但许可的必

---

① 参见喻少如:《论给付行政中法律保留原则的适用》,载《武汉大学学报(哲学社会科学版)》2011年第2期。

② 有学者认为,给付行政具有若干权力性色彩,可能会构成强制或侵害。在不履行给付职责,不按期、按时发放给付金时,严格遵循法律保留原理。参见胡敏洁:《福利行政法论》,法律出版社2023年版,第28-29页。

备条件和基本标准等却交由下位法规定。从法律保留的规范强度上来说，这种做法还无法实现通过法律保护公民权利的目的，还无法满足法律明确性的要求。

另一方面是针对法律授权的要求。法律的授权条款或者全国人大及其常委会的授权决定应当具有明确性。2023 年《立法法》第 13 条第 1 款对授权决定的明确性提出要求，“授权决定应当明确授权的目的、事项、范围、期限以及被授权机关实施授权决定应当遵循的原则等”，如此就在法律上杜绝了空白授权的可能。相对缺乏法律控制的是授权条款。法律中常有“……由国务院规定”“……应当具备……行政法规规定的其他条件”等授权规定，这种条款对下位法的授权缺乏明确性，应当在事项、目的和范围等方面作出限定。

另外，加强了法律保留的法律规范强度，并不意味着要削弱国务院的作用。有学者认为，“税收向来被认为属于法律保留事项，但是，法律保留原则强调的是行政权须有法律依据。‘法律依据’并非法律事无巨细地规定，其既可以是法律规定的框架，也可以是法律的或较为具体或较为概括的授权，甚至整体授权。即使如 1984 年全国人民代表大会常务委员会那样对国务院大范围内完全的税收立法授权，事实上也并没有出现任何现实的弊端，有问题的话也只是学者出于‘税收法定’观念的想象，认为其不符合‘税收法定’的信条”。其理由在于，控权已不依赖于形式意义的法定，税收法定也起不到控权的作用，而要充分发挥政府的主导作用，注重税收的实质正当性。① 政府的专业作用毋庸置疑，它可以积极提出法律案，也可以制定执行立法，但承认概括授权却为不妥。从理论沿革来说，君主的征税权和立法权在历史上是相区别的，英国“无代表不纳税”的法理远早于侵害保留原理在德国的确立。租税法律主义不仅要求具有法律的根据，还要求法律的规范强度。反而是传统的侵害保留原理主要以自由主义的观点为出发点，以自由和财产或命令和强制这种一般性形式标准划定的适用范围，基本上只要求具有法律的根据，而规范强度则另当别论。② 该学者还举出《车船税法》的例子（法定+授权）作为佐证。《车船税法》的确是一个很好的例子，但是，它证明的却是全国人大常委会与国务院之间的互动以及全国人大常委会的有效审查。该法专业性强，国务院发挥专业

① 史际春：《论“税收法定”与政府主导》，载《人大法律评论》2018 年卷第 3 辑，法律出版社 2019 年版。

② 山本隆司『判例から探究する行政法』（有斐閣，2013 年）12-13 頁参照。顺便提及，罪刑法定原则与租税法律主义具有类似性。

优势负责起草,但全国人大常委会在审议过程中,减少了国务院建议的上调幅度,保证了2.0升以下、占乘用车87%左右的车主的名义税负不会增加。① 因为车船税还具有地域性,所以还需要授权省级政府和国务院确定具体税额,但限定在全国人大常委会规定的车船税税目税额表的税额幅度之内。如此,国务院在法律的规范强度之内,既有其发挥作用的空间,也有其应有的限度。

六、法治国家对于法律保留原则的底线要求

法律保留原则关乎立法与行政的权限分配,须在立法—行政—人民的关系结构中把握。在行政活动法层面,法律保留原则的出发点在于保障个人的自由,后来才扩及议会对行政权的民主性控制乃至宪法对议会立法权的要求。虽然法律保留的适用范围存在着由侵害行政(狭义行政行为)到权力行政或国家活动重要事项等种种衍变,但保障公民自由权的基本内核却保持着连续的一致性。在近代国家,个人在国家面前是自由的,个人的自由先于国家而存在,行政机关要侵害公民的自由,就必须获得法律的授权,无法律即无侵害。在我国,公民对国家享有自由和权利,反而是由国务院所代表的行政权并不自由,它的行政权是宪法、全国人大及其常委会通过法律等方式赋予的。作为人民主权的法治国家,在已经建成中国特色社会主义法律体系的今天,理应提高对立法机关和行政机关的要求。虽然能实现何种范围和强度的法律保留,很大程度上取决于民主力量的大小,但是,即便是在民主力量还不够强大的时候,侵害保留也是应当贯彻的标准,这是宪法保障人民自由和权利的重要体现,也是法治国家对行政权的底线要求。

---

① 参见张柏林:《全国人民代表大会法律委员会关于〈中华人民共和国车船税法(草案)〉审议结果的报告——2011年2月23日在第十一届全国人民代表大会常务委员会第十九次会议上》,载《全国人民代表大会常务委员会公报》2011年第2号,第161页。

第六章　法律保留(三)行政组织

在国家制度建设中,机构改革、组织法革新向来都备受瞩目,具有风向标意义和广泛而深远的影响。何种主体以何种方式在何种程度上来决定行政的组织事项,可谓是行政组织法重中之重的问题,涉及行政的民主性与效率性之间的权衡。目前,我国在行政机关的组织法上只有一部半专门的法律,大量的组织规范是由"三定"规定来表现的,其民主性有待提升,效率性也未能实现。① 本章拟以日本行政组织法的历史为镜鉴,从制度史角度,辅以学说史梳理我国行政组织法的源与流,探讨现行宪法之下行政组织的法律保留问题。

一、行政组织法律保留的根据

所谓行政组织,即行政主体的组织,但通常所说的行政组织是国家为完成行政任务而设置的组织。本章所称的行政组织主要是指国家行政机关,但原理亦可适用于非国家行政主体的组织,只是在适用时要考虑非国家行政主体的特性而有所变通。②

(一)何为行政组织的法律保留

法律保留具有多义性,可以在不同的场合使用。通常的法律保留是在实体法层面使用的,即将作出某行为的权限保留给法律。③ 但随着民主主义的拓展,法律保留的适用范围也在增加,不仅可以针对实质事务领域,也能针对国家权力组织(行政组织或法院组织),后者通常被称为"组织性法律保留"。在德国和日本,组织性法律保留又被称作制度性法律保留(institutioneller Gesetzesvorbehalt)。制度性法律保留的名称是克特根(A. Köttgen)在1957年德国国法学家大会报告上首先使用的,但其理论却

---

① 对于我国行政组织法的研究现状,可参见李昕:《当前我国行政组织法研究的现状与展望》,载《安徽大学学报(哲学社会科学版)》2020年第3期。

② 本章所说的行政主体,与当下的通说不同,是指行政权的归属主体,包括国家、地方以及其他公法人。政府是国家法人的机关,即一级机关;而政府的职能部门等则是国家法人的机关的机关,即二级机关。政府和政府的职能部门等都没有法人主体的法律地位,进而也区别于民法上所称的机关法人。对此参见王贵松:《行政主体论的中国变迁》,载《法学评论》2023年第2期。

③ 参见王贵松:《行政活动法律保留的结构变迁》,载《中国法学》2021年第1期(本书第五章)。

是19世纪以来形成的德国传统行政组织法理。① 在制度性法律保留概念之下主要是国家组织事项的法律保留,以及与组织运作相关的程序事项的法律保留。例如,在有害图书指定案中,德国联邦宪法法院认为,通过适合于基本权利的程序规定来实现基本权利,这首先是面向立法者的要求。在行政程序直接影响基本权利所保障的地位时,就必须以法规的形式确定程序规定。② 本章仅探讨组织性法律保留中的行政组织问题。

行政组织的法律保留实质是关于行政组织组成权的分配,即由何种主体来组织形成行政组织。组织组成权(Organisationsgewalt)的概念源自1837年雷米奥·毛伦布雷歇尔(Remeo Maurenbrecher)的著作。他认为,组织组成权是君主设置国家行政机关和其他必要机构,规定其职责范围、制定业务规程的权力的总称。人事权早期是组织组成权的客体,后来逐渐被排除出去,成为一种与管辖权分配交叉的独立权能。③ 现在常被引用的是伯肯弗尔德的组织组成权概念,即关于创设、变更、统合公共作用主体或活动主体、决定其管辖事务进而有时是组成内部组织及规范其职务等概括性权限。组织组成权虽然在字义上可及于议会的组织,但一般限定于执行权的组织——行政组织与执政组织来考察。④

行政组织的法律保留,是指要由法律来设定行政的组织事项。其中存在两个关键要素:一是保留给"法律",即议会所制定的规范性文件,其他法规范如无法律授权就不得染指。从这个角度来说,将"行政组织的法律保留"称作"组织法定原则"并不妥当,⑤它没有有效地区分"法律"与"法"。二是"行政的组织事项"保留给法律。行政的组织事项范围决定着法律保留的强度大小。

日本行政法学者小早川光郎针对日本有关行政组织的规定指出,行政组织事项大致有这样一些内容:(1)在整体上,组成行政组织的种种部分组织的设置以及其所辖事务或任务的规定;(2)各个官职或机关的设置、其职务的内容和权限范围(事项、场所范围)的规定;(3)一定官职相互之

---

① 大橋洋一「制度的留保理論の構造分析」同『都市空間制御の法理論』(有斐閣,2008年)264-265頁参照。

② 村西良太『執政機関としての議会』(有斐閣,2011年)65-66頁参照。

③ 参见[德]汉斯·J.沃尔夫、奥托·巴霍夫、罗尔夫·施托贝尔:《行政法》(第3卷),高家伟译,商务印书馆2007年版,第107-108页。该书采用的是"组织权"的译法。日本学者常用"组织组成权"(組織編成権)来翻译。"组织权"的词义应是组织某种组织的权力,但字面上也容易解作组织某种活动的权利,故取"组织组成权"的译法,它虽稍长,但准确贴切。

④ 村西良太『執政機関としての議会』(有斐閣,2011年)66頁参照。

⑤ 参见付婧、秦前红:《论组织法定原则的适用——基于台湾地区的考察比较》,载姜明安主编:《行政法论丛》第17卷,法律出版社2015年版。

间或机关相互之间应该存在的一般监督关系等,这些规定是作为行政组织规定来理解;(4)对某案件有处理权限的机关与其他机关之间,仅在处理一定种类案件之际适用的提案、咨询、协议等的规定,这是广义行政组织规定的一种。①

在我国行政法学上,有学者认为,行政组织法是规范行政组织的法,包括行政机关组织法和行政工作人员法两大类。行政机关组织法一般包括法律依据、隶属关系、机构性质、机构设置、任职期限、工作原则、副职设置、生效要件等内容。② 也有学者认为,行政组织法的主要内容包括:(1)制定相应行政组织法律文件所依据的宪法或法律授权;(2)行政机关的基本组成;(3)相应行政机关的地位、性质和与上级行政机关的关系;(4)相应行政机关内部机构的设置和各机构相互之间的关系;(5)相应行政机关的职权、职责;(6)相应行政机关行使职权、职责的基本方式、程序和原则等(如各级人民政府的全体会议和常务会议制度、行政首长负责制度等);(7)相应行政机关设立、变更和撤销的程序;(8)违反相应组织法规定而设置机构、配置职权、职责所应承担的法律责任。③ 应当说,行政组织法这种法律所规定的内容与行政组织法上的组织事项,是有差别的。除了法律依据和法律责任,其他六项内容应该属于该学者所理解的组织事项。其中第6、7项稍有特别,行使职权的基本方式、程序和原则等通常是行政行为法的内容,但会议制度和内部领导体制却是行政组织法中包含的内容。行政机关设立、变更和撤销的程序,如果实行法律保留,主要涉及的是立法程序,并非行政组织法的实体事项。行政机关的基本组成中涉及了官职或职位的安排。职位和职员是有差别的,职位是依据组织法设置的工作和职责岗位,而职员是依据公务员法确定的具体工作人员,是职位的构成人员(我国近代行政法将此称作"机关构成员")。职位是确定的,职员则是可变的。理论上一般认为,狭义的行政组织法仅为行政机关组织法,广义的行政组织法才包括行政工作人员法。

(二)行政组织为何法律保留

行政组织的法律保留与行政活动的法律保留并非一个逻辑,行政活动

---

① 小早川光郎「組織規定と立法形式」樋口陽一＝高橋和之編『現代立憲主義の展開(下巻)』(有斐閣,1993年)471頁参照。

② 参见应松年:《试论行政机关组织法》,载《政法论坛》1986年第1期。

③ 参见姜明安、沈岿:《法治原则与公共行政组织——论加强和完善我国行政组织法的意义和途径》,载《行政法学研究》1998年第4期。

的法律保留原理并非当然适用于行政组织领域。[①] 在行政法理论上,一直存在着组织法与行为法的区分。这种区分是有意义的:第一,传统行政法一直实行内外二分。行政活动法属于外部法,规范行政主体与私人之间的关系,关乎私人的权利义务,受法治主义控制;行政组织法属于内部法,规范行政主体内部的关系,适用国家不可渗透性原理,通常与外部私人的权益没有直接关系,行政主体内部组织之间并不享有权利,只有权限。因而,即便有行政行为法的法律授权,也不等于在行政组织上有法律的授权。[②] 第二,在行政法上,大多将组织法与行为法分立,原则上先有组织法才有行为法。这样可以防止未经评估可否由现行机关办理,就依照行为法成立新组织,造成组织员额膨胀。[③] 有任务,就需要有完成任务的组织,但并非一定要新设立组织。组织法先行,也有进一步明确任务本身的功能。现实中,为降低立法成本,对于某些职能相对单一的组织,有时其组织法与行为法会被合并规定在一部法律中。但是,我们仍应意识到两者之间的差别。第三,组织法通常不能作为行使规制权限的授权基础。虽然组织法和行为法都存在权限规范,但却有很大不同。组织法上的权限规范是让某人的活动作为行政活动实施,并让该活动归属于国家的法规范,而行为法上的权限规范则是从法治主义等实践要求出发对行政活动加以限制的法规范。[④] 而且,组织法大都是抽象、概括的规定,缺乏行为要件和法律效果的明确指示;而行为法的规定通常较为具体明确。因而,即使有组织法上的

---

① 日本学者藤田宙靖还认为,法律保留原则原本只是行政作用法的原则,应当以此来限定其妥当范围。参见[日]藤田宙靖:《行政法总论》(上卷),王贵松译,中国政法大学出版社 2023 年版,第 77 页。行政组织法关系具有客观法性质,与私人的权利义务无直接关系,所要关注的是立法权对行政组织的介入程度问题。藤田宙靖『行政組織法』(有斐閣,2022 年)70 頁参照。

② 传统理论认为,行政行为法涉及权利义务关系,具有“法规”属性,而行政组织法则不具有“法规”属性。虽然理论上有将法规扩大至组织规范的努力(法规概念扩张说),但从立法机关的权能范围角度去说明更为直接。参见王贵松:《论法律的法规创造力》,载《中国法学》2017 年第 1 期(本书第四章)。行政行为法与行政组织法在规范对象、考虑事项、相应原理上都存在诸多差异,所以,很难用同一标准来确定两者的法律保留范围。如果有同一标准,那也只能是一个像重要事项保留说那样内容相对空泛的基准,或者导致像法规性这样的基准变得空泛而已。

③ 参见李震山:《行政组织法与行政作用法之区别及其实益》,载《月旦法学》第 85 期(2002 年)。

④ 藤田宙靖「行政と法」同『行政法の基礎理論(上)』(有斐閣,2005 年)8-9 頁参照。

权限，也不等于在行为法上就有了法律的授权。① 行政活动领域的法律保留要求，规制权限的行使应当具有行为要件和法律效果均明确的行为法规范的授权。

对于行政组织实行法律保留，其理论根据大致有以下几种。

第一，民主主义的要求。“行政组织必须是作为实行民有民治民享之行政的组织来设置、管理、运营。因而，它必须是具有合法性、正当性和公共性的组织。”②法律保留本来就是对行政的一种民主性他律机制。由议会控制行政组织的设置、设定行政组织的权限，是民主国家的通常做法。③“尽量排除由行政部门主观武断地设置和改废行政组织，以法律或条例予以客观、慎重的规范，以建立民主的统制机制，成为现代国家共同的特征。”④引入民主审议程序，也有助于遏制部门之间争权夺利的部门立法问题，进而尽可能消除行使权限时的权限争议。另外，行政组织有自我膨胀的惯性，在行政事务不断增加、愈加复杂的情况下，行政机关倾向于扩充人员甚至是新设组织来应对。实行行政组织的法律保留，有助于遏制这种惯性。因为组织的立、改、废，牵涉权限的调整、人员的进出、职位的变迁等，往往备受关注。所以，我国历次机构改革多是等具体方案确定之后，再经过党代会审议通过、全国人大批准决定。整个程序虽有民主性，但公开不足、参与不足，由此，各种政策权衡、利益取舍等也未必十分周全。实行行政组织的法律保留，可以通过议会的审议过程和法律的明确规定，保持行政组织的透明性，让人民了解行政组织的基本架构和运作机制，方便人民参与、监督。

---

① 我国最高人民法院也同样认为，《地方各级人民代表大会和地方各级人民政府组织法》规定的地方人民政府职权是宏观意义上的管理职权，不针对具体的行政领域，由哪一级政府履行、如何履行相应职责，亦需要法律法规或规章的具体规定。而属于行政诉讼受案范围的不履行法定职责行为，是指行政主体在行政管理活动中，基于特定的事实和条件应为一定行为的具体法律义务，行政主体不履行相应义务的，将直接导致特定相对人合法权益受到损害。针对此类具体职责，法律、法规或规章一般均明确规定了具体履行职责的内容及方式，在没有相关具体规定的情况下，笼统的根据 2015 年《地方各级人民代表大会和地方各级人民政府组织法》第 59 条第 6 项的规定要求人民政府履行特定职责，不符合行政诉讼起诉条件。参见叶某等 3 人诉湖北省武汉市武昌区人民政府不履行法定职责案，最高人民法院（2020）最高法行申 9586 号行政判决书，2020 年 9 月 28 日。

② 原野翹「行政組織権力論」同『行政の公共性と行政法』（法律文化社，1997 年）130 頁。

③ 有学者倡导“开放反思的合法化模式”，它诉诸更为广泛的公众参与过程，利用民意聚成机制以及与之结合的立法过程、行政决策过程乃至诉讼过程等民意回应机制，去揭露、反省和解决各式各样的行政组织问题。参见沈岿：《公共行政组织建构的合法化进路》，载《法学研究》2005 年第 4 期。但这只是补充，而不是取代民主模式。

④ 杨建顺：《日本行政法通论》，中国法制出版社 1998 年版，第 224 页。

第二,法治国家原则的要求。对于法治主义的认识,不仅有两大法系的差异,而且在大陆法系内部也有分歧。主观意义的法治国家原理要求实现私人的人权保障,客观意义的法治国家原理要求国家制定并适用法实现公益。从后者的角度而言,以法律来明确、规范行政组织的任务和职权、内在结构、机关之间的相互关系,相较于个别调整、临时调整,更具有合理性、可预见性和长效性。而且,通过法律来设置和规范行政组织,也能有效设置行政组织与特定利益团体、行政相对人之间的距离,保证行政组织的中立性,保证私人能受到行政组织的公正对待。民主主义只是要求行政组织需要受到人大控制,法治主义则进一步要求行政组织需要受到人大的法律控制,这实际上也是对民主主义的理性化要求。

第三,补充基本权利径路的法律保留的不足。总体而言,法律保留大致有两种径路,一是一般的法律保留,立足于法治主义的基本权利保留的视角;二是制度性保留,立足于民主主义的组织上的重要性视角。① 在现代行政中,行政决定愈行复杂,有时愈难看出其对基本权利产生何种影响,制度性法律保留可以作为其补充而具有重要意义。② 行政机关的设置涉及行政机关与公民关系的管辖权。哈特穆特·毛雷尔认为,行政机关的设置“应当受法律调整。因为在设置行政机关的同时,要一并确定其管辖权。管辖权规则必须具有法律根据,应当肯定这适用于所有的具体情况,不允许例外”。③ 而且,行政组织的法律化也能保证行政责任的明确化,有助于基本权利的保障和救济。

在现代民主国家,宪法首先发挥着总体的组织法功能,但仅仅有宪法,国家还无法运作。因而,各国在建国之初,组织法制必定是头等大事,通常是以宪法和组织法并行方式,明确各种组织的任务和职责,以便有效地实施统治。行政组织毫无法律的规定是不可想象的,有疑义的问题仅在于行政组织应当在多大范围内实行法律保留。这是一个实践性、技术性很强的问题,很难从理论上确定一条明确的法律保留原则或基准。因

① 现在德国的本质性或重要事项保留理论之下常作这二元构成,即将制度性保留纳入重要事项保留说之中。大橋洋一「制度的留保理論の構造分析」同『都市空間制御の法理論』(有斐閣,2008 年)267 頁参照。虽然学说上确实有如此主张者,但制度性保留与重要事项保留理论之间无论是历史背景、发展脉络还是原理的旨趣、规范事项都存在较大差异。故也存在将两者对置的做法。松戸浩「行政組織編成と立法・行政間の権限分配の原理(三)」法経論集 157 号(2001 年)61-63 頁参照。

② E. Schmidt-Aßmann(海老原明夫訳)「ドイツ行政法の最近の発展(上)」自治研究 72 巻 9 号(1996 年)12 頁参照。

③ [德]哈特穆特·毛雷尔:《行政法学总论》,高家伟译,法律出版社 2000 年版,第 519 页。

此,下文将从历史角度对此问题加以梳理,探讨法律保留的可能基准和考虑因素。

二、日本行政组织的法律保留径路

行政组织实行法律保留,并非历来如此,也并非各国一律如此。日本行政组织组成权的归属以及法律对行政组织的规范强度,从明治宪法到昭和宪法有过质的转变。日本经历了行政组织与法律关系的各种类型,其中既有他国学习效仿的经验,也有日本自身的教训。在日本,行政组织是指为广泛承担行政事务而存在的国家、地方公共团体以及其他公共团体。① 但这里也是仅限于考察其国家层面的行政组织。日本自明治宪法以来大致形成了三种径路的组织性法律保留。

(一)天皇官制大权下的行为法径路视角

在明治宪法之下,日本实行君主立宪制。行政组织的组成权属于天皇的官制大权,所以就不存在法律保留的问题,但仍然存在其与法律之间的关系问题。明治宪法第 10 条规定,"天皇规定行政各部之官制及文武官员之俸给,任免文武官员,但本宪法及其他法律有特殊规定者,各依其规定"。这一条就是对天皇的官制大权、任官大权的规定。伊藤博文指出:"设官分职,既属王者之大权,故颁禄之权亦从而属之。"宪法的这一规定不仅符合日本此前的传统,还参考了德国的做法。② 如此,天皇享有官制大权,以敕令规定国家行政组织,无须议会参与。这也被称作"行政组织的敕令主义"。③

所谓官制,是指在天皇之下承受大命、担任国家事务的国家机关的设置、名称、构成及一般权限的规定。④ 应当如何设置、废止机关,如何确定该机关的名称,如何以职员组成该机关,其权能一般涉及何种事务或管辖区域,应在何种机关的监督之下行使其权能,均为官制大权的作用范围。美浓部达吉认为:行政权原本是专属于天皇的大权,无须议会协赞辅佐,官制大权是行政权专属于天皇大权的当然结果。当然,天皇的官制大权并非没有限制。首先,官制大权受宪法自身的限制。在行政各部中,宪法规定行政法院、会计检查院以法律规定,就不属于官制大权。宪法上设置了国

---

① 室井力「行政組織法総説」雄川一郎＝塩野宏＝園部逸夫編『現代行政法大系 7 行政組織』(有斐閣,1985 年)1 頁参照。

② 参见[日]伊藤博文:《日本帝国宪法义解》,沈纮译,上海金粟斋 1901 年版,第 6 页。

③ [日]盐野宏:《行政组织法》,杨建顺译,北京大学出版社 2008 年版,第 6 页。

④ 美濃部達吉『日本行政法(上巻)』(有斐閣,1936 年)362 頁参照。

务大臣、枢密顾问等必要的机关,官制大权固然可以规定其名称、组织、权限细目等,但完全将其废止是违反宪法的,也不能侵夺宪法规定的权能。其次,官制大权也受法律的限制。一种情形是法律规定设置特定的行政机关赋予其某种权能,由敕令就其组织作出规定。这时,就不能依据官制任意设置废止或赋予其权能。另一种情形是国家机关依据法律同时也是地方团体的机关。这时就不能依据官制变更府县知事的管辖区域、废止府县知事。① 美浓部达吉还认为,如果国家机关在法律上有权对人民直接行使权力,且相关规定让人民将该机关的行为视为国家的行为、并负有服从其权威的义务,那么该规定具有法规性质。所以,在法律上应当以敕令向人民公布该规定。但如果并没有对人民直接行使权力,而仅为在内部从事庶务、调查、提供咨询意见等,就不必以敕令向人民公布其规定,是先发布敕令再设置机关还是直接设置机关,天皇是自由的。②

行政学者蜡山政道对于美浓部达吉的天皇大权当然结果的说法提出批评,认为官制与行政的效能和目的发挥有重大关系,影响人民的利害关系。如此,还不能以大权的范围仅及于行政各部而不及于其他为理由,就说官制大权是行政权的当然结果。根据自由主义的法治国家思想,对人民的权利义务和利害关系有比较直接影响的,就应当以法律规定。既然行政机关的设置和行政组织的决定实质上与人民的生活或利益有极大关系,就不应委诸执政机关专断。③ 间田穆也指出,在美浓部达吉这种官制大权的理解背后是德国传统的行政组织组成权理论:一般是以在一般权力关系中侵害臣民自由和财产的规范作为“法规”的内涵,而组织事项与此无关;国家不渗透性理论又将行政作内部与外部的二分,行政组织事项属于行政的内部事项。以此为前提,原则上排除法治行政原理的支配,将行政组织组成权作为君主、行政部门固有行政权的自由领域。而这正反映出德国式君主立宪制法治国家的反法治国家特质。④

现实中,除了美浓部达吉所讲的宪法界限、法律界限乃至预算限制之外,天皇一直独揽官制大权,一直持续到“二战”结束。但在行政组织是否需要法律授权问题上,学界主张的是作用法径路或行为法径路,即着眼于行政机关的权限内容,根据是否具有对国民直接采取行动的权限来决定是

---

① 美濃部達吉『逐条憲法精義』(有斐閣,1927 年)238-242 頁参照。

② 美濃部達吉『日本行政法(上巻)』(有斐閣,1936 年)367-368 頁参照。

③ 参见[日]蜡山政道:《行政组织论》,顾高扬译,民智书局 1934 年版,第 129-131 页。日文版可参照蠟山政道『行政組織論』(日本評論社,1930 年)223-224 頁。

④ 間田穆「民主的法治主義と行政組織権」渡辺佐平編『民主的行政改革の理論』(大月書店,1978 年)164 頁参照。

否为立法管辖或法律事项。① 这一构想确定的是对外的行政活动标准,是对依法律行政原理(着眼于行为法的授权而展开)的应用。

(二)国民主权下的组织法径路

"二战"后,日本接受了美国的民主化改造。《日本国宪法》第 66 条第 1 款规定,"内阁按照法律规定由其首长内阁总理大臣及其他国务大臣组织"。宪法虽然否定了天皇的官制大权,但对于国会的法律权限与内阁自身的组织权限之间的关系并未明确规定。在国民主权原则之下,日本国会并没有采用行为法径路,而是采取了组织法径路,即着眼于行政机关相互之间以及整体的合理构成,确定组织的法律事项范围。《国家行政组织法》(1948 年法律第 120 号)就是这一径路的体现。②

在《日本国宪法》确立了国民主权、议会内阁制之后,如何使行政民主化、扩大立法的范围,成为新时期的重要课题。③ 1948 年,日本国会着手制定国家行政组织法。5 月 19 日在第 2 回国会参议院决算委员会上,国务大臣船田享二就国家行政组织法作草案说明:在议会内阁制之下,应当确保国会对行政权的控制。行政机关的所辖事务范围及权限应由法律规定,但从行政便宜或行政机动性观点出发,适宜由政令规定内部的部局。但是,政府提出的法案在国会审议中几处基本修正:内部部局的设置及所辖事务、审议会、试验所等附属机关的设置由政令事项改为法律事项;职员的法定人数由政令规定改为法律规定。国会修正的考虑是,与旧宪法的官制大权完全相反,国会应当尽可能细致地规定行政组织,以防止因官僚割据主义发生官僚机构的扩大化,坚决以国会的意志清除过去的积弊。修正的结果是,立法机关十分详细的组织规制在先进各国也是没有先例的。④ 如此制定的就是《国家行政组织法》。此后,国会将过去敕令规定的各省官制通则等转化为法律的形式,即省厅设置法。在新宪法之下,就由内阁法、国家行政组织法、各省厅设置法组成了国家行政组织法制。

---

① 稲葉馨「行政組織編成権論」同『行政組織の法理論』(弘文堂,1994 年)260 頁参照。

② 稲葉馨「行政組織編成権論」同『行政組織の法理論』(弘文堂,1994 年)262 頁参照。

③ 为便于理解日本《国家行政组织法》的规定,首先可以了解一下日本现行行政组织的架构。以日本中央省厅中的环境省为例,环境省受内阁统率,其首长是环境大臣,有内部部局、外局和附属机关几种组织构成。在内部部局中设大臣官房和 6 个局,局之下设科,科之下设室;核能规制委员会是其外局,环境调查研修所、国立水俣病研究中心是其设施,在地方设了 8 个地方环境事务所和 1 个生物多样性中心。也就是说,日本现行行政组织的基本架构是省—局(部)—科—室。

④ 増島俊之「国家行政組織法改正の意義——組織規制の弾力化(上)」自治研究 60 巻 2 号(1984 年)51-52 頁参照。

从官制、官厅法到组织法的转变,“已经在名称上消除了官厅色彩”。① 《国家行政组织法》等法律对于行政机关的设置、内部构成、公务员人数等都作出了详细的规定,实行了较为严格的法律主义,加强了议会对行政机关的组织控制。法律的施行有效地遏制了行政组织的膨胀,提升了议会的权限。这种做法也显示出与其过去继受的德国法有很大不同。德国法的传统是行政组织组成权由行政保留,再根据是否与国民权利相关来确定法律事项范围,组织的法律事项范围相对有限。日本的做法已经不是在传统法治行政的领域确定行政组织的法律事项范围,而是从民主主义的角度确立国会的权限范围。但这种做法也极大束缚了行政机关的能动性,这种严格的法律主义做法渐渐不再适应新形势的需要。

(三)高度成长期的民事法径路

随着时代的变化、特别是经济的成长,国家越来越需要以高效的行政回应对行政需求的变化。为此,有必要实现行政组织管理的弹性化。1983年,日本国会修改《国家行政组织法》,大致采取了民事法径路,即“在与国家的权利义务关系上,作为国家法人的机关代表权范围问题,内阁的组织及各省的设置、所辖事务是法律事项”。② 这种径路较过去的组织法径路更窄,确定的标准是代表权的机关,而非组织的重要性程度。之所以被称作民事法径路,是因为比照民事领域法人与法定代表人之间的关系,民事领域强调“主体性”,只有民事主体才能处分自身的权利,才能成为民事诉讼的主体,而法人作为组织,必须通过代表才能行动。

自1971年起,《国家行政组织法》修改草案四度提出,最终在1983年完成了一次重要修改。但修法的设想其实是自制定新宪法以来一直存在的。早在新宪法审议之际,1946年9月21日,国务大臣金森德次郎在第90回帝国议会贵族院宪法改正特别委员会上提出,在与国民的关系上,产生权利义务关系的官厅原则上要以法律明确规定或者要由法律设置明确的基础。各省应由法律规定;外局不以法律规定也不符合宪法的宗旨;诸如学术研究所等其他与国民权利义务无关者,没有必要以法律规定。③ 这种代表政府观念的发言最终在1983年修法中得以实现。

此次修法的重要课题就是将内部组织的组成权交给政令,消除组织的整齐划一性和僵硬性。修法的主要内容包括:第一,官房、局及部的设置、

---

① 杉村章三郎「行政組織の基礎原理」国家学会雑誌63巻4号(1949年)33頁。

② 仲野武志「法律事項論」同『法治国原理と公法学の課題』(弘文堂,2018年)51頁。

③ 増島俊之「国家行政組織法改正の意義——組織規制の弾力化(上)」自治研究60巻2号(1984年)49-50頁参照。

所辖事务的范围由政令规定(第7条)。以前这是由法律规定的。第二,府、省、委员会、厅可以根据法律或政令规定设置审议会等合议制机关、考试研究、检查检定、文教研修设施等机关,有特别需要时,可以根据法律规定设置特别机关。修改前是笼统地规定"附属机关及其他机关",修改后分成三类机关,区分对待(第8条、第8-2条、第8-3条)。第三,厅次长、官房长、局、部或委员会的事务局设次长、总括整理职位,由政令规定(第17-1条、第19条)。第四,为了抑制行政组织可能的自我膨胀,法律采取了各省厅设置法设置府、省、大臣厅的上限限制。府、省及法律规定由国务大臣担任首长的厅的官房及局的总数的最高限度是128个(第25条)。第五,在增加行政组织规定的弹性的同时,也要保持国会的审议权、监督权。法律规定,政府在新设、修改及废止官房、局及部等主要组织后,必须向下次国会报告状况,政府至少每年在官报上公示一次国家行政组织一览表(第22条)。

此后,1999年《国家行政组织法》在中央省厅等改革过程中有局部修改。第一,以任务为基轴来构成国家行政组织。行政机关具有任务以及为实现任务所必要的、范围明确的所辖事务。为此,删除了原先的权限规定。① 第二,新设的内阁府不适用该法(第1条),②原先的"府"、以国务大臣为首长的厅和委员会及其外局的相关规定从《国家行政组织法》中删除,规定于《内阁府设置法》(1999年法律第89号)。由此,委员会及厅作为省的外局设置。第三,为了实现实施厅(所辖事务主要在于实施政策的厅)的组织组成的弹性化,在实施厅设置科等机构时,在政令规定的数量范围内,其设置及所辖事务的范围由省令规定(第7条)。第四,设置了副大臣和政务官的职位(第16条、第17条)。第五,为了机动地应对内外情势的变化,各省可以设置准局长的职位,以有效地履行不属于官房和各局的

① 日本之所以在1999年修改《国家行政组织法》时删除了权限规定,很大程度上是因为过去认为这种权限规定会助长行政指导对国民生活的介入,可能成为官僚的裁量行政的温床。在修法前,参议院行政改革特别委员会的附带决议指出,在起草各省设置法及相关法律草案时,努力将事前裁量型行政转换为依据明确规则的行政,排除各省通过裁量恣意行政,不招致行政指导的滥用,来探讨设置法的权限规定等的应有状态。有学者指出,从权限规定的法律意义不明确的角度而言,删除权限规定是可以支持的。但是,对于行政指导,以设置法上的权限规定为根据,则存在双重误解。一是也有观点认为行政指导也要有行为法上的根据;二是根据最高法院的判例,没有行为法上的根据,也不是不可能作出行政指导。虽然必须严格排斥行政指导的滥用,但是,在任务规定所示的目的和所辖事务的范围内进行行政指导却是不可否认的。稲葉馨「行政組織の再編と設置法・所掌事務および権限規定」ジュリスト1161号(1999年)118-119頁参照。

② 目前,不受该法约束的中央行政机关还有人事院(《国家公务员法》第4条)。

事务。其设置、职务及人数由政令规定(第 20 条)。2016 年在修改《内阁府设置法》时也有局部修改,但在行政组织的设置、构成等方面的法律权限没有改变。

《国家行政组织法》是规定国家行政组织的框架、类型等的基准法和规格法,为国家行政机关和其内部组织的种类、名称设定了规格。① 在设置具体的机关时,就根据《国家行政组织法》的规定在各省厅设置法中规定应由法律规定的事项。② 各省厅设置法是设置省厅的根据规范。这些省厅根据法律的授权,有权以自己的名义对外行使职权,以省厅对外管辖权为判断标准。《国家行政组织法》除了规定应由法律规定的事项外,还规定了诸如职位种类及相互关系等组织通则的内容。这相当于设置各种行政组织的规制规范。法律还有大臣、副大臣、政务官、政务次官职位设置法的性质,以及国家行政机关首长一般权限(省大臣的法令阁议请求权、执行命令性省令制定权、首长告示训令通知发出权等)的根据规定或确认规定的一面。第 15 条赋予各省大臣等为调整政策而对相关行政机关首长的提出资料权、要求说明权、陈述意见权。“这不仅具有权限根据规定的侧面,也有一种行政运营法的侧面,即行政组织内部的行政运营准则。”③

(四)三种径路的差别与选择

在日本法之下,在确定行政组织的法律事项范围上大致形成了行为法、组织法、民事法三种径路。在行为法径路下,行政组织法要有法律的形式,考虑的是与国民有密切关系或者与国家和国民之间关系有关联,这与行政行为法的情形相类似。行为法径路实际上是采用类似于侵害保留说的标准。也有学者对此提出批评,稻叶馨认为,行为法径路的问题在于,完全以向外的权限为焦点,对行政组织法的体系性关注不足。例如,行政指导是对私人的作用,因而授权设置其机关的组织规范必须是法律。现实中也以局长或科长等名义作出行政指导,从组织的权限分配视角来说,同位阶的机关可能就被分裂为法律事项与非法律事项。④

---

① 佐藤功『行政組織法』(有斐閣,1986 年)107-108 頁参照。

② 还是以环境省为例,存在三个组织法规范:一是国会制定的《环境省设置法》(1999 年法律第 101 号),规定了环境省的任务、所辖事务、环境省首长、环境省设置的特别职位及机关以及作为外局的核能规制委员会;二是内阁制定的《环境省组织令》(2000 年政令第 256 号),规定了秘书官的人数、内部部局的设置及所辖事务、法律规定以外的审议会的设置、环境调查研修所的设施设置、地方分支机构的名称、位置及管辖区域;三是环境省制定的《环境省组织规则》(2001 年环境省令第 1 号),规定了科室等更为具体的内部事项。

③ 稲葉馨「行政の任務・機能と国家行政組織改革」公法研究 62 号(2000 年)46-47 頁。

④ 稲葉馨「行政組織編成権論」同『行政組織の法理論』(弘文堂,1994 年)260-261 頁参照。

在行为法和民事法两种径路中,以各省大臣为处分厅的事务均为法律事项,也就是在关系到国民权利义务的限度内,处分厅等能成为法律事项。“仅根据作用法径路能成为法律事项者是各省大臣的下级处分厅、从事事实上行为的执行机关等,仅根据民事法径路能成为法律事项者是不使用处分来处理的各省事务。与此相对,辅助机关根据两者均不能成为法律事项。”①

至于组织法径路,它类似于法律的重要事项保留说。行政组织中的重要事项应当是法律事项,这一标准无疑对于确保议会在行政组织法上的权限具有重要意义。在“强国会”的条件下,实行组织法径路的保留是现实的。但如何判断“重要事项”无疑是一大难题,重要性标准难以得出唯一的明确结论。也正是这一原因,组织法的确定径路能走到何种地步,实际上取决于议会的实际能力和意志。而行为法径路和民事法径路的好处是标准单一,易于实行,且有助于为行政组织的自主性和效率性留下一定空间。相对容易实现的是行为法径路,其次是民事法径路,最后是组织法径路。

行政组织的法律保留,主要的问题不是私人的自由和财产对国家权力特别是行政权的防御,而是行政组织的民主性控制问题。所以,盐野宏曾感叹道,很难抽象地制定以法律确定规范界限的基准。重要的是行政组织组成权被保留给国会,至于该权力如何行使,国会只要以民主性程序来规定即可。当然,鉴于放弃其保留权是宪法所不承认的,盐野宏认为,关于行政组织的基本构造(府、省、厅、委员会的设置及其事务分工掌管的规定)和内部部局的基本构成单位(官房、局、部、科、室)是应该依据法律规定的。② 间田穆也认为,法律对行政组织规定到何种详细程度,其基准未必明确,从现行法的态度看,也很难在“国会尊重”“国会至上主义”的一般原则之外看到什么。但从《日本国宪法》的价值基准,即民主的法治主义观点来看,可以大致作如下思考:(1)从事关乎国民权利义务的权力性行政、非权力性公行政的行政机关,其组织、权限的规范必须是法律事项;(2)在从事非权力性私行政,即私经济行政或国库行政的行政机关中,至少是对国民产生一定法律关系的行政机关,其组织、权限的规范应是法律事项;(3)此外的行政组织,应尽可能由法律规定,但根据现实具体的行政组织特质,国会有不以法律进行规范的立法裁量权,认可行政部门以独自的政

---

① 仲野武志「法律事項論」同『法治国原理と公法学の課題』(弘文堂,2018)52 頁参照。

② 参见[日]盐野宏:《行政组织法》,杨建顺译,北京大学出版社 2008 年版,第 11 页。

令等进行规范,但这时要具有充分合理的理由。①

三、近代中国行政组织的法制化历程

中国从清末官制改革开始探索行政组织与法律之间的关系,一直到新中国初期仍保有近代行政组织法制的影响。② 这一历程也是反反复复,有许多经验和教训值得汲取。

(一)两种官制两种权属

官制中国自古有之,但近代的官制改革却是学习日本的产物。官制,特别是中央官制,是晚清政府两次出洋考察的重要目的,日本的官制成为考察和参考的重点。在第一次考察中,在伊藤博文的讲解中就曾有君主大权、官制的问答。③ 在第二次考察中,有贺长雄根据李家驹的要求调整了后 30 回讲义的内容,专门就中央官制、地方官制、央地关系、地方自治、文官制度等进行讲解。④ 官制自清末至中华民国北洋政府时期结束一直存在,但却存在两种不同的制定权属,一种是皇帝的官制大权,另一种是立法机关的官制制定权。

1. 清末的官制改革

早在戊戌变法前后,维新人士对于官制改革的意义就存在共识。康有为认为,"万事之治,纲举目张,皆在官制";⑤梁启超亦认为,"一切要其大成,在变官制"。⑥ 维新人士就仿效西方政治制度、改革传统官制提出了不少建议,但未能付诸实践。

在清政府宣布预备立宪之前,留日学生就开始较为系统地接触日本的

---

① 間田穆「民主的法治主義と行政組織権」渡辺佐平編『民主的行政改革の理論』(大月書店,1978 年)169-170 頁参照。

② 有学者将我国存在过的行政组织立法形态分为三种类型,即官制立法、组织法立法和决定立法,并详细地梳理了相应实践。参见钱宁峰:《行政组织法立法论研究》,东南大学出版社 2015 年版,第 35 页以下。

③ 参见载泽:《考察政治日记》,岳麓书社 1986 年版,第 579-581 页。

④ 1909 年考察归来的李家驹提出了考察报告,包括三册《日本官制通释》、三册《日本官规通释》以及以日本制度为基础、参照西欧各国法规而作成的三册《官制篇》。参见《官制篇》,李景鉌、曾彝进录,载《近代中国史料丛刊》第 65 辑,文海出版社 1971 年版。李家驹在《官制篇》的开头略有说明:"官制上下篇曩在东京与日本博士有贺长雄所讨论,闽县李君景鉌、华阳曾君彝进译而录之。凡博士所论务取其通,不沾沾一国之制,又以我国广土众民,于列邦行政组织之成规殆无一遵能袭用者,爰旁稽博考,附以己意而论断之,于中央与地方之关系尤加详焉。谈官制者,或有取于斯。"此后,李家驹就任宪政编查馆提调、资政院副总裁,主导了清末最后的官制改革,其改革受到了有贺长雄学说的很大影响。曾田三郎『立憲国家中国への始動—明治憲政と近代中国』(思文閣出版,2009 年)122-127 頁参照。

⑤ 《官制议》,载《康有为全集》第 7 集,中国人民大学出版社 2007 年版,第 231 页。

⑥ 梁启超:《论变法不知本源之害》,载《饮冰室合集》1,中华书局 1989 年版,文集之一第 10 页。

官制理论和实践了。1903 年,作新社编译的《行政法》在“官厅”一章之下设“官制”一节。官制是创设行政机关的命令。行政机关除由宪法及法令创设外,均按照官制组织。凡行政机关,不问其为官厅抑或官署,除与技术及教育等事有关外,无一不参与命令权的行使。因而,欧洲各国常有学说将官制事项视为法规,适用法规非依法律不得规定的原则。对于外部行使命令权的行政机关,即为官厅,组织官厅,不可不依法律,法国公法学者多采此说。普鲁士以国务大臣依议会意见以为进退,故主张以法律规定大臣权限的学说一时盛行,但与法国学说基本一致。“尔来官制果为法规与否之问题,公法学上,颇有足以研究之价值也。”①这实际上也是采用前述扩大法规内涵的行为法径路。

日本官制在制度上对清朝的现实影响始于 1906 年。1906 年 9 月 1 日,清政府在出洋考察政治之后颁布上谕,宣布预备立宪。上谕指出:“大权统于朝廷,庶政公诸舆论,以立国家万年有道之基。但目前规制未备,民智未开,若操切从事,徒饰空文,何以对国民而昭大信?故廓清积弊,明定责成,必从官制入手,亟应先将官制分别议定,次第更张。”②因官制成为预备立宪的头等大事,这一上谕也被称作“厘定官制谕”。次日,鉴于“厘定官制,事关重要,必当酌古准今,上稽本朝法度之精,旁参列邦规制之善,折衷至当,纤悉无遗,庶几推行尽利”,清政府特任命担当官制改革的编纂官制大臣,设置编纂官制馆,正式开始了官制改革,③史称“丙午改制”。④1906 年 9 月下旬拟定官制大纲,分中央官制、内外司法官制、地方官制和地方自治制四个部分。⑤ 另拟就了《各部官制通则草案》《各省官制通则草案》。各部官制通则主要是各部职位的地位、权限和相互关系、组织构成、各部关系等的规定,而未规定各部的设置权限、各部官制的制定权限等。官制改革的目标是由大臣代为承担政治责任,以确保皇位永固。但清政府

① 参见作新社编译:《行政法》,作新社 1903 年版,第 135-138 页。

② 《宣示预备立宪先行厘定官制谕》,载故宫博物院明清档案部编:《清末筹备立宪档案史料》(上册),中华书局 1979 年版。

③ 参见《派载泽等编纂官制奕劻等总司核定谕》,载故宫博物院明清档案部编:《清末筹备立宪档案史料》(上册),中华书局 1979 年版。编纂官制大臣包括庆亲王奕劻,铁良、徐世昌、袁世凯等 14 名军机大臣,各部尚书、北洋大臣,地方上湖广总督张之洞、两江总督端方等 6 名总督派遣司道大员参加协议。编纂官制馆共 12 名职员,多有留日背景(均留学于早稻田大学)或是出洋考察团随员,特别是起草科 4 人中 3 人留日(金邦平、曹汝霖、汪荣宝),评议科 4 人中 1 人留日(陆宗舆)、3 人为考察团随员。

④ 有关始末及简介,可参见鞠方安:《中国近代中央官制改革研究》,商务印书馆 2014 年版,第 96-118 页。

⑤ 先后载于《大公报》1906 年 9 月 21 日第 2 版,9 月 22 日第 2 版,9 月 23 日第 2 版。1906 年 11 月,公布中央官制,作成省官制案;1907 年 7 月大致完成地方官制案。

内部对于如何确保皇位永固上有较大分歧。① 在两派斗争之下,清政府否定了官制改革方案的核心内容,真正的官制改革是在 1908 年《钦定宪法大纲》之后实施的。按照修正后的逐年筹备事宜清单安排,1910 年厘定内阁官制,1911 年颁布内阁官制、颁布施行内外官制,责任内阁制初具雏形。然而,改革的大门刚刚开启,武昌起义的枪声就打响了。

2. 中华民国初期的官制

开国必先建章立制。在中华民国成立之前,各省都督府代表联合会于 1911 年 12 月 3 日议决通过了《中华民国临时政府组织大纲》,1912 年 1 月 2 日作出修正。随后,《中华民国临时约法》第 33 条规定,“临时大总统得制定官制、官规,但须提交参议院议决”。据此,临时大总统在官制的制定上只是相当于具有提案权,参议院才是决定权主体。参议院制定了《国务院官制》以及国务院直接附属机关(如秘书厅、法制局、铨叙局等)的官制、行政各部官制(1912 年为 10 个部,1913 年底合并两部而成 9 个部)。其中,《国务院官制》共 12 条,②规定了国务院的组成、国务员的构成、国务总理的职责和权限、国务会议的事项、国务总理的代理等。1912 年,参议院还制定并修正了《各部官制通则》。③ 该通则共 20 条,就各部总长的主管事务责任、权限、代理、总务厅和各司的职务、各部的职员及其产生方式、次长、参事、司长、秘书的人数和职掌、佥事和主事的职掌、佥事和主事员额等作出规定。

1914 年 5 月 1 日,袁世凯公布《中华民国约法》,该法第 21 条规定,“大总统制定官制官规。大总统任免文武职官”。官制的制定权属于大总统,而不再交由参议院议决,故与此前做法有本质不同。约法公布之日,因内阁制废除,袁世凯下令废止了《国务院官制》,组织了总统府政事堂。1914 年 7 月 10 日,袁世凯以大总统令公布修正的 9 个部的官制。在官制之外,大总统还制定了更为具体的编制令,形成了官制—编制令的组合。在洪宪帝制覆灭、恢复约法之后,官制又恢复到民初的状态。

对于官制的性质及其制定权限,在理论上存在一定争论。1913 年《中

---

① 例如,御史赵炳麟对于责任内阁官制案提出批评,指出在没有下议院、政党之前设立内阁是无监督的责任政府,官制改革案大多是日本内阁制度等的模仿,且其权力较日本更大;大权久假不归,君上将拥虚位,可能导致君主权力形骸化。参见《御史赵炳麟奏新编官制权归内阁流弊太多折》,载故宫博物院明清档案部编:《清末筹备立宪档案史料》(上册),中华书局 1979 年版,第 440-442 页。他认识到了是在模仿规定了广泛天皇大权的明治宪法之下的日本官制,却又产生了君主权力形骸化的危惧,这种自相矛盾的观点实际上都有对应的日本政界、学界观点。曾田三郎「清末の政治・憲政視察団と日本」同編著『近代中国と日本——提携と敵対の半世紀』(御茶の水書房,2001 年)16 頁以下参照。

② 《政府公报》第 58 号(1912 年 6 月 27 日),第 1-3 页。

③ 《政府公报》第 80 号(1912 年 7 月 18 日),第 5-7 页。

华民国宪法草案》没有像《中华民国临时约法》那样规定大总统有官制制定权。对此做法,存在三种观点。一种观点认为,官制应归大总统制定。草案虽然没有明文规定,但解释上自应如此。草案规定,行政权由大总统行使,文武官吏由大总统任命,官制理应由大总统制定。而且,草案还明确规定,法院的编制及法官资格、审计员的选举及职掌由法律规定,而对其他官制未作规定,因此,官制明显是不归法律规定而应由大总统制定。另一种观点认为,大总统有权制定官制。草案虽无明文,论理不容反对,但若明文载入这一权力,恐遭反对而徒滋唇舌。不如付之不问,大总统日后可以教令公布官制,成为惯例,较为便捷。还有一种观点认为,以法律规定官制亦无不可。若以命令规定官制,国会可以随意削减预算经费。若由法律所定,好处在于,非经政府同意,不得随意削减必需经费。对此,时任大总统宪法顾问的有贺长雄认为,以上三种观点,各有利害,就第三种观点而言,官制定自法律,财政上较为便利,但若一切官制悉以法律制定,又何谓行政权独立?故"大体宜以命令制定,其系特别者,以法律定之"。①

而学者钟赓言认为,"官制者,厘定国家机关之组织及其权限之规则之谓也"。行政官署的组织权限,各国宪法大都未明文规定为立法事项,因为不论君主国与共和国,作为行政首长的君主或总统既为行政权的中枢,则行政事务的分配,当然属于行政首长的权限。但官署的设置必不可没有经费,而议会握有财政监督权限,则政府设官虽不必经其同意,但议会议定预算时,若认为此项官署的设置为不当或超过必要程度而予废除或裁减,则因其预算不成立,其官制就不一定见诸实行,故间接上仍不得不受其限制。官制是法规命令还是行政规则,应当就官制的内容而分别考察,根据其为关于官署对于人民行使国权权限的规定或仅为官署内部组织规定而决定。由前者而言,人民因此官制而于一定范围内对于该官署有服从其命令的义务,即系设定国家与人民之间权利关系的法则,不得不谓之为法规命令。由后者而言,对于人民毫无法律上的关系,仅厘定行政组织内部组织及行动的规程,当然为行政规则。各种官制大都包含此两种性质,似又无一不是法规命令。虽说是法规命令,但这种法规皆系国家本于业已成立的法律关系而欲实行其权利而设。因为国家与人民的法律关系,是根据其他法律命令而发生,而非因官制的制定才成立,故制定官制属于行政机关的权限,纵然宪法未有明文规定,亦属当然之事。② 钟赓言的观点受到了美浓

① 参见[日]有贺长雄:《有贺长雄论学集》,李超编,商务印书馆 2019 年版,第 28-29 页。

② 钟赓言:《钟赓言行政法讲义》,王贵松、徐强、罗潇点校,法律出版社 2015 年版(原书为 1927 年版),第 150 页。

部达吉观点的影响,采取了行为法的保留径路。

(二)两种组织法一种模式

在官制结束之后,开始的是组织法的时代。与官制时代一样,组织法时代也存在两种组织法,一种是中华民国时期的组织法,另一种是新中国初期的组织法。但与两种官制的制定权属迥异不同的是,两种组织法的制定权属都在于立法机关,都大致采取了相对有限的民事法保留径路,两者都形成了类似的多层次组织法制体系,相应的学术研究都寥寥无几。

1. 中华民国时期的组织法

自 20 世纪 20 年代开始,广州国民政府没有再采用官制的做法,而代之以“组织法”,随着北伐成功、国家一统,“组织法”成为国家层面的做法,自此进入了中华民国的组织法时期。① 1928 年 10 月 3 日,中国国民党中央执行委员会政治会议议决通过新的《国民政府组织法》,该法同日以中国国民党名义公布,10 月 8 日又由国民政府公布。该法共 48 条,规定了国民政府的组织和职权,开始施行五院制。该法第 24 条规定,“行政院及各部、各委员会之组织以法律定之”。其他四院的组织由法律规定,只有行政院不仅自身要由法律规定,其各个部委也要由法律规定。《行政院组织法》、行政院各部署会(1928 年至抗战前有 9 部 2 委员会 1 署)组织法,于 1928 年 10 月 8 日经中央政治会议通过、12 月 20 日国民政府公布,此后多次修改。行政院直属其他机关,均制定了组织条例或组织规程。这就形成了组织法与组织条例的组合。② 此后,《国民政府组织法》多次修改,只有 1931 年 12 月 30 日的修改将第 24 条的规定改为“行政院之组织以法律定之”。其原因在于《中华民国训政时期约法》③第 77 条规定,“国民政府及各院部会之组织以法律定之”。这也为临时调整以应不时之需提供了便利。

---

① 对于为何由官制转向组织法,尚未见权威说法。黄右昌曾指出,“旧行政法,有所谓官制官规,新组织法,则无官制官规字样,而尽力宣传公务员为人民公仆之一点”。黄右昌:《从组织法上说到组织的类别》,载《中华法学杂志》第 2 卷第 11 期(1931 年),第 3 页。这或可作为转变的一个注脚。

② 按照 1928 年《立法程序法》的规定,将中央政治会议议决、国民政府公布的法律称作法(第 1 条),将国民政府制定的施行法律的规则称作条例(第 2 条)。这里以财政部为例简要说明其组织规定。《国民政府财政部组织法》规定了财政部的隶属关系、主管事务、权限,秘书处及各署各司处的机构设置及各机构的职掌范围,部长、次长、参事、秘书长以及署长、司长、处长的员额和所管事务,关务署长和盐务署长的特别委任,以及雇员、顾问、特派员等的聘任或委任权限等。国民政府还制定了《金融监理局组织条例》等,而财政部则制定了《关务署总则》《盐务署总则》等。

③ 1931 年 5 月 12 日国民会议通过,同年 6 月 1 日国民政府公布。

1929年，立法院制定了《法规制定标准法》，[①]对法律的名称、法律事项、条例章程规则与法律之间的关系作出规定。该法第2条第3项规定，除了现行法律有明文规定应以法律规定者，“其他事项及国家各机关之组织或人民之权利义务关系经立法院认为有以法律规定之必要者”，为法律案，应经立法院三读会程序通过。第5条还规定，“应以法律规定之事项不得以条例章程规则等规定之”。1943年，立法院修改《法规制定标准法》，[②]该法第2条第2项明确规定，“关于国家各机关之组织者”，“应以法律定之”。这一规定较1929年版本而言更为明确，一是性质的明确化，它将这一条更明确地作为法律事项的范围来规定，而不再与立法程序规定在一起；二是内容的明确化，对法律事项的内容表述更为明确，将人民的权利义务、国家各机关的组织作为一般的法律事项规定在第一项、第二项中，而不是放在最后，与其他事项相并列。但各机关的组织到哪一层次为止需要法律的根据，并不能从中得出结论。在现实制定的组织法中，主要是针对行政院、各部、各会制定的组织法。

在这一时期，张映南仍然以“官制”为名进行讨论。对于官制的性质，张映南认为，官制的内容是对于国民行使其国权，其关于有职权的行政机关的规定，对于国民发生法律的拘束力，则官制当然具有法规的性质。既然官制具有法规的性质，原则上自应依据立法程序来制定。即便以命令规定其组织，也必为法律所认许。[③] 张映南所采用的是行为法的保留径路。

2. 新中国初期的组织法

进入新中国之后，因初期正是建章立制之时，组织法建设得到高度重视，虽制定了不同层次不同类型的组织法，但法律化程度仍有限。新中国初期的组织法制还可以进一步以新宪法为界区分为两个阶段。

首先是共同纲领时期。1949年9月27日，在《中国人民政治协商会议共同纲领》通过之前，中国人民政治协商会议第一届全体会议率先通过了《中华人民共和国中央人民政府组织法》。该法规定了政务院的构成、职权、下设行政部门以及这些机构的相互关系等。其第21条规定，“政务院及各委、部、会、院、署、行、厅的组织条例，由中央人民政府委员会制定或批准之”。第22条规定，“各委、部、会、院、署、行、厅，于必要时，得由中央人民政府委员会决议增加，减少，或合并之”。其中的委、部、会、院、署、行

① 1929年5月4日立法院第22次会议通过，1929年5月14日国民政府公布。参见立法院秘书处编：《立法专刊》（第1辑），民智书局1929年版，第60页。

② 1943年6月4日修正公布。《立法院公报》第126期（1943年），第112页。

③ 参见张映南：《行政法泛论（总论）》，法律评论社1935年版，第70-71页。

均为政务院所属部门,厅是政务院秘书厅,两者为同一级别。

随后,1949 年 12 月 2 日,政务院制定了《政务院及其所属各机关组织通则》。① 该组织通则共 10 条,规定了组织规程的名称,各机关的职权来源,内设机构的设置、职掌,各级负责人的名称,辅助人员的设置,人员任免权限,会议制度,各机关内部组织的变更,组织条例等。其中第 9 条规定,"各机关的内部组织,必要时,得由政务会议议决增加、减少或合并之";第 10 条规定,"各机关拟定之组织条例,经政务院核准后,可先试行若干时期,再送请中央人民政府委员会批准"。该规定为《中央人民政府组织法》第 21 条的规定增加了核准和试行程序,让组织条例可在中央人民政府委员会批准之前有效试用。此后,一些部门经政务院核准制定了自己的"试行组织条例",例如《海关总署试行组织条例》《全国各级税务机关暂行组织规程》《政务院人民监察委员会试行组织条例》等。

1949 年 12 月至 1950 年 12 月,政务院先后制定并公布了《大行政区人民政府委员会组织通则》《省人民政府组织通则》《市人民政府组织通则》《县人民政府组织通则》《大城市区人民政府组织通则》《区人民政府及区公所组织通则》《乡(行政村)人民政府组织通则》。在政府内部的重要机构方面,1951 年 9 月 5 日政务院命令公布《各级人民政府人民监察委员会设置监察通讯员试行通则》(1953 年 7 月 31 日改为《各级人民政府人民监察机关设置人民监察通讯员通则》),1952 年 2 月 22 日《各级人民政府民族事务委员会试行组织通则》经中央人民政府委员会通过,并经中央人民政府主席批准。

这一时期的组织法制特点就是组织法、组织通则、组织条例多层次多类型规范并行。组织通则是某一类组织的一般规定,是针对业务相同而辖区不同或权限相同而管辖事务不同的机关共同适用的组织法。组织条例是设置特定组织的规定。只有中央人民政府有组织法律,政务院的组成部门有组织条例,政务院自身并没有组织条例。②

其次是 1954 年宪法时期。1954 年 9 月 20 日通过的宪法只是在第 48 条第 2 款中规定"国务院的组织由法律规定",第 63 条第 3 款规定"地方各级人民委员会的组织由法律规定",并未作出其他更为详细的规定。1954

---

① 1949 年 12 月 2 日政务院第九次政务会议通过,同日中央人民政府委员会第四次会议批准,1949 年 12 月 4 日公布。

② 1949 年 11 月 11 日政务院曾审议通过了《政务院组织条例(草案)》。参见杨向东:《建国初期(1949—1954 年)行政组织法认识史》,山东人民出版社 2013 年版,第 52 页。该草案最后没有成为正式的条例。

年 9 月 21 日,第一届全国人大通过了《国务院组织法》①和《地方各级人民代表大会和地方各级人民政府组织法》。1954 年《国务院组织法》共 9 条内容,对立法根据、部委名称及变更部委的权限、部委的组成人员、会议制度、直属机构、办公机构和秘书厅的设立、任免权限作出规定。此后,在国务院部委层面,国务院常务会议批准了国家计划委员会的“暂行工作条例”,监察部、劳动部、体育运动委员会的“组织简则”,其内容主要包括立法依据、任务、职权、组成人员、内设机构、会议制度、部委的相互关系等。在国务院直属机构或办公机构层面,国务院常务会议批准了国务院法制局、人事局、计量局、国家档案局、秘书厅、机关事务管理局、专家局的“组织简则”,其内容主要包括任务、下设的工作单位、组成人员、会议制度等。

在 1954 年宪法之下,组织法制的建设虽然仍在推进,但组织立法的数量和共同纲领时期相比较少。如果忽略法律与国务院命令之间的差别,国务院各种类型机关也初步实现了民事法径路的组织规定。而且,这一时期不再有“组织通则”的立法,导致各个具体部门的组织法名称不一、内容也有差异(例如,《国家计划委员会暂行工作条例》规定了国家计划委员会工作的八项原则,《监察部组织简则》规定了行使职权的方法,这在其他组织简则中都不是常见的内容)。

四、当代中国行政组织法律保留的实现径路

历经“文化大革命”之后,中国逐步恢复了 1954 年的宪法秩序。但在组织法制上却是以国务院文件的方式确立了诸多机构,到 1981 年时国务院的工作机构(部委机构、办公机构、直属机构)已有 98 个,达到新中国以来的最高峰。1982 年 3 月 8 日,第五届全国人大常委会第二十二次会议通过了《关于国务院机构改革问题的决议》,将国务院各工作机构从 98 个减为 52 个,人员编制从 4.9 万人减为 3.2 万人。1982 年宪法延续这一秩序,并在行政组织与法律的关系上作出了适合当时局面的规定。但如此形成的现状还有不小的完善空间。

(一)当代中国行政组织的法制现状

宪法第 86 条第 3 款规定,“国务院的组织由法律规定”,第 95 条第 2 款规定:“地方各级人民代表大会和地方各级人民政府的组织由法律规

---

① 1955 年 7 月 30 日,全国人大通过了《中华人民共和国第一届全国人民代表大会第二次会议关于撤销燃料工业部设立煤炭工业部、电力工业部、石油工业部、农产品采购部并修改中华人民共和国国务院组织法第二条第一款条文的决议》,修改了《国务院组织法》规定的部委名称。此后,又多次以全国人大决定的方式等增减部委,而未再修订《国务院组织法》。

定”。据此,目前在行政组织上,只有两部法律,一是《国务院组织法》,二是《地方组织法》,[1]严格而言只有半部《地方组织法》是关于政府组织的。1982 年《国务院组织法》共 11 条,分别规定了立法根据、国务院的组成人员和领导体制、职权、会议制度、总理的签署权、国务委员和秘书长的事务、部委的设置权限、部委的领导人数和负责制、国务院和部委的关系、直属机构和办事机构的设置等内容。2024 年修订《国务院组织法》组织事项的规定有所扩充。

根据宪法第 89 条第 3 项的规定,国务院“规定各部和各委员会的任务和职责,统一领导各部和各委员会的工作,并且领导不属于各部和各委员会的全国性的行政工作”;第 4 项规定,国务院“统一领导全国地方各级国家行政机关的工作,规定中央和省、自治区、直辖市的国家行政机关的职权的具体划分”;第 17 项规定,“审定行政机构的编制”。据此,国务院制定了《国务院行政机构设置和编制管理条例》(1997 年)、《地方各级人民政府机构设置和编制管理条例》(2007 年)。此外,国务院还制定了《公安机关组织管理条例》(2007 年)、《国家安全机关组织管理条例》(2008 年)。但是,宪法第 89 条第 1 项规定,国务院“根据宪法和法律”制定行政法规。如果国务院以行政法规的方式规定各部委的任务和职责、中央与省级政府的权限划分,从理论上来说,就应以“宪法和法律”为根据,宪法第 89 条第 4 项的职权“具体”划分规定也显示需要以法律作为前提。

1988 年国务院机构改革之后,中央机构编制委员会办公室(以下简称中央编办)[2]给改革的中央部委制定了职能配置、内设机构和人员编制方案,即“三定”方案(定职能、定机构、定编制);但因“三定”方案被认为仅为

---

① 1979 年 7 月 1 日第五届全国人民代表大会第二次会议通过,1982 年 12 月 10 日第五届全国人民代表大会第五次会议第一次修正。

② 1991 年,党中央、国务院决定成立中央机构编制委员会(以下简称中央编委),由总理兼任主任。中央编委是在中共中央、国务院领导下的负责全国行政管理体制和机构改革以及机构编制管理工作的常设议事协调机构。中央编办是中央编委的办事机构,既是中共中央的工作部门,也是国务院的工作部门。中央编办的主要任务有三项:(1)负责草拟机构改革和行政管理体制改革的方案、机构编制管理的法规;(2)负责准备委员会会议,草拟委员会会议纪要和有关文件,负责组织实施委员会会议的各项决定;(3)负责中央和地方党、政、人大、政协、法院、检察院和各民主党派、人民团体机构编制的个别调整和日常管理工作。参见《中央机构编制委员会工作规则》(中编〔1991〕1 号,中央编委 1991 年 7 月 30 日第一次会议讨论通过)。2019 年,中央编委的定位发生变化,它成为党中央的机构,由中共中央总书记兼任主任。根据 2019 年《中国共产党机构编制工作条例》规定,党中央设立中央编委,作为党中央决策议事协调机构,在中央政治局及其常委会领导下开展工作,负责党和国家机构职能体系建设的顶层设计、总体布局、统筹协调、整体推进、督促落实(第 5 条第 1 款)。中央编办是中央编委的办事机构,承担日常工作,归口中共中央组织部管理(第 7 条)。

内部的工作方案,缺乏规范性和权威性,因而在 1998 年,中央编办将其改为职能配置、内设机构和人员编制规定,即“三定”规定,以此来明确各个机关的组织事项。“三定”规定是在全国人大的机构改革决定之下,根据国务院的权限制定的。“三定”规定显然不是行政法规,也不经过全国人大常委会批准,①故其法制化程度是相对较低的。

目前的组织法制的基本构成是两部组织法律、两部一般性组织行政法规与为数众多的“三定”规定,此外还有一些散见于行政行为法中的组织法规定。如此组织法规定,不仅法律数量少,而且规范强度过于稀疏,与法律保留的要求存在很大距离;如果将“三定”规定作为组织法规定,在规范强度上又稍显强烈,那么会与法律保留的民主性要求相去甚远。

(二)行政组织法律保留的考虑因素

为落实宪法和《立法法》的规定,推进行政组织的民主化,应当在一定范围内由法律规定行政机关的组织事项,实行行政组织的法律保留。在确定法律保留的范围时,需要考虑一些因素,以便确定选取何种法律保留的径路。

首先是行政组织的民主性、政治性与效率性、技术性的矛盾。一方面,行政组织作为国家机构的一部分,自然带有政治性,这让行政组织的设置等不可能作为行政的“自留地”,必须确保作为政治机关的全国人大介入行政组织设置的可能性。另一方面,行政组织所包含的效率性、技术性原理也要求行政具有一定的自主安排和动态调整的权限,而且,行政组织的技术性也不易为外界所详细了解。这又给立法机关权限在实质上设定了一定界限。日本“二战”后组织法的实践告诉我们,高强度的法律保留不可取,应当给行政一定的自由度。就这一角度而言,也应在一定程度上承认行政的自我组织权。在过去,这一权限被认为是行政机关保留的权限,但这里是用作在保留法律介入可能的情况下行政机关对内部组织构成所享有的一定的自主权限。因为行政机关自身最清楚现有力量如何更好地配置,如何根据现实需求的变化适时作出调整。行政的自我组织权只要没有明显的逾越或滥用,就应当受到尊重。而且,宪法确立了以国务院为最高国家行政机关的行政组织体系,在制度设计上就不能轻易损毁国务院对各个部委、地方国家行政机关的指挥监督权。

有学者认为,国务院的组织权属于“行政保留”的范围,政府对内设置

① 有人评价认为,“国务院‘三定’规定不属于行政组织法律体系的组成部分,只是在机构改革的特殊背景下,‘越位’地行使了部门行政组织法规的核心职能,而成为国务院部门的设置依据和组织规则”。参见芦一峰:《行政组织法视域下的国务院“三定”规定研究》,载《行政与法》2011 年第 12 期。

的具体内容是由《国务院行政机构设置和编制管理条例》《地方各级人民政府机构设置和编制管理条例》这两部行政法规规定的。① 行政法规可以规定行政组织事项,但法律对其享有修正的权限。也就是说,如果全国人大及其常委会认为,行政法规的规定不能满足组织法的要求,那么其可以自行制定法律进行调整。根据法律优位的原则,行政法规的相关规定因与法律相抵触而自动失效。在我国,不存在保留给行政而不受立法机关干预的领域,不能照搬德国的所谓"行政保留"来解释我国的权力格局。德国总理享有组阁权、各部的组成权,这是其历史传统延续下来的权力。但中国并没有这样的传统,而且在现行宪法和人大制度之下,立法机关具有优位性,并无行政保留的容身之处。

其次是法律的安定性与行政任务的动态性矛盾。组织法向来是任务先行的,没有任务就不能设置组织,更不能赋予其职权。但任务既有常规事项,也有例外事项;既有传统事项,也有新兴事项。经济、社会、技术发展越迅速,相应的行政任务就变化得越快。法律能固定下来的一般是常规事项和传统事项,这也表明立法具有可行性;对于例外事项和新兴事项则难以规范,但又不能不予以规范,这时需要的是立法技术的提升。根据现实需要调整现有组织的权能、整合现有的组织等都是客观存在的需求。保持组织一定的弹性,是让其更为适当地发挥功能的重要保障。

再次是法律的安定性与改革的未完结性矛盾。时至今日,我国的政府职能尚未完成转型,仍在不断地探索合适的政府职能定位。政府职能转变没有完成,以法律确立下来的行政组织就会面临不断修改的窘境。但是,将改革与法制对立起来是错误的认识。我们应该看到,自 1982 年宪法实施以来,国家在不断探索行政组织的设置,从"三定"方案到"三定"规定,经验已经十分成熟,而且,社会主义市场经济也已确立了逾 30 年时间,政府与市场的关系也基本定型,政府的职能转变已明确方向。唯有巩固,才能提高。②

---

① 参见王锴:《论组织性法律保留》,载《中外法学》2020 年第 5 期。但这是实然还是应然,从其行文中不易知晓。与此观点形成对照的是,实行总统制的美国却排除了"行政保留",参见步超:《论美国宪法中的行政组织法定原则》,载《中外法学》2016 年第 2 期。

② 2019 年中共中央《关于坚持和完善中国特色社会主义制度　推进国家治理体系和治理能力现代化若干重大问题的决定》指出:"坚持和完善中国特色社会主义制度、推进国家治理体系和治理能力现代化的总体目标是,到我们党成立一百年时,在各方面制度更加成熟更加定型上取得明显成效;到二〇三五年,各方面制度更加完善,基本实现国家治理体系和治理能力现代化;到新中国成立一百年时,全面实现国家治理体系和治理能力现代化,使中国特色社会主义制度更加巩固、优越性充分展现。"从定型走向更加完善,这是一个过程,不能因为完善的目标而忽略定型的阶段。

最后,还要区分必要的法律事项与任意的法律事项。必要的法律事项是应当由法律规定的事项,即构成一个行政机关必不可少的事项或要素,这属于法律保留的范围;任意的法律事项是可以由法律规定的事项,即其他影响行政机关运作的事项或要素,这里会涉及法律与行政法规等之间的权限分配问题。在组织事项上,宪法和《立法法》上规定的法律事项范围是有限的,但这不等于说法律只能规定这些内容。立法机关可以根据组织的重要性,有选择地制定法律加以规范。在我国人大制度之下,随着全国人大及其常委会立法能力的提升,实现行政组织法律保留的基本要求是现实可能的,进一步加强行政组织的立法也是可能的。

改革开放之初,一切都还处于摸索之中,当时仅有一部半法律确定基本的行政组织法制,这实际上是实行了底线的法律保留,是可以理解的。但组织法不定会影响行为法的发展。40 多年的改革已经积累了很多的经验,实施更强版本的法律保留已经具有现实的基础。

(三)法律保留的组织事项

对于组织事项的保留范围也存在不小的争议。一种观点是并用不同标准来确定保留范围。有学者认为,"行政组织法律保留的适用范围包括行政组织的设立、撤销、合并及职权配置"。具体而言,以功能结构合理化为取向,县级以上地方人民政府工作部门、省以下实行垂直管理的部门及县级以上人民政府设立的派出机构的设置可以纳入行政组织法律保留的范围,即便不通过法律形式予以规范,至少也应该由国务院通过授权性行政法规的形式加以规定,而议事协调机构、工作部门派出机构的设置则排除在行政组织法律保留范围之外;以相对人权利保障为取向,考虑到行政管辖权的确立问题,应将外部行政组织的设立、撤销、合并纳入行政组织法律保留范围之内,而将内部行政组织的设立、撤销、合并排除在法律保留范围之外。① 有学者认为,基于人权保障和重要性理论,如果政府之下的行政机构设置事项能够通过行政行为影响相对人的权利,则该行政机构就具有重要性,应当纳入法定范围。如此,具体承担行政职能或者行使行政职权的执法机构应纳入法定范围。内设业务机构是实际上的行为主体,直接面向相对人并对其作出行政行为,能够对相对人权利产生影响,将内设业务机构设置纳入法定范围较为合理。② 这种思路大致与行为法径路相近。

① 参见王晓强:《行政组织法律保留原则及其保留范围研究》,载《河北法学》2019 年第 5 期。

② 参见杨登峰、王晓强:《行政机构设置法定的范围》,载《江苏行政学院学报》2020 年第 4 期。

另一种观点是采用重要性标准来确定保留事项。有学者认为,"行政组织设置中的重要问题属于法律保留事项。如对行政的基本组织形式——行政主体制度——的选择,行政权的设定,中央行政机关的设置、职权,地方行政组织的结构,其他公法人的设置等都要由宪法或法律规定"。① 也有学者认为,"组织权到底是采行政保留还是采法律保留,取决于组织权是否属于行政自负其责的核心领域"。② 还有学者将重要性理论与职权结合起来认为,越重要的职权,法律保留的规制密度越高;与职权的关系越紧密的组织事项越重要,法律保留的规制密度越高。③ 但什么是组织的核心领域、与职权的紧密程度,与前文所述重要性标准类似,都不能得出唯一的结论。下面拟从什么样的组织需要法律保留、组织的什么事项需要法律保留两个方面来细致分析。

1. 组织范围

组织性法律保留的三种径路,以民事法径路更为妥帖,既可以涵盖行为法径路所考虑的外部性问题,又可以关照到组织的内部关系。以享有代表权的行政机关,即有法定权限代表国家对外行使管辖权的行政机关为判断标准,凡是有享有代表权、对外可行使管辖权者,无论其是行使职权还是履行行政职责,均应当由法律确定其组织事项;其他不可代表国家行使管辖权的行政机关,可由行政法规、规章等规定其组织事项。④ 目前,有"三定"规定的中央行政机关有国务院部委、国务院直属机构、国务院直属事业单位、国务院部委管理的国家局,与这一标准大致相当。⑤

(1)国务院

宪法第 86 条第 3 款规定,"国务院的组织由法律规定"。国务院的职权已经在宪法第 89 条中作出规定。国务院组织的组成权归于法律。问题

---

① 应松年、薛刚凌:《行政组织法基本原则之探讨》,载《行政法学研究》2001 年第 2 期。

② 王锴:《论组织性法律保留》,载《中外法学》2020 年第 5 期。

③ 参见姚子骁:《论组织性法律保留的范围:以国务院为例》,载《苏州大学学报(法学版)》2023 年第 3 期。

④ 在德国法上,法律保留原则被认为不能过于具体化适用于组织权领域,应当分门别类探讨,否则只是再贴一次议会保留和重要性标准的理论标签而已。成立新的具有法律能力的单位应当是确定法律保留范围的底线。具体的标准可从民主原则的角度,借助于决定事项和领导权的独立性标准予以界定。即使没有法律明确规定,部委设置和不受指令约束的独立行政单位的设定也属于法律保留的范畴。参见[德]汉斯·J. 沃尔夫、奥托·巴霍夫、罗尔夫·施托贝尔:《行政法》(第 3 卷),高家伟译,商务印书馆 2007 年版,第 113-114 页。

⑤ 按照 1997 年《国务院行政机构设置和编制管理条例》第 6 条第 1 款的规定,国务院行政机构根据职能分为国务院办公厅、国务院组成部门、国务院直属机构、国务院办事机构、国务院组成部门管理的国家行政机构和国务院议事协调机构。

在于,何为“国务院”? 宪法第86条第1款规定,“国务院由下列人员组成:总理,副总理若干人,国务委员若干人,各部部长,各委员会主任,审计长,秘书长”。这应是最狭义的国务院。而《国务院组织法》所规定的组织除上述组成人员外,还包括办公厅、各部、各委员会、直属机构、办事机构等。这些都属于国务院的机关。如果这些都是“国务院”,“国务院”就是广义的国务院。从组织正常运转而言,仅仅是最狭义的国务院,尚难以开展工作,至少还需要秘书长所领导的办公厅协助处理日常工作。由此或可组合成狭义的国务院。也就是说,《国务院组织法》以狭义的国务院为规范对象,较为合适,既满足宪法的要求,也有合适的规范强度。

(2)国务院组成部门

2024年《国务院组织法》首次在法律层面上使用了“国务院组成部门”的概念(第12条),按照《国务院行政机构设置和编制管理条例》第6条第3款的规定,国务院组成部门依法分别履行国务院基本的行政管理职能。国务院组成部门包括各部、各委员会、中国人民银行和审计署。国务院组成部门是国务院的机关,从理论上来说,是无权代表国务院对外行使职权的。但是,鉴于中央层面的国家部委在政策形成和职能分配上的重要作用,其组织也应当由法律规定。

不过,按照1982年《国务院组织法》第8条的规定,“国务院各部、各委员会的设立、撤销或者合并,经总理提出”,由全国人大或全国人大常委会决定(2024年版第11条)。也就是说,具体部委的设立、撤销或者合并由全国人大及其常委会决定,而不采取制定或修改法律的形式。它没有像1954年《国务院组织法》那样逐一列举各部委的名称。1982年,时任全国人大常委会副委员长兼法制委员会主任习仲勋在《国务院组织法(草案)》的说明中作出了如下解释:“鉴于二十多年来部委的设置变动较多,今后随着国家行政管理体制和经济管理体制改革的逐步推行,势必还会有所变化,为了保持法律的稳定性和严肃性,草案没有具体列举部委的名称,只是原则规定……”①实践中,全国人大对国务院机构改革的决定相对简约,仅涉及机关定位、主要职责、组织移转等,与组织法律相去甚远。但从法律与决定的差异来看,国务院的组织规范毋庸置疑应是由全国人大及其常委会制定修改法律,国务院部委的组织规范如果走上规范化的轨道,那就应当

① 习仲勋:《关于四个法律案的说明》,载《国务院公报》1982年第20号,第974页。

是全国人大及其常委会制定法律,而不仅仅是"决定"。[①]

(3)国务院的直属组织

这里所说的国务院直属组织包括国务院直属机构、国务院直属特设机构和国务院直属事业单位三种。在国务院的组成部门之外,《国务院组织法》直接授权国务院可以设立若干直属机构和办事机构(1982年版第11条,2024年版第13条),也不论其设立的具体方式。国务院直属机构的设置,1954年《国务院组织法》第6条规定,须经全国人大常委会批准,但1982年《国务院组织法》规定,由国务院决定。"这是因为,直属机构的负责人不是国务院组成人员,他们的任免并不经过全国人大常委会批准,因而这些机构的设置可以不报全国人大常委会批准。"[②]直属机构和办事机构,国务院既然可以设立,自然就可以行政法规的方式来制定这些机构的组织规范。但是,从理论上来说,国务院组成部门与直属机构并没有实质区别,同样能以自己的名义行使职权,只有行政管理职能和管辖权范围的差异。按照《国务院行政机构设置和编制管理条例》第6条第4款规定,国务院直属机构主管国务院的某项专门业务,具有独立的行政管理职能,那么,直属机构(除国务院参事室外)也应当由法律规定其组织事项;直属特设机构(国务院国有资产监督管理委员会)也理应同样如此。而国务院直属事业单位,[③]并没有行政管理职能和对外管辖权,不必制定专门的组织法律。

从组织的应有状态而言,应当尽可能抑制上述三种直属组织的设置,防止与国务院组成部门的权限发生不必要的纠葛。因其通常不具有代表国务院、代表国家的权限,故也不应赋予其独立的权限,以行政法规规定其组织设置即可。

---

① 一个类似的实践是,《人民法院组织法(修订草案)》第4条规定:"人民法院依照本法规定设立;本法没有规定的,根据全国人民代表大会常务委员会的决定设立。"但宪法第129条规定,人民法院的组织由法律规定。宪法是人民法院机构设置的总依据,设立人民法院必须符合宪法和法律的规定。宪法和法律委员会经研究,建议将该草案第四条修改为:"人民法院依照宪法、法律和全国人民代表大会常务委员会的决定设置。"参见沈春耀:《全国人民代表大会宪法和法律委员会关于〈中华人民共和国人民法院组织法(修订草案)〉修改情况的汇报——2018年6月19日在第十三届全国人民代表大会常务委员会第三次会议上》,载《全国人民代表大会常务委员会公报》2018年第6号,第744页。虽然最终是一个妥协的方案,但全国人大常委会显然认为,仅仅以"决定"作为设立依据是不妥的。

② 习仲勋:《关于四个法律案的说明》,载《国务院公报》1982年第20号,第974页。

③ 根据国务院《关于机构设置的通知》(国发〔2023〕5号),国务院直属事业单位包括新华通讯社、中国科学院、中国社会科学院、中国工程院、国务院发展研究中心、中央广播电视总台、中国气象局。国家行政学院与中央党校,一个机构两块牌子,作为党中央直属事业单位。

按照《国务院行政机构设置和编制管理条例》第 6 条第 6 款规定,国务院组成部门管理的国家行政机构(国务院部委管理的国家局,俗称二级局),①主管特定业务,行使行政管理职能。它也应当具有专门的组织法律。但从组织的应有状态而言,这种国务院部委管理的国家局不应有自己独立的代表身份,以所属国务院组成部门的名义行使职权为妥,如此,即不必为其制定专门的组织法律,交由行政法规或部门规章即可。

另外,按照《国务院行政机构设置和编制管理条例》第 6 条第 5 款的规定,国务院办事机构,②协助国务院总理办理专门事项,不具有独立的行政管理职能。从原理上而言,办事机构应为辅助机关,除法律法规授权的情形外,不应有对外行使职权的资格。故而,亦不必为其制定专门的组织法律。

(4)地方各级人民政府

宪法第 95 条第 2 款规定,“地方各级人民政府的组织由法律规定”。2023 年《立法法》第 11 条第 2 项规定,“各级……人民政府……的产生、组织和职权”只能制定法律。这里不仅是政府的产生,还包括政府的组织和职权。目前,在地方各级人民政府方面,存在一部地方组织法。问题在于,地方各级人民政府是否适宜笼统地规定在一部法律中?从原理上说,鉴于层级不同、任务事务不同、职责权限不同,各级地方都是独立的主体,各级人民政府应当分别拥有自己的组织法。这在中华民国时期也是有先例的。

对于县级以上地方各级人民政府职能部门(包括派出机关,乡镇政府

---

① 根据国务院《关于部委管理的国家局设置的通知》(国发〔2023〕6 号),国务院部委管理的国家局包括国家粮食和物资储备局(由国家发展和改革委员会管理)、国家能源局(由国家发展和改革委员会管理)、国家数据局(由国家发展和改革委员会管理)、国家国防科技工业局(由工业和信息化部管理)、国家烟草专卖局(由工业和信息化部管理)、国家移民管理局(由公安部管理)、国家林业和草原局(由自然资源部管理)、国家铁路局(由交通运输部管理)、中国民用航空局(由交通运输部管理)、国家邮政局(由交通运输部管理)、国家文物局(由文化和旅游部管理)、国家中医药管理局(由国家卫生健康委员会管理)、国家疾病预防控制局(由国家卫生健康委员会管理)、国家矿山安全监察局(由应急管理部管理)、国家消防救援局(由应急管理部管理)、国家外汇管理局(由中国人民银行管理)国家药品监督管理局(由国家市场监督管理总局管理)。

② 根据国务院《关于机构设置的通知》(国发〔2023〕5 号),国务院办事机构现在仅有国务院研究室。国务院侨务办公室在中央统战部加挂牌子,由中央统战部承担相关职责。国务院港澳事务办公室在中共中央港澳工作办公室加挂牌子,由中共中央港澳工作办公室承担相关职责。国务院台湾事务办公室与中共中央台湾工作办公室、国家互联网信息办公室与中央网络安全和信息化委员会办公室,一个机构两块牌子,列入中共中央直属机构序列。国务院新闻办公室在中央宣传部加挂牌子,由中央宣传部承担相关职责。

无职能部门)是否需要由法律设定组织事项,这里存在两种可能。一是从法的原理上说,地方各级人民政府都是地方的行政机关,有权代表地方对外行使职权的只是各级人民政府自身,其职能部门应根据专决规则处理事务,以各级人民政府的名义对外行使职权。这时,地方各级人民政府的组织由法律规定即可。二是从现实的运作上说,职能部门现在均有权以自己的名义对外行使职权。因此,这些职能部门的组织、职权等,可以由地方性法规规定。[①] 前一种做法更佳,制定法律不仅更加易行,而且也符合行政一体性要求,能促进政府的内部协调一致。而现实中职能部门以自己的名义对外行使职权,可以理解为将内部的专决机制外部化,其自身没有主体资格,其行为的法律责任归属于所属人民政府所属的地方。

2. 组织事项

如果具有代表国家行使管辖权的行政机关都应当属于法律保留的范围,那么,这种行政机关的何种事项,应当在法律中设定呢?这里要分析的只是必要的法律事项,也就是如何才能构成一个机关。

(1)组织的任务、职责和职权

行政机关的任务、职责、职权的配置,属于行政机关的核心内容,应当由法律确定,即对于这些事项应当实行法律保留。

在行政机关的权限规定上,编制权责清单是近些年的一大举措。2013年11月12日,中共中央《关于全面深化改革若干重大问题的决定》首次提出推行权力清单制度,依法公开地方政府权力运行流程。2015年3月24日,中共中央办公厅、国务院办公厅下发了《关于推行地方各级政府工作部门权力清单制度的指导意见》。2015年12月28日,国务院办公厅发布了《国务院部门权力和责任清单编制试点方案》。这一制度是否要纳入组织法之中呢?从现有做法来看,权责清单是对现有法律法规规章中某一政府部门职权、职责的梳理归纳,其内容是明确对何种事项在何种情况下如何作出处理以及相应的法律责任。换言之,权责清单主要是行政行为法规范的梳理,具体而明确,有别于行政组织法的规定,不宜直接纳入行政组织法。而且,权责清单是现实的行为法上权责的归纳整理,缺乏系统的设计。而组织法则是从源头上整体思考设计,会带有一定的改革性。这里存在的

---

① 在地方政府机构的设置上,程序较为复杂。《地方各级人民政府机构设置和编制管理条例》第9条规定:"地方各级人民政府行政机构的设立、撤销、合并或者变更规格、名称,由本级人民政府提出方案,经上一级人民政府机构编制管理机关审核后,报上一级人民政府批准;其中,县级以上地方各级人民政府行政机构的设立、撤销或者合并,还应当依法报本级人民代表大会常务委员会备案。"

基本逻辑是,为了完成某种任务而设立组织,再赋予其职权,确定其责任。行政组织法上的权限是指行政机关的行为被认为是其所属行政主体之行为的范围或能力,可进一步分解为地域权限、事项权限、对人权限等,所辖事务与事项权限相对应。所辖事务与事项权限不能被严格区分,前者是静态的行政事务范围,后者是动态的实行事务的作用范围,权限规定转换视角就能成为所辖事务规定。① 组织法上既有只规定职权的做法,也有只规定任务而不规定职权的做法。但即便规定职权,也只是行政行为法上职权的综合,而不会存在行政权限行使的具体要件及其法律效果。行政组织法上的职权或权限只是一般权限,即一般对何种事务享有权限,在其一般权限范围内,在各个场合能作出何种行为,取决于行为法的特别规定。② 国家近些年一直致力于编制权责清单,这有助于提取出某一行政机关的一般权限,将来在行政组织法上规定职权是具有可行性的。③

(2)组织的领导体制和相互关系

关于国务院的组成、职权和领导制度,1954 年《国务院组织法》为了避免同宪法条文重复,没有写这方面的内容。1982 年为了使《国务院组织法》完整一些,根据宪法的有关规定和实际需要,对国务院的组成和实行总理负责制、国务委员、秘书长的职责等作了规定。根据宪法,规定审计长为国务院组成人员。但关于审计机关如何具体组织和进行工作,还缺乏经验,因此,国务院组织法未作具体规定。④ 行政组织的领导体制和机关之间的相互关系应当由法律作出规定,这也是明确责任归属机制的需要。

(四)行政组织的法律主义改革

在行政组织问题上,可以从两个角度发挥法律的作用,一是授权组建某行政组织,二是对行政组织的组织事项进行规范和约束,前者涉及组织的构成问题,后者涉及组织如何运作的问题。

1. 作为根据规范的组织法律

行政组织的法律保留实际上是就法律作为授权规范或根据规范的层面上而言的。按照法律保留的要求,在国家层面,一方面,要完善《国务院

---

① 佐藤功『行政組織法』(有斐閣,1986 年)165 頁参照。

② 美濃部達吉『日本行政法(上巻)』(有斐閣,1936 年)382 頁参照。

③ 另外,正如实务部门人士的意见所示,权责清单一方面可以用于清晰界定部门间权责分工,避免推诿扯皮;另一方面,可以用于作为机构编制评估和审批的依据之一。作为权责清单工作牵头单位,机构编制部门可以通过建立以权责清单为重要基础的机构编制综合评估机制,将各部门单位履行职责的情况和效果作为编制配备的参考依据。参见梁远:《让权责清单在落地运用中结出制度硕果》,载《中国行政管理》2018 年第 8 期。

④ 参见习仲勋:《关于四个法律案的说明》,载《国务院公报》1982 年第 20 号,第 973 页。

组织法》,补充必要的组织事项规定,提升组织的规范强度,修改不符合法律保留要求的组织事项。2024 年《国务院组织法》规范了广义国务院的各种组织,规范强度相对宽松。另一方面,针对需要由法律规定的机关制定具体的组织法。凡是有权代表国家对外行使职权的政府及其职能部门,包括派出机关,均应当由法律确定其组织规范,即以代表权为标准来确定行政组织的法律事项。对于国务院部委、直属机构、直属特设机构,鉴于其在政策形成上的重要作用,可以授予管辖权,并以法律的形式对其基本组织事项作出规定。

在组织事项上,在法律之外还可以分别发挥法规、规章的作用,有必要构筑一个包含法律、法规、规章三个层级规范的体系。首先由法律控制国务院部门的设置、任务、职权等重要事项(宪法第 62 条第 3 项);其次由国务院以行政法规对部委的任务和职责作出细化规定(宪法第 89 条第 3 项),对需要法律规定的部门规定其司局级内部组织的设置、任务、职权等事项,对于不需要法律规定的国务院办事机构、事业单位等部门规定其设置、任务、职权等事项;在此之下,各部委等自身还可进一步发挥专门优势以规章的形式作出更为细致的规定。①

作为任意的法律事项,法律也可以针对行政机关的内设组织(辅助机关)作出规定,例如 2021 年《食品安全法》规定的食品安全风险评估专家委员会(第 17 条)、食品安全国家标准审评委员会(第 28 条)就是其例证。这是鉴于该内设组织在行政机关中的重要作用、为了更好地履行行政机关的法定职责而作出的组织设计。另外,法律还规定过议事协调机构。② 例如,2021 年《食品安全法》第 5 条第 1 款规定,“国务院设立食品安全委员会,其职责由国务院规定”。法律设置了食品安全委员会,却丝毫不规定其职责,已属罕见。现实中,中央编委发挥着重要作用,就理论而言,对于如此重要的议事协调机构,也应当由法律规定,但就应然角度而言,应当由专门的部门来承担中央编委的任务,因为议事协调机构在机构属性上不适合作出具体的决策,所以议事协调机构办公室更不应享有具体的处理权限。

---

① 对于地方政府,可由法律分别规定各级政府的基本架构(首要的是解决地方政府是三级还是四级的问题),由地方性法规规定政府的具体组织事项。对于地方政府的职能部门,适当的改革是仅允许其以政府的名义行使职权,而不再独立享有管辖权,其组织事项可由同级人民政府来规定,如此可增强地方政府的一体性,减少不必要的行政层级。

② 按照《国务院行政机构设置和编制管理条例》第 6 条第 7 款的规定,国务院议事协调机构承担跨国务院行政机构的重要业务工作的组织协调任务。国务院议事协调机构议定的事项,经国务院同意,由有关的行政机构按照各自的职责负责办理。在特殊或者紧急的情况下,经国务院同意,国务院议事协调机构可以规定临时性的行政管理措施。

另外,鉴于组织法与行为法的差异,像《食品安全法》这样的行政行为法,不宜规定行政组织法的内容。

“三定”方案或“三定”规定的实践表明,将各个组织的职能、机构、编制确定下来是有可行性的,而且这一做法已有30多年的历史,经验相对成熟。一个简便的设想可能是将现行的“三定”规定直接转变为法律,但是,操作起来并非如此简单,需要从以下三个方面进行改革:(1)将“三定”规定封闭的制定程序改为民主审议程序。按照《“三定”规定制定和实施办法》①的规定,“三定”规定的制定程序大致为以下四步。第一步是启动和起草。由相关部门(单位)按照规定程序提出并经本级编办审核评估,或者由编办直接提出,报本级编委批准后启动。部门拟订“三定”规定草案并说明其依据,提交同级机构编制部门。第二步是审核和协调。“三定”规定草案初稿形成后,报送本级编办审核。编办负责征求相关方面意见并展开协调。第三步是审定和发布。编办负责将“三定”规定草案报请本级编委审定,同时报送“三定”规定草案审核意见。经审定批准的部门(单位)“三定”规定,原则上以党委办公厅(室)文件形式印发,或者党委办公厅(室)、政府办公厅(室)联合发文。第四步是执行和监督。部门(单位)的职能配置、内设机构、人员编制以及与其他部门(单位)职责分工等调整,由本级编办按照程序办理。“三定”规定由本级编办负责解释或者承担解释具体工作。部门(单位)可以根据工作需要和相关要求,制定落实“三定”规定的具体方案。这种闭环式程序不利于吸纳更多合理意见、形成广泛共识。将“三定”规定转变为法律,自然要遵循法律制定程序的一般要求,充分审议,广泛听取意见,接受社会监督,借程序的合理性促进组织规范的正当性和妥当性。这也是法律权威的重要来源之一。(2)弱化“三定”规定内容的规范强度。目前国务院部委等机构的“三定”规定内容包括:制定依据,机关性质和级别,主要职责,内设机构(司局级,含名称及职责内容),编制(总编制人数,领导职数),相关事项(相关领域的职责分工、部门派出机构、事业单位等),解释及调整程序规定,生效时间。笔者认为,“三定”规定的内容相对具体,连内设机构的名称、职责都作出了明确规定,这是不必要的,也使行政机关的灵活性、效率性受到较大限制。(3)所有“三定”规定均应公布。在实践中,多数部门的“三定”规定是公布的,但也有少数部门以涉密为由不予公开。但在转化为法律之后,自然应当全部公

① 2020年9月10日中共中央政治局常委会会议审议批准,2020年11月23日中共中央办公厅发布。

布。部门履行某些职能可能涉密,但部门和职能本身不是国家秘密,应当为人民所知晓。

2. 作为规制规范的组织法律

为了保持及时应对的弹性,并不需要由法律规定国务院部门的所有组织事项。行政机关的内部组织及其架构,可以由法律进行一般性规范,具体事项由行政法规、行政规章加以规定,即仅接受法律的规范,而不实行法律保留。我国可以制定"国家行政机关组织法通则",[①]类似于"行政三法"的行政行为共通事项的通则法,为国家行政机关的设立、变更、废止提供一般标准,对行政机关的内部组织规定一般运行准则。

行政机关的名称应当统一。国务院副总理与国务委员有何不同?国务院实行总理负责制而非委员会制,为什么会有国务"委员"的设置?部与委员会、署(审计署)有何不同?从教育部到国家教育委员会再回到教育部,这种更名究竟能产生何种差别?总局、总署(海关总署)与部委,厅、司与局,处、科与室等有何不同,分别在何种场合使用?这些都应当予以统一,并明确规定下来。如此,从名称上即可明确各种机关的性质、地位和值守,节约认知和沟通成本,也可避免因多次更名造成印章、抬头纸等材料的大量浪费。

会议是行政机关行使职权的重要方式,会议制度也有规范化的必要。关于国务院的会议制度,1954 年《国务院组织法》第 4 条第 2 款规定,国务院全体会议每月举行一次;第 5 条规定国务院发布的决议和命令,必须经国务院全体会议或者国务院常务会议通过。根据多年来的实践经验,对于国务院会议的期限和内容,在法律上不好作硬性的规定。因此,1982 年《国务院组织法》第 4 条仅原则规定,国务院工作中的重大问题,必须经国务院常务会议或者国务院全体会议讨论决定。[②] 2024 年《国务院组织法》修改,稍作加强,规定了全体会议和常委会议的参会人员及主要任务,还规定了总理办公会议和国务院专题会议(第 7 条、第 8 条)。会议具体的运作规则,目前是由国务院制定的《国务院工作规则》以专章的形式加以规定。

五、行政组织的法律化与法治化

自清末官制改革以来,我国已经在组织法制建设上有百余年历史;新

---

① 有学者建议制定"中央行政机关设置标准法",参见应松年、薛刚凌:《中央行政组织法律问题之探讨——兼论中央行政组织法的完善》,载胡建森主编:《公法研究》第 11 辑,浙江大学出版社 2012 年版。还有建议制定"中央行政机关组织通则"的,参见应松年:《完善行政组织法制探索》,载《中国法学》2013 年第 2 期。

② 参见习仲勋:《关于四个法律案的说明》,载《国务院公报》1982 年第 20 号,第 973 页。

中国初期的成就更是有目共睹,“三定”规定的有序展开,也是可圈可点。有鉴于此,在思想上应当破除不适当的束缚,为国家的长治久安,应当确立行政组织的法律主义。在具体的制度设计上,应当汲取过去的历史经验和教训,既要促进行政组织的民主化,也要考虑行政效率的正当要求。本着循序渐进的原则,在行政组织的法律保留上,按照民事法径路,有权代表国家对外行使管辖权的行政机关均应由法律规定其产生、任务和权限事项等。其他行政机关以及行政机关的内部组织可由行政法规、规章来规定。

行政组织在实现法律化的同时,也应当实现法治化。行政法治在组织法上的表现之一就是司法控制,允许机关诉讼。因为已经有法律法规等对行政组织事项作出了规定,各行政机关在行政组织法关系上有了自己的权限,所以司法机关的事后审查也就具有了可能性。由司法机关对是否存在某种权限、具体的权限争议作出裁判,既可以发挥法院的法律专长,又可以避免出现制定规定者充当纷争裁决者的局面。正如现实中已经出现部分的机关诉讼那样,允许机关诉讼,有助于解决权限纷争,有助于贯彻行政法治,进而在行政的全领域实现法治的要求。

第七章　地方性法规与依法律行政原理

在中国这样的大国，仅仅谈依法律行政原理，其局限是明显的，不仅是因为法律的供给不足，而且因地方大差异大，法律的原则性也非常明显。如果不能发挥地方性法规的作用，就难以充分彰显中国人大制度之下人大之于行政的价值。

一、"依地方性法规行政"的可能性

在人大制度中，地方人大和地方政府的关系与全国人大和国务院的关系是一致的。地方人大是国家权力机关，设区的市以上的地方人大是立法机关，与全国人大的性质是基本相同的。而根据宪法第 105 条第 1 款规定，"地方各级人民政府是地方各级国家权力机关的执行机关，是地方各级国家行政机关"。这与第 85 条规定的国务院宪法地位是同构的。故而，"依地方性法规行政"与"依法律行政"是可以类比的。在地方的法治建设上，同样应以地方人大为主体，将地方政府作为重点对象。在地方，实行"依地方性法规行政"，同时确保地方性法规不逾越应有权限，应可发挥依法律行政原理类似的功能，推进地方的法治政府建设。

（一）地方性法规的宪法地位

地方性法规是具有立法权的地方人大及其常委会依照法定权限和程序所制定的规范性文件，它不仅在法律体系中占有一席之地，而且在地方治理中发挥着重要作用。地方性法规是我国社会主义法律体系的重要组成部分，其制定和实施状况一定程度上反映着地方人大制度运行的有效程度。虽然地方性法规在现实中存在不少问题，诸如重复法律的规定、与上位法相抵触、不当限制权利和自由等，但其正当性和重要性均获得宪法和法律的认可。

地方性法规的宪法地位依附于地方的宪法地位。地方的主体地位一直都得到宪法的认可。"省、直辖市、县、市、市辖区、乡、民族乡、镇设立人民代表大会"（1954 年宪法第 54 条第 1 款，1982 年宪法第 95 条第 1 款）。地方各级人民代表大会是地方国家权力机关（1954 年宪法第 55 条，1982 年宪法第 96 条第 1 款）。地方性法规是地方意志的一种民主表达方式。

地方性法规在新中国的历史上经历了从无到有的变化。1954 年宪法

第22条规定,“全国人民代表大会是行使国家立法权的唯一机关”。当时,不仅地方人大没有立法权,连全国人大常委会都没有立法权。但1979年,为了加强地方政权建设,修改1978年宪法,在县级以上增设地方人大常委会(第35条第4款)。同时,1979年《地方组织法》规定,省、自治区、直辖市的人大及其常委会“根据本行政区域的具体情况和实际需要,在和国家宪法、法律、政策、法令、政令不抵触的前提下,可以制订和颁布地方性法规,并报全国人民代表大会常务委员会和国务院备案”(第6条、第27条)。1982年修宪,第100条规定,“省、直辖市的人民代表大会和它们的常务委员会,在不同宪法、法律、行政法规相抵触的前提下,可以制定地方性法规,报全国人民代表大会常务委员会备案”,地方性法规正式入宪。这是“在中央的统一领导下,加强地方政权的建设”的重要举措。① 与1979年《地方组织法》相比,宪法删除了“根据本行政区域的具体情况和实际需要”的限制。

1986年《地方组织法》修改,规定省、自治区的政府所在地的市和经国务院批准的较大的市的人大及其常委会在一定的条件下可以制定地方性法规。② 2000年《立法法》将前述两种市和经济特区所在地的市合称为较大的市,一并明确其制定地方(性)法规的权限。2015年《立法法》将地方性法规制定主体扩大到设区的市,同时在立法事项上有所限定。其目的在于,“既要依法赋予所有设区的市地方立法权,以适应地方的实际需要,又要相应明确其地方立法权限和范围,避免重复立法,维护国家法制统一”。③ 2018年宪法修改确认了这一做法。修改后的宪法第100条新增第2款,即“设区的市的人民代表大会和它们的常务委员会,在不同宪法、法律、行政法规和本省、自治区的地方性法规相抵触的前提下,可以依照法律规定制定地方性法规,报本省、自治区人民代表大会常务委员会批准后施

---

① 参见彭真:《关于中华人民共和国宪法修改草案的报告——一九八二年十一月二十六日在第五届全国人民代表大会第五次会议上》,载《全国人民代表大会常务委员会公报》2018年特刊,第41页。

② 大城市的立法权问题在1982年修宪时也有过讨论,但考虑到制定地方性法规的机关过多,不利于法制统一,宪法最终没有扩大到大城市一级。但是,1982年修改《地方组织法》时,又允许省、自治区人民政府所在地的市和国务院批准的较大的市拟订本市需要的地方性法规草案,报请省级人大常委会审议制定。这样,既适应大城市发展的需要,又可以使地方性法规制定得比较稳妥,保持法制的统一。参见肖蔚云:《我国现行宪法的诞生》,北京大学出版社1986年版,第58-59页。

③ 李建国:《关于〈中华人民共和国立法法修正案(草案)〉的说明——2015年3月8日在第十二届全国人民代表大会第三次会议上》,载《全国人民代表大会常务委员会公报》2015年第2号,第184页。

行”。“增加这一规定，有利于设区的市在宪法法律的范围内，制定体现本行政区域实际的地方性法规，更为有效地加强社会治理、促进经济社会发展，也有利于规范设区的市制定地方性法规的活动。”①与 2023 年《立法法》第 81 条第 1 款限定设区的市的立法事项不同，宪法第 100 条第 2 款并无这种限定，这也为《立法法》预留了延展空间。

（二）地方性法规与法律的关系

在整个法体系中，地方性法规与法律最为相像，而且基于法律和行政法规的关系（宪法第 89 条第 1 项）等考虑，这里作简化处理，仅分析地方性法规与法律之间的关系。借由这一分析，阐明宪法肯定地方性法规的道理，为回答地方性法规的应有权限问题提供指引。

首先，民主的同质性。在宪法和法律允许制定地方性法规的初期，行政法学界曾借鉴苏联的做法，将地方性法规作为行政管理法规的一种，认为制定行政管理法规的行为是一种抽象的行政行为。② 但行政法学界很快就转变认识，用“行政立法”的概念取代了“行政管理法规”的概念，行政立法也不再包括地方性法规，明确区分开行政机关的立法与国家权力机关的立法。③ 地方性法规与法律一样，是国家权力机关的立法，是由人大及其常委会制定的。人民选举代表，再由代表组成人大，这是代议制机关的一般做法。基于人格尊严的平等性，选民一人一票一权，选出的代表也同样如此。在我国，全国人大和地方各级人大都是由民主选举产生的，人大常委会是由大会选举产生的，都具有民主正当性。从立法的主体来说，法律与地方性法规具有同质的民主性，因而，地方性法规具备在地方发挥法律同样功能的基础。从国家的层面而言，应当遵守依法律行政原理；从地方的层面而言，亦可依地方性法规行政，地方性法规可以对地方政府规章发挥控制作用，在遵循一定界限的条件下可以对财产权等基本权利进行限制。④ 财产权等基本权利的行使与地方的行政管理息息相关，如果地方性

---

① 王晨：《关于〈中华人民共和国宪法修正案（草案）〉的说明——2018 年 3 月 5 日在第十三届全国人民代表大会第一次会议上》，载《全国人民代表大会常务委员会公报》2018 年特刊，第 95 页。

② 参见王珉灿主编：《行政法概要》，法律出版社 1983 年版，第 101 页；应松年、朱维究编著：《行政法学总论》，工人出版社 1985 年版，第 267-268 页。

③ 参见皮纯协主编：《中国行政法教程》，中国政法大学出版社 1988 年版，第 85-86 页；罗豪才主编：《行政法学》，中国政法大学出版社 1989 年版，第 90-91 页（姜明安执笔）。

④ 有学者指出，法律保留原则“体现出行政机关限制公民基本权利必须经过人民的授权，是代议机关控制行政权的一种手段”。“在审查立法以外的公权力限制基本权利的正当性时，认定地方性法规属于法律保留原则中的‘法律’应当是正确的选择。”陈征：《宪法基本权利的中国特色》，载《荆楚法学》2023 年第 3 期。

法规不能对其作出一定的规范和限制,地方的很多事务都将难以有效管理。

其次,部分民意与全体民意。一般认为,法律是全体民意的体现。而地方性法规只是代表着某一地域的选民意志,属于部分民意的体现。在1982年修宪时,在明确省级人大及其常委会可以制定地方性法规的同时,没有再像1954年宪法那样规定"全国人民代表大会是行使国家立法权的唯一机关"。其理由在于,地方性法规虽然不是"法律",但总算是一种"法"。所以,需要将"唯一"二字去掉。国家立法权由全国人大及其常委会行使,效力及于全国;制定地方性法规的权力由地方人大及其常委会行使,效力仅及于本地区。"宪法这样规定,既有利于发挥中央和地方两方面的积极性,又避免把两种制定法的性质等同起来。"①部分民意与全体民意有其各自作用的空间和权限范围。"从空间上来看,部分国民位于从个别利益向共通意思'嬗变'的过程,是'中间形态'。在这种通过部分国民的正当化中,显露出'相关者以民主主义理念为根据对支配权的参与和保障决定超越特殊利益的品质之间的紧张关系'。故而,一方面,为确保与特殊利益的距离,由'全体国民'正当化的国家机关需要适度指挥由'部分国民'正当化的机关和作用。但另一方面,为了使'全体国民'能成功地形成国家意思,不可缺少对'部分国民'形成意思的'学习'。"②需要全体人民共同决定的事项只能制定法律,代表部分民意的地方性法规不能侵犯法律的专有权限。《立法法》第11条就只能制定法律的事项进行了列举。

最后,距离的远近。法律与地方性法规虽然在民主性上具有同质性,但在距离选民的远近上存在差别。县乡级人大代表是由选民直接选举产生的,县级以上的地方人大代表是由下一级人大选举产生的(《地方组织法》第8条第1款),全国人大代表是由省级人大和人民解放军选举产生的(《全国人民代表大会和地方各级人民代表大会选举法》第16条第1款)。因而,甚至可以说,地方性法规较法律更接近民意。法律距离选民更远,其立场更具中立性和一般性,因为要考虑更多更复杂的因素,往往只能作出相对原则性的规定。而地方性法规距离选民更近,更了解地方需求和利害关系,可以更重视地域的特性,可以作出更有针对性的规定。故从理论上而言,法律可以坚持平等的普遍正义,但应当具有一定的谦抑性,给地方性法规保留一定的空间,发挥地方性法规在规范上的自主性和实效性作

① 肖蔚云:《我国现行宪法的诞生》,北京大学出版社1986年版,第57-58页。

② 山本隆司『行政上の主観法と法関係』(有斐閣,2000年)362頁参照。

用。地方性法规不仅可以补充法律的供给不足，为制定法律提供地方经验，而且还可以回应地方治理需求，形塑地方特色。因而，地方性法规能在规范的内容正当性上具有适当性。即便法律将来能够充分供给，也不能否定地方性法规的存在必要性。

另外，有学者认为，宪法的平等权条款能够衍生出国家平等对待各地方的义务，国家在分配地方立法权时须适当考虑地方间的平等。所有地方都必须享有立法资格。区县市和乡镇两级人大也是未来潜在的立法主体。[①] 这一推导具有逻辑上的纯粹性，在国外也常常是各级议会都具有立法权限。各级地方作为法人，都有权以一般规范的方式表达自己的意志。但从我国的历史来看，地方立法权的主体是逐步拓展的，具有较强的政策性。在笔者看来，人大与选民越近，就有越多的利益瓜葛，越容易受到选民的影响，越难保持中立性。这不是一个仅仅用平等这样的宪法原则就能解决的问题。从保障自由来看，在人大与选民之间应当保持必要的距离，换句话说，法规的管辖范围与事务的可及范围之间应当保持必要的距离。[②] 现在将地方立法权已扩至设区的市，这是合适的。将来如果因为我国县一级仍然地域广博，尚需扩展立法权，那么将地方立法权扩展到县一级也就足够了。乡镇的人际关系复杂，多为熟人社会，缺乏必要的距离，容易重视民主主义而忽视少数人自由的保障，对于基本权利的保障带有危险性，应当给予一定的警惕。目前设区的市人大与具体利害关系之间的距离是适当的，这反过来也为地方性法规的正当性提供支持。

在地方能否按照依法律行政原理的要求发挥地方性法规的作用，换言之，在地方能否实行“依地方性法规行政”，取决于地方性法规与法律之间的关系，申言之，取决于地方性法规相对于法律的制定权限。地方性法规的制定权限究竟有多大，能规定什么，不能规定什么，是一个难以回答却又必须回答的问题。地方人大在制定地方性法规时、有权机关在审查地方性法规时，对此都存在一定的疑虑。在理论和实务上，有的以地方性事务为标准积极界定或限定地方性法规的制定权限范围，有的既积极确定国家专属法律事项又积极界定地方性事务两头着力，但这些做法既很难作出详尽而周全的正面列举，也未必符合地方性法规的宪法地位和法律对地方性法规制定权限的一般规定，毋宁是以负面清单的方式界定地方性法规制定权限更为适当。

---

① 参见王建学：《立法法释义学专题研究》，中国社会科学出版社 2022 年版，第 87 页以下。

② 大橋洋一『現代行政の行為形式論』（弘文堂，1993 年）354、369－370 頁参照。亦可参见［德］齐佩利乌斯：《德国国家学》，赵宏译，法律出版社 2012 年版，第 233 页。

二、地方性法规制定权限的实定法界定

地方性法规的宪法地位是地方性法规制定权限的综合体现,也是地方性法规制定权限分配的根本指导,但具体的实定法规定究竟赋予其怎样的制定权限仍有一定的立法裁量空间,尚需进一步考察。总体而言,虽然宪法和法律对地方性法规的制定权限均有较为原则的规定,多消极规定,少积极规定,但这种界定方式也正应和了地方性法规的宪法地位。

(一)宪法和立法法上的权限界定

首先,宪法第 100 条集中规定了地方性法规的制定权限。第 100 条第 1 款是对省、直辖市的人大及其常委会制定地方性法规(以下简称省级法规)的规定,其权限范围是"不同宪法、法律、行政法规相抵触",事后程序是报全国人大常委会备案。① 宪法第 67 条第 8 项还规定,全国人大常委会有权"撤销省、自治区、直辖市国家权力机关制定的同宪法、法律和行政法规相抵触的地方性法规和决议"。第 100 条第 2 款是对设区的市人大及其常委会制定地方性法规(以下简称设区的市法规)的规定,其权限范围是"不同宪法、法律、行政法规和本省、自治区的地方性法规相抵触",并且"依照法律规定",其特别的程序是报本省、自治区人大常委会批准后施行。这种批准是设区的市法规的生效条件,相当于传统行政法学上的"认可"。批准是省级人大常委会履行监督职能的一种方式,它并不会改变设区的市法规的位阶。宪法第 99 条第 2 款、第 104 条还规定,县级以上地方各级人大有权改变或撤销本级人大常委会不适当的决定,县级以上地方各级人大常委会有权撤销下一级人大不适当的决定。宪法赋予省级法规与设区的市法规很大的自主空间,两者的权限具有相似性,均为只要不抵触上位法,就有立法权限,只是省级法规构成了设区的市法规的上位法。②

分析地方性法规权限的宪法规定时,可以有两种做法。一种做法是将所有超越权限的立法称作与上位法相抵触,只要不抵触,就可以制定地方性法规;另一种做法是在与上位法相抵触的界限之外还有侵犯国家专属事权等其他宪法界限,在遵守不抵触上位法和其他宪法界限的前提下可以制

① 2023 年《立法法》第 109 条第 2 项规定,地方性法规除了要向全国人大常委会备案外,还要向国务院备案;第 111 条第 2 款规定,国务院备案审查工作机构可以审查地方性法规。但是,这一职权并不在宪法第 89 条规定的国务院职权之列。

② 在地方立法中,经济特区、自治地方的人大在其授权的事项范围内具有较一般地方更大的制定权限,正文里不作一般性探讨。但后文所主张的地方性法规制定权限负面清单模式能适用于一般地方的立法,就更能适用于这些特别地方的立法。

定地方性法规。[①] 第一种做法的好处在于更贴合宪法文义，但问题是不抵触原则内涵包罗万象；第二种做法的好处在于不抵触概念的指代更为精准，便于沟通，也符合宪法体系解释的要求。本书选取第二种做法。地方性法规的不抵触原则与行政法规的“根据宪法和法律”原则（宪法第 89 条第 1 项）存在重要差别，其正当性能得到更大程度的认可，其立法空间更大。这种差别源自国务院与全国人大之间是执行关系，而地方人大与全国人大之间是监督关系。地方性法规有较多的自主性。不过，根据宪法第 100 条第 1 款规定，存在行政法规时，地方性法规也不得与行政法规相抵触。在不抵触上位法之外，地方性法规仍应有其权限范围，不能侵犯全国人大及其常委会的权限，不能违反一般法律原则，不能规定不合理的内容。这些都不直接体现为某一地方性法规的上位法，但都是地方性法规所应遵守的一般界限要求。

其次，2023 年《立法法》第 82 条列举了三类地方性法规。第一，为执行法律、行政法规的规定，针对需要根据本行政区域的实际情况作具体规定的事项而制定的地方性法规（第 82 条第 1 款第 1 项）。这通常被称作执行性立法或实施性立法，但准确而言应称为地方执行性法规，本章将其简称为执行法规。[②] 第二，针对属于地方性事务需要制定地方性法规的事项而制定的地方性法规（第 82 条第 1 款第 2 项）。这通常被称作自主性立法，但准确而言应称为地方自主性法规，本章将其简称为自主法规。第三，针对在《立法法》第 11 条规定的必须保留给法律的事项外，国家尚未制定法律或者行政法规的其他事项，省、自治区、直辖市和设区的市、自治州根据本地方的具体情况和实际需要而先制定的地方性法规（第 82 条第 2 款）。这种地方性法规通常被称作先行性立法，但准确而言应称为地方先行性法规，本章将其简称为先行法规。在国家制定的法律或者行政法规生效后，先行法规同法律或者行政法规相抵触的规定无效，制定机关应当及时予以修改或者废止。

---

① 在理论上，有学者区分了同位阶法的不一致与上下位法的抵触，又将违反上位法的条文称为直接抵触或规则抵触，将违反法的目的和原则称为间接抵触或原则抵触。参见胡建淼：《法律规范之间抵触标准研究》，载《中国法学》2016 年第 3 期。也有学者主张进一步区分“法的违反”与“法的抵触”，诸如违反权限、程序等第二性规则的情形就只是违反而非抵触。参见袁勇：《法的违反情形与抵触情形之界分》，载《法制与社会发展》2017 年第 3 期；俞祺：《论与上位法相抵触》，载《法学家》2021 年第 5 期。俞祺将法的抵触分为逻辑抵触和非逻辑抵触，大致与直接抵触和间接抵触相对应。

② 相较于“法律”二字，“地方性法规”较为烦琐。但很遗憾，我们没有一个更简洁的概念，既能精准指代地方性法规，同时也能区别于地方政府规章，区别于国务院的行政法规。我们让地方性法规和行政法规共享了“条例”的名称。

执行法规、自主法规和先行法规并不是依据同一个标准所作的分类。执行法规与自主法规是根据立法与上位法的关系或者立法权限的来源所作的区分，执行法规是为了执行上位法，权限来自对上位法的执行权限；自主法规是为了规范地方性事务，权限来自地方的自主性。而先行法规则既有事务性质的考虑，又有与上位法的关系的考虑。执行法规需要在法律、行政法规规定的范围内制定，而自主法规则有相对较大的权限，地方性事务在很大程度上决定了自主法规的权限范围，但"地方性事务"本身却是不明确的。地方性事务模糊不清，地方很难有准确的把握，而且国家并不因为某事项属于地方性事务，就不作立法规范。2023 年《立法法》第 81 条第 1 款所明确列举的"城乡建设与管理、生态文明建设、历史文化保护、基层治理"四种事项，应可归为"地方性事务"之列，但这些事务的国家立法却不在少数，诸如《城乡规划法》《城市房地产管理法》《环境保护法》《固体废物污染环境防治法》《文物保护法》《城市居民委员会组织法》等。"地方性事务不具有独占性、排他性"，"从阐释地方性事务入手，不能有效划定与中央立法的各自边际"。[①] 自主法规和先行法规一样，都不是为了执行上位法，两者之间的界限实际上是难以分清的。对于非地方性事务的国家事务或一般事务，重要事项保留给法律（2023 年《立法法》第 11 条），其他事项则可以由地方立法先行规范。先行法规的存在表明，地方并非不能对国家事务进行规范，只是不得染指国家专属事务而已。其他一般事务与地方性事务之间界限模糊。地方性事务既没有排斥国家介入的功能，也没有限定地方立法范围的功能。故在理论上，从类型上进行划分，宜根据法律对某一事项是否有规定将地方性法规分为执行法规和自主法规两类，将并无上位法规定的先行法规归入自主法规，并将地方性事务解释为非国家专属事务。

（二）"行政三法"上的权限界定

相对于宪法和立法法，"行政三法"对地方性法规的权限有更为明确的界定。"行政三法"与《立法法》具有相似性，包含着立法权的分配和对立法权的规范；不同之处在于，"行政三法"只是针对国家行政管理的三种手段的立法，但这三种手段是行政领域共通的、最重要的手段。"行政三法"是少有的一般性规定地方性法规制定权限的基本法律。故而，这种整理分析带有全局的一般性。

---

① 余凌云：《地方立法能力的适度释放——兼论"行政三法"的相关修改》，载《清华法学》2019 年第 2 期。

首先,《行政许可法》上的权限。2019 年《行政许可法》第 15 条规定,对于可以设定行政许可的事项,“尚未制定法律、行政法规的,地方性法规可以设定行政许可”;①地方性法规“不得设定应当由国家统一确定的公民、法人或者其他组织的资格、资质的行政许可;不得设定企业或者其他组织的设立登记及其前置性行政许可。其设定的行政许可,不得限制其他地区的个人或者企业到本地区从事生产经营和提供服务,不得限制其他地区的商品进入本地区市场”。该条一方面肯定了地方性法规的许可设定权,另一方面“针对一些地方存在的地方保护主义等问题,有针对性地作出一些限制性规定”。②

在理论上,对于何为“尚未制定法律、行政法规”,存在一定争议。领域说是以某一领域是否存在法律、行政法规为判断标准,事项说是以法律、行政法规是否对某一事项作出规定为判断标准。③ 原国务院法制办公室持事项说立场,认为:“‘尚未制定法律’、‘尚未制定法律、行政法规’以及‘尚未制定法律、行政法规和地方性法规’有两种情况:一是对某一事项是否设定行政许可,上位法立法时没有考虑到这个问题,下位法可以根据实际情况,在不违反行政许可法有关规定的前提下,设定行政许可;二是对某一事项是否设定行政许可,上位法立法时已经考虑,其立法精神、立法原则要求对该事项不设定行政许可的,则下位法不得设定行政许可。”④而全国人大常委会法制工作委员会(以下简称法工委)则持领域说立场,认为《行政许可法》第 15 条第 1 款规定应当理解为,在尚未制定法律、行政法规的情况下,也就是无上位法依据时,地方性法规可以设定行政许可。如果某一领域或者某一事项制定了法律、行政法规,但法律、行政法规没有设定行政许可的,或者对该领域内某一事项未设定行政许可的,地方性法规不得设定行政许可。⑤ 如果持领域说,将来法律、行政法规日渐增多,某一领域没有法律和行政法规的情形也就日渐减少,地方性法规的许可设定权就归于消亡,故不足可采。

---

① 全国人大常委会法工委认为,“自治州、自治县的单行条例不得设定行政许可。自治州、自治县对行政管理事项确需设定行政许可的,可由地方性法规予以规定”。参见《关于行政许可法、立法法等有关问题的询问答复》,载《中国人大》2005 年第 7 期。

② 乔晓阳:《全国人大法律委员会关于〈中华人民共和国行政许可法(草案)〉修改情况的汇报——2002 年 12 月 23 日在第九届全国人民代表大会常务委员会第三十一次会议上》,载《全国人民代表大会常务委员会公报》2003 年第 5 号,第 455 页。

③ 参见金自宁:《地方立法行政许可设定权之法律解释:基于鲁潍案的分析》,载《中国法学》2017 年第 1 期。

④ 国法:《行政许可法有关问题解答(二)》,载《政府法制》2004 年第 15 期。

⑤ 《关于民办教育促进法、渔业法等有关问题的询问答复》,载《中国人大》2005 年第 2 期。

其次,《行政强制法》上的权限。《行政强制法》第 13 条第 1 款规定,行政强制执行由法律设定。如此,就否定了由地方性法规设定的可能性。第 10 条第 3 款规定,“尚未制定法律、行政法规,且属于地方性事务的”,地方性法规可以设定查封场所、设施或者财物,扣押财物的行政强制措施。这一条肯定了对于地方性法规的行政强制措施设定权,但对其权限大小在立法审议过程中争议较大。对于是否应当局限于地方性事务,草案有时规定“且”,有时规定“或者”,①最终采取限缩授权的立场,选择了“且”字。在“行政三法”中,只有《行政强制法》使用了“地方性事务”的表述限定。

最后,《行政处罚法》上的权限。2021 年《行政处罚法》第 12 条规定,“地方性法规可以设定除限制人身自由、吊销营业执照以外的行政处罚”,②“法律、行政法规对违法行为已经作出行政处罚规定,地方性法规需要作出具体规定的,必须在法律、行政法规规定的给予行政处罚的行为、种类和幅度的范围内规定。”“法律、行政法规对违法行为未作出行政处罚规定,地方性法规为实施法律、行政法规,可以补充设定行政处罚。”另外,根据 2021 年《行政处罚法》第 9 条第 6 项的规定可以推知,地方性法规无权规定行政处罚的种类。第 12 条肯定了地方性法规的行政处罚设定权,一方面是一般性的设定权,这是 1996 年就有的规定,2021 年修法只是根据新的市场主体观念,删除了“企业营业执照”中的“企业”。而且,与《行政许可法》《行政强制法》规定不同的是,行政处罚法没有要求“尚未制定法律、行政法规”。另一方面是执行法规的规定权和自主法规的补充设定权,自主法规的补充设定权是 2021 年修法新增的内容。虽然在修改中存在一定顾虑,增加了一定的程序限制,但还是作出了明确规定。其修改的原因在于,“有关地方性法规设定行政处罚的规定限制过严,地方保障法律法规实施的手段受限”,“为充分发挥地方性法规在地方治理中的作用”,扩大了

---

① 参见信春鹰:《关于〈中华人民共和国行政强制法(草案)〉的说明——2005 年 12 月 24 日在第十届全国人民代表大会常务委员会第十九次会议上》,载《全国人民代表大会常务委员会公报》2011 年第 5 号,第 479 页;乔晓阳:《全国人民代表大会法律委员会关于〈中华人民共和国行政强制法(草案)〉修改情况的汇报——2009 年 8 月 24 日在第十一届全国人民代表大会常务委员会第十次会议上》,载《全国人民代表大会常务委员会公报》2011 年第 5 号,第 482 页。相关批评,可参见杨建顺:《行政强制法 18 讲》,中国法制出版社 2011 年版,第 117-118 页。

② 对于民族立法中单行条例能否设定行政处罚的问题,全国人大常委会法工委认为,“自治区制定的地方性法规可以设定行政处罚,自治区制定的自治条例、单行条例也可以设定行政处罚。但自治州、自治县制定的自治条例、单行条例不能设定行政处罚”。参见《关于文物保护法等有关问题的询问答复》,载《中国人大》2005 年第 24 期。

地方性法规的行政处罚设定权限。①

行政处罚的设定权与规定权的差别在于有无上位法，地方性法规的自主设定权限其实就是对于有无上位法的判断，早在修法之前就对此存在不同观点。领域说是以某一领域是否制定了法律、行政法规为标准，事项说是以法律、行政法规对某特定事项是否作出了规定为标准，行为说是以法律、行政法规对某具体行为是否作出了规定为标准。② 与另外两法相比，《行政处罚法》的特别之处在于，地方性法规还有一个能否设定违法行为的问题，而行政许可、行政强制均不存在违法行为的问题。从一般情况来看，将某种行为规定为违法行为，并对其作出处罚，实际上也就是设定某种违法行为的构成要件和法律效果，同时规定要件和效果，是通常的一体立法方式。如果仅仅规定"不得""禁止"某行为，而没有规定罚则，那只是一种指导性宣示，不能将该行为称作违法行为。故而，2021 年《行政处罚法》修订增加的补充设定权可以看作对行为说的明确。③ 补充设定权是为了"实施"法律、行政法规，而非"执行"法律、行政法规，具有一定的自主性。

（三）界定制定权限的一般倾向

考察宪法、《立法法》和"行政三法"之后可以发现，地方性法规的制定权限规定虽然可能存在不同的理解和实践，但仍可作出相对融贯的解释。执行法规只能在法律和行政法规设定的事项范围内（或行为、种类和幅度的范围内）作出具体规定，而不得违反上位法，问题更多地集中于自主法规。

宪法虽然只是规定了不抵触原则，却是对地方性法规自主性的最大肯定。《立法法》关于自主法规（包括先行法规）的规定则是从肯定的角度明确了地方性法规的制定权限，只是因为使用了"地方性事务"等不确定法律概念仍不够明确。结合行政处罚法和行政许可法来看，地方性法规在设定应予行政处罚的行为事项上并无地方性事务的领域限定（2021 年《行政处罚法》第 12 条第 1 款），在设定行政许可上也只是不得规定由国家统一规定的事项、不得设定企业或者其他组织的设立登记及其前置性行政许可、不得限制生产经营和商品服务的流动（2019 年《行政许可法》第 15 条

---

① 参见许安标：《关于〈中华人民共和国行政处罚法（修订草案）〉的说明——2020 年 6 月 28 日在第十三届全国人民代表大会常务委员会第二十次会议上》，载《全国人民代表大会常务委员会公报》2021 年第 2 号，第 272 页。

② 参见程庆栋：《地方补充性立法与行政处罚设定权的配置》，载《政治与法律》2021 年第 5 期。

③ 有学者也认为，在 1996 年《行政处罚法》之下，地方性法规创设行政处罚的路径是畅通的，2021 年修法是将法律字里行间的精神予以显性化。参见王太高：《论地方性法规行政处罚补充设定权》，载《苏州大学学报（哲学社会科学版）》2021 年第 6 期。

第2款)。故《立法法》对自主法规所限定的"地方性事务"范围无法发挥限定的作用,只能将其理解为非国家专属事务,或者只是自主法规优先制定的领域提示。地方性事务既无法清楚界定,也不能阻止国家针对地方性事务立法,在中央与地方关系上更有必要的是界定清楚国家专属事务。另外,在"行政三法"中,对地方性法规设定权限制最大的是《行政强制法》,仅允许地方性法规在地方性事务上设定查封和扣押的措施;而《行政许可法》和《行政处罚法》都只是为地方性法规的设定权设置了负面清单,这种权限配置显然更符合地方性法规的宪法地位。但正如不抵触原则所示,行政强制法作为法律,自然也构成了地方性法规制定权限的界限之一。

总体而言,在宪法和法律层面,对地方性法规的制定权限作出两方面的限制,一是不得与宪法、法律、行政法规相抵触,二是不得制定国家专属事务的事项。在具体领域或措施上,其制定权限可能有细小的调整。在这两个限制之外,国家与地方的人大之间可以有一定竞争和互动关系的空间。

三、地方性法规制定权限的实例检证

实定法上的规定为地方性法规制定权限确定了大致的要求,下面将从案例中来观察具体的地方立法是否贯彻了这种要求,进而分析有权机关判断地方性法规权限的方法。这里主要选取全国人大常委会法工委及其法规备案审查室解答或审查的地方性法规案例展开分析,地方性法规的监督者正是全国人大常委会。为了使分析更为清晰,下面按照地方性法规的执行法规和自主法规两类来展开检证(当然,这两类条例也很难泾渭分明,对于上位法对某一事项是否有规定,也会存在认识上的分歧)。

(一)地方执行性法规的制定权限

执行法规无论有无授权,均可制定。它发挥着类似于审查基准或裁量基准的作用。常见的执行法规是将上位法的一般性规定转换为本地具体的规定。执行法规是在上位法有规定时根据本地情况将其规定具体化,不能突破上位法设定的框架秩序。[①] 执行法规的制定权限范围相对有限。

1. 不得违反上位法律的规定

作为上位法的执行,执行法规当然不能违反法律的规定。例如,《献血

① 其例外是根据《立法法》第85条第2款的规定,自治条例和单行条例可以在一定条件下对法律和行政法规的规定作出变通规定。

法》第 14 条第 1 款规定,“公民临床用血时只交付用于血液的采集、储存、分离、检验等费用;具体收费标准由国务院卫生行政部门会同国务院价格主管部门制定”。有的地方因财政困难,且公民自愿献血意识不强,希望设置适当收取互助金的规定。但法工委认为,《献血法》该条款明确限定了公民临床用血的收取范围,地方立法不应当在此范围之外自行设定“用血互助金”。[①] 法律虽然有“等费用”不明确的规定,但特地作出限定(“只交付……”),而且明确授权国务院部门制定收费标准。地方性法规如果规定非法律明确列举的费用,就违反法律的限制规定。

有的地方性法规规定,小区业主参选业主委员会成员的前提条件之一是必须“按时交纳物业费等相关费用”。全国人大常委会法工委审查认为,业主委员会是业主自治组织,其参选资格以业主身份为基础。业主未按时交纳物业管理费,属于业主违反物业服务合同的民事违约行为。地方性法规以此限制业主参选业主委员会的资格,与《民法典》的有关规定相抵触。[②]《民法典》第 277 条第 1 款规定,“业主可以设立业主大会,选举业主委员会。业主大会、业主委员会成立的具体条件和程序,依照法律、法规的规定”。也就是说,只要是业主,就有权参与选举业主委员会,法规可以规定的是成立的具体条件和程序,不能限制或剥夺业主的资格。业主身份源自对建筑物的所有权。故全国人大常委会法工委会认定该地方性法规与《民法典》的规定存在抵触。后来,全国人大常委会法工委在专项审查时再次指出:部分地方物业管理条例未加区分地将业主未按时交纳物业服务费、专项维修资金等不履行业主义务的行为与业主共同管理权挂钩,不适当地限制了业主的建筑物区分所有权,超越了立法权限,混淆了物权关系与合同关系,与《民法典》《物业管理条例》的有关规定不符,应予以纠正。[③]

2. 不得逸出上位法律设定的范围

各地经济和社会发展水平不同,上位法往往会设定一定的调整空间,但即便如此,仍有可能不适合东部西部的所有地方,故有的地方希望能突破法律设定的范围。对于地方性法规应如何设置行政处罚的幅度,全国

① 参见《关于地方组织法、刑法、法官法、检察官法、献血法等有关问题的询问答复》,载《中国人大》2002 年第 22 期。

② 参见沈春耀:《全国人民代表大会常务委员会法制工作委员会关于 2021 年备案审查工作情况的报告——2021 年 12 月 21 日在第十三届全国人民代表大会常务委员会第三十二次会议上》,载《全国人民代表大会常务委员会公报》2022 年第 1 号,第 246 页。

③ 《关于地方物业管理条例限制业主共同管理权有关规定的审查研究案例》,载中国人大网 2023 年 1 月 13 日,http://www.npc.gov.cn/npc/c2/c30834/202301/t20230113_423341.html。

人大常委会法工委认为,“地方性法规规定行政处罚的幅度时,可以在法律、行政法规规定的行政处罚的幅度内提高下限或者降低上限,但不得突破行政处罚的幅度,降低下限或者提高上限”。①

例如,2004 年《野生动物保护法》规定,驯养繁殖国家重点保护野生动物应当取得全国人大常委会许可证,而某省实施野生动物保护法办法规定驯养繁殖国家重点保护野生动物、省级重点保护野生动物和非重点保护野生动物都要取得许可证。全国人大常委会法工委认为,地方性法规在作具体规定时,只能在法律、行政法规设定的行政许可事项范围内对实施行政许可的条件、程序等作具体规定。地方性法规在作具体规定时,超出法律、行政法规设定的行政许可事项,设定相关的行政许可,属于增设了行政许可。② 其理由可能在于,这是一件法律的实施规定,地方性法规所作的是具体规定,而不能扩大规范的事项范围。

3. 不得违反相关法律设置的界限

为了执行上位法的要求,执行法规有可能增加某些要求。但这些要求也不得违反相关法律设置的界限。例如,某市《道路交通管理条例》第 79 条规定,“执行职务的公安民警发现机动车在本市有道路交通违法行为逾期未接受处理记录累积达到五起以上的,可以先予扣留机动车行驶证”。制定机关认为,该条例第 79 条中规定的“先予扣留”针对的是“机动车行驶证”,法律性质上属于车辆上道路行驶的“许可证”,而《行政强制法》第 9 条行政强制措施种类中规定的是“扣押财物”,所以不属于地方法规设定了行政强制措施。全国人大常委会法工委法规备案审查室研究认为,该条例第 79 条中“先予扣留机动车行驶证”的规定没有法律、行政法规的依据,违背了《行政强制法》关于地方性法规行政强制措施设定的有关规定。③ 其理由或许在于,第一,该条例存在上位法《道路交通安全法》,且该法无相关规定。第二,先予扣留机动车行驶证并非《行政强制法》第 10 条第 3 款所容许的行政强制措施。

4. 具有合理性

执行法规所采取的执行手段应当具有合理性。例如,2000 年《大气污染防治法》(已失效)第 33 条第 1 款规定:“在用机动车不符合制造当时的在用机动车污染物排放标准的,不得上路行驶。”全国人大常委会法工委认

---

① 《关于行政处罚法等有关问题的询问答复》,载《中国人大》2005 年第 22 期。

② 参见《关于行政许可法、立法法等有关问题的询问答复》,载《中国人大》2005 年第 7 期。

③ 全国人大常委会法制工作委员会法规备案审查室编著:《规范性文件备案审查案例选编》,中国民主法制出版社 2020 年版,第 53-54 页(案例 25)。

为,之所以没有设定处罚,是因为引起机动车排放超标的情况比较复杂,并非都是因车主的违法、过错行为所致,不宜规定对车主给予罚款等行政处罚;罚款等处罚也不能有效解决机动车排放超标问题。关键是为防治机动车超标排放对环境的污染,应当禁止超标排放的机动车上路行驶。为此,对于禁止超标排放的机动车上路行驶的措施,地方性法规可以作出具体规定。但依照1996年《行政处罚法》第11条第2款的规定,地方性法规不得增设对机动车超标排放的罚款等行政处罚。① 地方性法规规定暂扣驾照是符合法律规定"不得上路行驶"的意旨的,但如果是增加罚款规定,并不能直接实现"不得上路行驶"的目的,且不符合法律制定的立法事实。

有时地方性法规增加的要求不涉及上位法的实体内容,而且具有合理性,也可能获得认可。例如,《食品安全法》第33条对食品贮存、运输和装卸提出了要求,第132条规定了相应法律责任。某市《食品安全条例》第21条和第90条规定,从事食品和食用农产品贮存、运输服务的经营者,应当依法向区市场监督管理部门备案,不备案的将受到警告或罚款等处罚。全国人大常委会法工委法规备案审查室认为,"食品安全法的相关规定是从实体方面提出的要求,不影响该条例从程序方面提出备案、检验的要求,以及对违反相关要求的行为设定相应行政处罚"。该条例第21条和第90条程序方面的要求和处罚规定,"是食品安全法未作规定的内容",根据《立法法》规定,可以先制定地方性法规。② 条例和法律规范的目的、对象是相同的,但为了保障实体要求的实现而增加了程序上的要求,这种规定的地方性法规可被称作"上浮法规",亦即为了同一目的而在同一对象上规定更严格规制的法规。当然,通常的上浮法规是规制基准的强化。

（二）地方自主性法规的制定权限

自主法规是在没有上位法时所制定的地方性法规,因为不存在直接相关的上位法规定,故不存在规范抵触问题。但这也不意味着自主法规可以自由设置规定。从现有的做法来看,判断自主法规权限的规则大致有三个方面。

1. 不得规定国家专属的法律事项

2023年《立法法》第11条规定的"只能制定法律"的事项,即国家专属

① 参见《关于大气污染防治法等有关问题的询问答复》,载《中国人大》2005年第16期。要补充提及的是,《大气污染防治法》2015年修订时,新增第113条规定:"违反本法规定,机动车驾驶人驾驶排放检验不合格的机动车上道路行驶的,由公安机关交通管理部门依法予以处罚。"

② 参见全国人大常委会法制工作委员会法规备案审查室编著:《规范性文件备案审查案例选编》,中国民主法制出版社2020年版,第25-28页(案例13)。

的法律事项。如无授权,地方性法规不得涉及这种事项。在全国人大常委会法工委处理过的问题中涉及的主要是“仲裁制度”和“民事基本制度”。①

在仲裁制度方面,对于地方能否就人事争议处理进行立法,一种意见认为,人事争议处理属于行政处理行为;另一种意见认为,人事争议处理实质上是人事争议仲裁。全国人大常委会法工委认为,“仲裁制度是全国人大及其常委会的专属立法权。因此,地方性法规不能规定仲裁制度。从该市草拟的‘人事争议处理条例’的内容来看,该条例规定了人事争议仲裁制度,超出了《中华人民共和国立法法》规定的地方性法规的权限范围”。②从目前来看,规定了人事争议仲裁制度的只有《公务员法》(2018 年版第 105 条)。

在民事基本制度方面,《立法法》上的“民事基本制度”是一个不确定的法律概念,究竟怎样才算作“基本”并不清楚。全国人大常委会法工委的答复和审查都表现出审慎的态度。例如,《城市房地产管理法》规定,“国家实行土地使用权和房屋所有权登记发证制度”,而房屋是指“土地上的房屋等建筑物及构筑物”,“土地下”的“人民防空工程”并不包含在“房屋”的概念内。所以,能否由地方性法规补充规定人民防空工程的产权权属登记制度就会成为问题。全国人大常委会法工委认为:“关于人民防空工程设施的登记问题,如属不动产产权登记,则涉及民事法律基本制度。此外,这个问题比较复杂,各地情况也不完全一致,尚需中央有关部门统一研究解决,以不在地方性法规中规定为宜。”③再如,针对某省未成年人保护条例修订草案的争议问题,全国人大常委会法工委认为,根据立法法的有关规定,未成年人监护、知识产权保护和个人破产制度属于民事基本制度。关于未成年人监护和知识产权保护制度,国家法律已有规定,地方性法规如需根据地方实际作出实施性的具体规定,需遵循不得与上位法相抵触的原则,并且不宜单纯重复上位法的规定。关于个人破产制度立法问题,目前有关修改法律项目已列入立法规划,全国人大有关专门委员会正

① 对于一些地方相继制定的“地方金融条例”,金融管理是否属于国家立法专属事项,存在不同认识,全国人大常委会法工委仅表示加强研究。参见沈春耀:《全国人民代表大会常务委员会法制工作委员会关于 2018 年备案审查工作情况的报告——2018 年 12 月 24 日在第十三届全国人民代表大会常务委员会第七次会议上》,载《全国人民代表大会常务委员会公报》2019 年第 1 号,第 330 页。

② 《关于立法法等有关问题的询问答复》,载《中国人大》2005 年第 9 期。

③ 《关于民办教育促进法、渔业法等有关问题的询问答复》,载《中国人大》2005 年第 2 期。

在研究，地方性法规不宜就此作出规定。①

对于地方性法规能否规定以审计结果作为政府投资建设项目竣工结算依据，2006年《审计法》第22条规定，“审计机关对政府投资和以政府投资为主的建设项目的预算执行情况和决算，进行审计监督”。某些地方性法规直接规定以审计结果作为竣工结算依据和规定应当在招标文件中载明，或者在合同中约定以审计结果作为竣工结算依据，全国人大常委会法工委法规备案审查室认为，这虽然可以在一定程度上加强对政府投资资金的监管，但在法律上却存在以下问题。一是扩大了审计决定的效力范围。二是“限制民事权利，超越了地方立法权限。根据立法法规定，民事基本制度只能制定法律。地方性法规为执行法律、行政法规的规定，可以根据本行政区域的实际情况作具体规定，但无权对法律规定的民事权利作出限制或者减损的规定。虽然建设工程出资全部或者主要来源于国家财政，有一定的特殊性，但并不能因此改变二者之间平等的民事法律关系。地方性法规强制要求以审计结果作为合同双方竣工结算依据，将适用于被审计单位的审计决定扩大适用于被审计单位的合同相对人，限制了施工企业正当的合同权利，缺乏上位法依据，超越了地方立法权限”②。从全国人大常委会法工委的第二点理由来看，虽然提及民事基本制度，但其并非重点，重点在于地方性法规不得限制或减损法律规定的权利。

2. 不违反相关法律的目的

自主法规虽然没有直接的上位法规定，不会产生规范抵触问题，但仍有可能产生违反上位法律目的的问题。

例如，2019年《城乡规划法》第43条第1款规定，建设单位应当按照规划条件进行建设；确需变更的，必须向城市、县人民政府城乡规划主管部门提出申请。变更内容不符合控制性详细规划的，城乡规划主管部门不得批准。某省《城乡规划条例》第50条规定，住宅转为经营性用房须经城乡规划主管部门审批，未经审批，工商、文化等部门不得核发相关证照。全国人大常委会法工委法规备案审查室研究认为，制定机关通过条例对居民将住宅改变为经营性用房的行为进行规范和控制，符合法律规定的权限，也是符合实际需求的。但该条例第50条“没有区分涉及规划变更的不同情形，要求一律经过城乡规划部门批准，并将取得规划部门批准作为取得工

---

① 参见《2022年法律询问答复》，载中国人大网2023年1月28日，http://www.npc.gov.cn/npc/c2/c30834/202301/t20230128_423381.html。

② 全国人大常委会法制工作委员会法规备案审查室编著：《规范性文件备案审查案例选编》，中国民主法制出版社2020年版，第69-70页（案例32）。

商登记的前提条件,为企业设立登记设定了前置性行政许可,与行政许可法和中小企业促进法中关于不得在法律、行政法规规定之外设置企业登记的前置条件的规定相抵触,应当予以纠正"。① 如果仅仅是住宅用途的改变,不涉及改建、扩建等建设活动,就不属于规划许可变更问题,就不应再由规划部门许可。条例扩大了法律的适用范围。这种规定的地方性法规可被称作"横生法规",即针对对某地是必要的但为法律的规制所遗漏的事项作出规定的法规。

再如,2001 年修改的《商标法》,改变了原驰名商标"主动保护,批量认定"的做法。但关于著名商标或者知名商标评比认定的地方性法规共有 11 部。对于地方性法规能否设置这种商标的问题,全国人大常委会法工委法规备案审查室认为:"由政府对著名商标进行认定和特殊保护,存在着利用政府公信力为企业背书、对市场主体有选择地给予支持、扭曲市场公平竞争关系等问题,在操作过程中也滋生和带来了一些弊端。党的十八大以来,党中央明确提出使市场在资源配置中起决定性作用和更好发挥政府作用的改革要求,加快转变政府职能。因此,地方著名商标制度与全面深化改革的目标和要求不符,继续保留地方著名商标制度,弊大于利;地方立法不应再为著名商标评比认定提供依据;对有关著名商标制度的地方性法规,应当予以清理,适时废止。"②虽然法律没有了相应规定,也就不存在规范抵触,但法律不再作出规定,其意旨在于不应作出这种规定。地方性法规作出类似规定,自然就违背了法律的这一目的。

3. 具有合理性

虽然自主法规可以作出一定自由的规定,但这种规定本身也应当具有合理性。当然,手段上的合理性不仅是对于自主法规的要求,对于执行法规亦然,对于法律亦然。

例如,对于业主大会决定使用专项维修资金,《物业管理条例》第 12 条第 3 款规定应当经专有部分占建筑物总面积 2/3 以上的业主且占总人数 2/3 以上的业主同意。这一规定与原《物权法》第 76 条第 2 款的要求是一致的。但为了解决实践中业主大会召集难、专项维修资金使用难的问题,某省《物业管理条例》第 89 条规定:"发生下列危及安全情形之一,需要使用专项维修资金的,由业主委员会、相关业主提出应急处置方案,或者

① 全国人大常委会法制工作委员会法规备案审查室编著:《规范性文件备案审查案例选编》,中国民主法制出版社 2020 年版,第 66-67 页(案例 31)。

② 全国人大常委会法制工作委员会法规备案审查室编著:《规范性文件备案审查案例选编》,中国民主法制出版社 2020 年版,第 53 页(案例 24)。

物业服务企业提出建议，经业主委员会、相关业主同意，并报专项维修资金代管或者监管部门审核后，直接申请使用……”全国人大常委会法工委法规备案审查室研究认为，《物权法》并未规定紧急情况下专项维修资金的使用，该条例的规定对于解决专项维修资金应急使用的问题，提高使用效益，有一定的积极意义。该条例第 89 条的规定与《物权法》不构成抵触。[①] 法律的目的在于合理地使用专项维修资金，但如果将法律的规定适用于所有情形，可能就实现不了使用的目的。该条例对使用专项维修资金的情形作出区分，将法律的规定限于平时，而自身增加了一种紧急情况。这也是一种横生法规。[②]

在审查地方性法规时，时常适用比例原则、过罚相当原则，以确定地方性法规的合理性。有的地方性法规规定，停车人应当按照规定缴纳道路停车费用，逾期未缴纳的，进行催缴同时并处 200 元以上 1000 元以下罚款。全国人大常委会法工委法规备案审查室认为，这一规定“程序设置失当，规定的罚款额度与行政处罚法确立的过罚相当原则不符，建议制定机关遵循法治原则，从实际出发，在充分论证的基础上，调整完善罚款的额度和程序”。[③] 姑且不论告知催告等程序设置问题，审查中所使用的“罚款”等概念应是受限于实定法上的既有规定，其性质应当是行政强制执行的一种措施，“过罚相当原则”的实质是执行罚设定上的“适当”问题，审查的结论是可以成立的。

有的地方性法规规定，开锁、公章刻制、信托寄卖、金银首饰加工、废旧金属收购等特种行业从业人员利用该行业便利进行违法活动受过行政或刑事处罚的，终身不得从事该行业。全国人大常委会法工委法规备案审查室认为，“地方性法规对某些特种行业设定较为严格的从业资格条件，对维护公共安全有积极作用，但在法律、行政法规没有规定从业限制的领域，地

---

① 参见全国人大常委会法制工作委员会法规备案审查室编著：《规范性文件备案审查案例选编》，中国民主法制出版社 2020 年版，第 62-64 页（案例 29）。

② 与上述增加项目不同的是“立法缩水”或“立法放水”。参见《中共中央办公厅、国务院办公厅就甘肃祁连山国家级自然保护区生态环境问题发出通报》，载中国政府网 2017 年 7 月 20 日，https://www.gov.cn/xinwen/2017-07/20/content_5212107.htm。关于环保领域的放松管控案例，另可参见沈春耀：《全国人民代表大会常务委员会法制工作委员会关于 2023 年备案审查工作情况的报告——2023 年 12 月 26 日在第十四届全国人民代表大会常务委员会第七次会议上》，载《全国人民代表大会常务委员会公报》2024 年第 1 号，第 229 页。

③ 沈春耀：《全国人民代表大会常务委员会法制工作委员会关于 2021 年备案审查工作情况的报告——2021 年 12 月 21 日在第十三届全国人民代表大会常务委员会第三十二次会议上》，载《全国人民代表大会常务委员会公报》2022 年第 1 号，第 246 页。

方性法规作出相关从业限制规定时,不宜规定‘终身禁止’”。① 全国人大常委会法工委法规备案审查室在这里采取了领域说,否定了地方性法规的设定权。但从理论上来说,设定“限制从业”的处罚属于地方性法规的权限,地方性法规在没有上位法规定时可以设定“限制从业”的处罚。问题在于,“终身禁止”是否合乎过罚相当原则或比例原则。全国人大常委会法工委法规备案审查室换一个角度来审查,或许更为妥当。

在备案审查的案件中,有一件较为特别的处理。2015 年《食品安全法》第 35 条第 1 款规定,从事食品销售,应当依法取得许可。但是,销售食用农产品,不需要取得许可。而 2017 年某市《食品安全条例》第 19 条第 3 款规定,“从事生猪产品及牛羊等其他家畜的产品批发、零售的,应当依法取得食品经营许可”。家畜产品当然属于食用农产品,但该条例将法律但书规定的例外情形转为一般情况来规定。对此,全国人大常委会法工委法规备案审查室在简要回顾食品安全法相关条款从 2009 年到 2015 年的修改后指出:食品安全法立法过程中之所以作出该规定,主是考虑到食用农产品经营主体多为农民或小、散经营者,难以通过实行许可进行管理,而该条例规定的生猪产品及牛羊肉等其他家畜产品的经营主体多为农产品批发交易市场、标准化菜市场和超市、卖场等,具有一定的规模,实行许可管理具有一定的可行性。该条例“规定的许可主要针对的是从事规模化销售的经营主体,不违反食品安全法立法精神和原则”。② 从法条表述来看,该条例与法律的规定显然是抵触的,但全国人大常委会法工委法规备案审查室从法律的目的出发肯定了该条例符合法律的立法精神和原则。“与上位法规则相抵触,但不与上位法原则相抵触”,这是一个十分特殊的情形,涉及形式法治与实质法治的先后关系,理论上通常是需要恪守严格形式主义的立场应对。③ 但是,根据立法目的,限缩但书情形的适用范围,剥离规模化销售情形的适用,是可能的。虽然各自目的不同,两者可以并存。

(三)制定权限判断的考虑因素

从上文的诸多案例来看,全国人大常委会法工委在判断地方性法规的权限时,一般只是作消极的判断,很少作积极的判断。在涉及行政许可、行

① 沈春耀:《全国人民代表大会常务委员会法制工作委员会关于 2021 年备案审查工作情况的报告——2021 年 12 月 21 日在第十三届全国人民代表大会常务委员会第三十二次会议上》,载《全国人民代表大会常务委员会公报》2022 年第 1 号,第 246 页。

② 全国人大常委会法制工作委员会法规备案审查室编著:《规范性文件备案审查案例选编》,中国民主法制出版社 2020 年版,第 25-28 页(案例 13)。

③ 参见程庆栋:《执行性立法“抵触”的判定标准及其应用方法》,载《华东政法大学学报》2017 年第 5 期。

政强制、行政处罚的地方性法规权限时，全国人大常委会法工委通常都表现得较为审慎。另外，将地方性法规分为执行法规和自主法规来分别考察是有益的，全国人大常委会法工委在判断两者的权限时存在标准上的一定差异。执行法规的权限判断主要依据上位法的规定，较为严格。执行法规与法律的规范目的、事项均为相同，其只能结合本地情况将法律的规定具体化，为法律的实施准备条件、程序等事项。而自主法规并不存在直接的上位法规定，全国人大常委会法工委在判断时更多地关注上位法的目的、条例自身的合理性。地方可以制定自主法规，但并不是任何自主法规都能得到认可。自主法规首先不得触及国家专属的法律事项。虽然国家专属的法律事项也存在判断上的难度，但在全国人大常委会法工委判断自主法规的权限时，“地方性事务”未曾被提及，未曾在审查判断中发挥过明确的作用。

是否允许上浮法规和横生法规，需要看法律的目的和定位，亦即法律旨在设置的是最低规制标准还是最高规制标准。在法律未作规定时，还要看法律是原本就认为不应规定，还是有意不作规定或无意造成的疏漏。对于原本就不应规定者，下位法如果作出规定，自然违法。① 对于有意不作规定者，情况往往较为复杂，法律难以作出一体的规定，这时，下位法如果能作出合理区分，那就可以作出规定，但仍然存在条例规定的合理性问题。对于无意造成的疏漏者，地方性法规作出探索，应可允许，甚至值得鼓励。② 虽然规制事项是赋予权利还是课予义务在确定法律的目的上有一

---

① 著名的秦大树不服重庆市涪陵区林业局行政处罚案、鲁潍（福建）盐业进出口有限公司苏州分公司诉江苏省苏州市盐务管理局盐业行政处罚案（指导案例 5 号）都属于这一情形。如果按照最高人民法院的答复[（2001）行他字第 7 号]或者指导案例 5 号的意思，实际上都是否定了地方性法规在行政处罚、行政许可上的设定权。但是，上位法之所以没有规定桐油的运输需要许可证，是因为桐油并非林木，而是林产品，其生产运输销售完全可以由市场机制调节；之所以没有规定工业盐的运输许可证，是因为工业盐并非食盐，工业盐作为工业的血液固然重要，也完全可以由市场机制调节。故法律没有规定意味着不应规定，下位法作出规定，即违背上位法的意旨。如此解释，方可合乎法律与条例的应有关系。

② 有的地方性法规规定，驾驶无号牌的非机动车上道路行驶，专用号牌电动自行车未按规定进行安全技术检查，驾驶禁止通行的非机动车上道路行驶，或者未按规定使用悬挂专用号牌的电动自行车的，由公安机关处 50 元以上 200 元以下罚款。全国人大常委会法工委审查认为，《道路交通安全法》自 2003 年实施以来，出现了许多新的非机动车种类和问题。地方人大基于道路交通安全管理的实际需要，通过制定法规对非机动车上路行驶的新情况新问题作出具体回应，既符合法律的原则和精神，又一定程度补足了法律规定的滞后。为发挥地方立法实施性、补充性、试验性的作用，应当允许地方在合理范围内先行探索，逐步形成行之有效的经验，既解决实践急需，又为下一步修改完善国家法律提供实践依据。参见沈春耀：《全国人民代表大会常务委员会法制工作委员会关于 2021 年备案审查工作情况的报告——2021 年 12 月 21 日在第十三届全国人民代表大会常务委员会第三十二次会议上》，载《全国人民代表大会常务委员会公报》2022 年第 1 号，第 247 页。全国人大常委会法工委在这里不仅肯定地方性法规对于新情况新问题的规范权限，而且还指明地方立法的优势所在。

定参考意义,但立法往往都是在不同的利害关系之间进行调整,诸如护理假照发工资看似是给职工授益,但需要给企业和单位课予义务,①法工委在审查时并不轻易采用这一分析框架。法工委所使用的重要方法就是区分,区分一般与特殊、普遍与个别、平时与紧急等情形。地方性法规的规范目的如果不同于法律,且不影响实现法律的目的和效果,地方性法规的规定可以获得认可。从明确法律和地方性法规的各自权限角度而言,《环境保护法》明确授权地方作出更严、更多的规定,②即允许制定上浮法规、横生法规,是值得鼓励的做法。但是,我们却很难期待有一揽子的类似明确规定,而只能分领域、分情形逐一探讨确认。

四、地方性法规制定权限的制度性保障

地方性法规拥有宪法上的正当性,既有与法律的同质性,也有不同于法律的民意基础和距离。对于地方性法规的权限,宪法主要是规定了不抵触原则,法律有正面列举权限的方式,也有负面列举权限的方式,但以后者居多。对于地方性法规的权限,中央和地方都在摸索之中,而且还会随着新形势和新问题的出现不断持续探究,存在中央与地方互动的一定空间。我们既要避免新集权模式,不要动辄以没有法律根据为由否定地方性法规;也要避免地方分权自治模式,中央对于纯粹的地方性事务也是可以立法的。全国人大常委会法工委在审查中更多关注的不是地方性法规可以就何种事务作出规定,而是地方性法规不得如何规定,以此确定地方性法规制定的界限。具体而言,一是不得与上位法的既有明确规定相抵触,二

---

① 例如,某省《人口与计划生育条例》规定,夫妻产假、护理假期间,工资福利待遇不变。全国人大常委会法工委法规备案审查室研究认为,该条例的规定不存在与上位法抵触的问题,但其合理性、执行性和操作性等方面需要根据地方经济社会发展水平、生育保险支付能力不断完善。再如,六省区地方性法规规定职工护理老年人假期,同时要求企业按原工资标准支付工资福利。全国人大常委会法工委法规备案审查室认为,带薪老年人护理假,实质上是将保障老年人权益的有关社会责任具体化并部分加诸于用人单位。这样规定符合老年人权益保障法、人口与计划生育法的立法宗旨和有关条文的立法精神,不存在与法律相抵触问题。但老年人护理假具有社会福利性质,目前法律、行政法规未作具体规定,国家没有统一政策,建立这项制度涉及用人单位与职工双方利益平衡和国家、单位、个人之间社会保障责任的分配,对地区之间人力资源流动与配置、企业之间的市场竞争等,也会带来影响,是否应当制定统一的政策需要研究。参见全国人大常委会法制工作委员会法规备案审查室编著:《规范性文件备案审查案例选编》,中国民主法制出版社 2020 年版,第 56-58(案例 26)、42(案例 20)页。

② 2014 年《环境保护法》第 15 条和第 16 条明确规定,国务院环境保护主管部门制定国家环境质量标准、国家污染物排放标准。省级政府对国家环境质量标准、国家污染物排放标准中未作规定的项目,可以制定地方标准;对国家环境质量标准、国家污染物排放标准中已作规定的项目,可以制定严于国家标准的地方标准。第 59 条第 3 款规定,地方性法规可以根据环境保护的实际需要,增加按日连续处罚的违法行为的种类。

是不得制定国家专属法律事项。其他诸如遵循比例原则等合理性要求,则是法律和地方性法规的共同要求。以负面清单模式确定地方性法规的制定权限,回答地方性法规不能规定什么的问题,也就回答了地方性法规可以规定什么的问题,这不仅可以维护地方性法规的适当空间,消除地方人大畏首畏尾的踌躇,也可以维护中央的应有权威和法制的统一。负面清单正是符合宪法上的不抵触原则的做法,合乎地方性法规的地位。确定负面清单,其实就是明确上述两个方面的界限,除了法律、行政法规的已有规定,就是明确国家专属法律事项。明确国家专属法律事项固然有一定难度,但与既确定国家专属法律事项又积极界定地方性事务两头着力的做法相比,还是更易于操作、易于明确。而且,《立法法》已经作出了一定的探索。即使不能逐一明确,也应将落实负面清单模式作为各种工作的努力方向。

在遵循不抵触原则和不侵犯法律专属事项的前提下,地方性法规可以限制权利、增加义务。发挥地方性法规的作用,可以为依法律行政原理注入更多的法规和多样性。当然,地方性法规的内部是存在差别的。地方自主性法规与法律具有相当性,无须法律的授权,就可以创造法规,限制权利、增加义务,而仅存在法律优位的问题。地方执行性法规因仅系执行,已有法律的存在,不得新创设法规,但也存在法律优位的问题。

在地方性法规的宪法地位得到保障之后,在现实的立法中,也会引发新的侵犯人权、破坏法制统一等问题。在备案审查制度日益长效化运作之后,地方性法规可能存在的问题也能得到及时的纠正。故而,也不必过于担心因地方性法规扩张而可能引发的问题。在备案审查制度中,开展审查时可以向制定机关提出书面意见或者要求其到会说明情况(2023 年《立法法》第 112 条第 1 款)。鉴于抽象审查的状况、法规适用的复杂性,为了保障地方的主动性和积极性,有必要将“可以”听取意见改作“应当”听取制定机关的意见。在审查地方性法规时,不能轻易因为与法律的规定不同或者法律没有规定而判断地方性法规违法,而应考虑法律的适合地方性限定解释、地方性法规的合法律性限定解释的可能性。

第八章　行政协议无效的认定与依法律行政原理

与行政决定不同的是，行政协议[①]以私人的合意为前提。行政获得私人的同意，是否意味着可以免除法律的约束？个别性同意与一般性同意是存在差别的。法律是全体人民的一般性同意。客观意义的法治国家原理要求维护法律的价值。因为依法律行政原理与契约自由原则之间存在紧张关系，行政协议自诞生以来就存在正当性与可能性的争议，这种争议对于行政协议制度的诸多方面都产生影响，行政协议的无效就是其中一个方面。鉴于德国《联邦行政程序法》对行政协议的无效有明确规定，本章拟以研究笔记的方式介绍德国行政协议无效的认定标准，勾勒出其中的问题与论争，并思考问题在中国的可能应对。

一、行政协议无效中的依法律行政与契约自由

传统行政法上对行政契约与法规之间关系的学说有过三个阶段的变化。第一个阶段是认为公法关系一般由强行性规定来规定，基于自由意志的契约观念与公法的本质相矛盾。第二个阶段是认为公法关系一般由强行性规定来规定，只有在法律上特别承认由契约来规定时才能容许。第三个阶段是认为，法律上默认公法上的契约，只要没有相反的规定，基于行政上的必要而缔结公法上的契约就是有效的。[②] 最后一个阶段也成为德国《联邦行政程序法》第 54 条的基础。当初否定行政契约的理由在于，权力支配关系中不存在对等自由合意的可能性，契约自由与依法律行政在本质上难以调和。虽然之后行政契约的正当性逐步得到认可，但行政契约与依法律行政原理之间的紧张关系一直存在。

直到 20 世纪 50 年代，德国的通说认为，行政契约原则上分为有效的行政契约与无效的行政契约两类，违法的行政契约是无效的。德国联邦行政法院曾指出，“契约的有效或无效要根据当时有效的法律规定来判断。

① 行政协议在传统行政法上又被称作公法契约、行政契约、行政上的契约等，现在也被称作行政合同。本章中不作区分地使用。

② 田中二郎『行政行為論』(有斐閣，1954 年)294 頁以下参照。

如此，公法规定与契约的内容不一致时，（该契约）无效”。① 但在之后起草行政程序法及1976年通过的《联邦行政程序法》（第59条　公法契约的无效）却舍弃了这一做法，只有部分的行政契约违法才会带来无效的法效果。也就是说，行政契约就出现了合法有效、违法有效、违法无效三种类型。之所以放弃过去的二分法，其目的在于给予行政契约的“契约”属性一定程度的尊重。“行政合同由于其合意性，其存续性（力）应当比单方面作出的国家行为强。其理由不在瑕疵或者瑕疵后果层面，而是在相应的处理层面；因为，行政合同借助公民同意而成立，可以包含在单方法律行为，特别是行政行为方面不适法的处理内容。行政合同的法律界限和瑕疵感染性因此要小一些，这一点——反过来看——也赋予其较强的存续力。”②

对于仅在限定违法范围产生无效效果、允许违法有效契约存在的《联邦行政程序法》第59条，存在合宪说与违宪说两种评价。合宪说认为，第一，法律优位原则与法的安定性原则常常发生冲突，但两者都是派生于法治国家原理，立法者并未被课予更加尊重法律优位的义务。第二，行政程序法未规定撤销违法的行政契约，而让违法的行政契约具有存续效力，这可以从两方面来正当化：国民以自由意志缔约，可视为放弃撤销权；行政程序法规定了比行政行为更广的无效原因。第三，如果规定违法的行政契约均为无效，那行政契约的缔结因效力的不确定性而让国民承受很大的危险，实际上就几乎不会缔结行政契约。现在的规定能让行政契约有活动的余地。而违宪说则认为，如何消解行政契约与法律之间的矛盾，的确无法从依法律行政原理中直接得出结论。但对违法的行政契约不予任何有效的制裁，却能从依法律行政原理中得出结论。对违反强行性法规者应予何种制裁属于立法裁量的范围，但能否不予制裁却不在立法裁量之中。连信赖保护等正当化理由也没有，纵然违法，也不予任何制裁而任由行政契约存在，行政程序法的规定违反依法律行政原理，进而违反法治国家原理。③合宪说更多地侧重于行政契约的合意性，而违宪说则更多地认为行政契约也是一种行政活动。违宪说的批评也影响了《联邦行政程序法》第59条的理解与适用。近年，在持合宪说立场的学者中出现一种动向，即利用民事契约法理等种种制度，从事实上拔除违法而有效的契约，实现与无效相同的效果。对于那些违法而有效的契约，援用缔约过失、欠缺行为基础原则

① 大橋洋一「行政契約の比較法的考察」法政研究58巻4号（1992年）123頁。

② ［德］哈特穆特·毛雷尔：《行政法学总论》，高家伟译，法律出版社2000年版，第379页。

③ 石井昇「違法な行政契約の効力—西独における立法と学説—」一橋論叢92巻1号（1984年）84-85頁参照。

认可解除契约,援用诚实信用原则、《联邦宪法法院法》第79条第2款(依据违反基本法被宣告无效的法规范、规范解释所作出的裁判不得执行)否定履行请求权,或者承认对违法的公法契约的国家赔偿请求(损害赔偿请求),让多数根据《联邦行政程序法》第59条并非无效的违法契约在结果上变得无效。① 这就让合宪说与违宪说在相互接近。

二、行政协议无效与行政行为无效标准的适用

在行政协议的无效认定上,存在着两套标准,即作为行政活动的无效标准与作为合同的无效标准。首先来看行政行为无效标准在行政协议上的适用。

(一)行政行为无效标准与法律保留原则

2014年我国《行政诉讼法》并没有规定行政协议的无效标准,但该法第75条规定:"行政行为有实施主体不具有行政主体资格或者没有依据等重大且明显违法情形,原告申请确认行政行为无效的,人民法院判决确认无效。"在2014年《行政诉讼法》上,"行政行为"是一个概括性的概念,行政协议属于行政行为的一个类型。所以,司法实践中也有不少判决就是依据《行政诉讼法》第75条确认行政协议无效。② 最高人民法院《关于审理行政协议案件若干问题的规定》(法释〔2019〕17号,以下简称《行政协议审理规定》)第12条第1款规定,行政协议存在《行政诉讼法》第75条规定的重大且明显违法情形的,人民法院应当确认行政协议无效。

当然,从原理上说,无效行政行为是在行政法律行为的意义上而言的,事实行为不存在无效的问题。只有狭义行政行为(行政决定)才具有公定力等特性。行政协议与行政决定是行政的两种行为形式,但都属于法律行为,如果行政协议有行政决定中的同样无效事由,行为方式的不同并不排斥将行政行为的无效标准适用于行政协议的无效认定上。

在行政协议的案件中,最高人民法院对行政行为无效的标准也作出了一定解释:③

---

① 岸本太樹「行政契約の法理論(4)」北大法学論集53巻1号(2002年)110-115頁参照。

② 例如,在尹某武诉瓦房店市政府、九龙村委会确认拆迁补偿协议无效案中,二审法院根据《行政诉讼法》第75条、最高人民法院《关于适用〈中华人民共和国行政诉讼法〉的解释》第99条规定的无效标准对涉案征收补偿协议进行了审查,并判决驳回上诉。参见辽宁省高级人民法院(2016)辽行终891号行政判决书,2018年5月23日。

③ 濮阳市华龙区华隆天然气有限公司因濮阳华润燃气有限公司诉河南省濮阳市城市管理局、河南省濮阳市人民政府确认行政协议无效再审案,载《最高人民法院公报》2022年第5期。

根据行政诉讼法的规定可知,无效行政行为是指该行为存在"重大且明显"的违法情形。"重大"一般是指行政行为的实施将给公民、法人或者其他组织的合法权益带来重大影响;而"明显"一般是指行政行为的违法性已经明显到任何有理智的人都能够作出判断的程度。行政行为只有同时存在"重大且明显"违法的情形,该行为才能被认定为无效。

虽然通常行政机关采取行政协议的方式,只要法律不禁止,就属于容许之列,但在行政协议的内容上会存在法律保留原则的问题。例如,有法院认为,"行政合同的主导性权利内容必须具有法定的依据,行政主体不得在法律规定以外实施行政合同行为,法无明确规定不得随意设置和限制相对人的权利和义务,体现'行政活动必须有法律依据'的法律保留原则"。①虽然在该案中法院并非强调狭义的"法律",而只是《矿产资源补偿费征收管理规定》这样的行政法规,但其法理却是可以沿用的。行政协议的内容(行政机关的行为规范)涉及法律保留的事项,应得到法律的授权。在一起拆迁安置协议的司法审查中,法院指出:②

如果行政机关面临的事务是处于法律保留范围之外的,即无需法律的专门规定或授权,行政机关即可自主行事的,此时,行政机关的自主创新活动无所谓违反法律。但,这种自主绝不意味着恣意,因为,在合法性之外,行政机关的活动还要受到合理性原则的拘束。

如果行政机关面临的事务是处于法律保留范围之内的,那么,如果没有法律的明确授权,行政机关不得自行处理。否则,所作出的行为将构成缺乏法律依据的行为。违反了法律保留原则的行政行为,应视为无效行政行为,因为"缺乏法律依据"已经构成"重大且明显违法"。

本案中,被告艺新街道办面临的案涉事务是处于法律保留范围之内的;不提供其取得的房屋拆迁许可证,视为没有;亦未提供其具有法定职责、履行法定程序而与原告靳某荣签订《拆迁安置协议书》的行为的证据、依据,其行为违反了法律保留原则,构成"其他重大且明显违法"。

---

① 郭某、陈某权与息县濮公山管理区行政合同纠纷案,河南省息县人民法院(2009)息行初字第155号行政判决书,2009年11月3日。

② 靳某荣诉焦作市山阳区艺新街道办事处拆迁安置协议纠纷案,河南省焦作市山阳区人民法院(2020)豫0811行初46号行政判决书,2020年10月19日。

据此,法院根据《行政协议审理规定》第12条第1款规定,确认拆迁安置协议无效。法院将违反法律保留原则理解为没有法律依据,进而顺理成章地确认行政协议无效。

(二)其他无效事由与法律优位原则

与我国类似,德国《联邦行政程序法》也有类似规定,导致狭义行政行为(行政决定)无效的事由也同样导致行政协议的无效。在德国,行政决定与行政协议是并列的概念,行政决定的无效标准经由行政程序法的规定而适用于行政协议的无效认定。《联邦行政程序法》第59条第2款规定(括号中说明为引者所加):

> 第54条第2句所指的契约(替代行政决定的公法契约=隶属性契约)在下列情况下无效:
>
> (1)如果行政决定具有相应内容即无效的;
>
> (2)如果行政决定具有相应内容,就会因不属于第46条所指的程序或形式瑕疵而违法,且契约签订者明知这一点的;
>
> (3)不具备订立和解契约的条件,且行政决定如果具有相应内容,就会因不属于第46条所指的程序或形式瑕疵而违法的;
>
> (4)行政机关承诺第56条(交换契约=双务契约)所不允许的对待给付。①

该法第59条第2款规定的是仅针对隶属性公法契约(与对等性公法契约相对)的特殊无效事由。第1项适用的是行政决定的无效标准。而后面3项内容则分别是对明知或故意共同违法、违反和解契约、双务契约法定条件者予以制裁。其中,第2项的立法理由是,在契约签订者认识到契约的违法性而且故意协力让其发生,公法契约发生了违法结果时,行政活动合法性原则优位于契约绝对拘束性原则。这时,契约签订者信赖公法契约存续是不值得保护的。第3项的立法理由是,应当确保和解契约的规定得到遵守,禁止没有实质前提(互让)、没有形式前提(相关事实和法状况的不明确性)就缔结契约,而且行政决定具有相应内容就会因程序和形式之外的原因而违法,法律上禁止缔结这样的和解契约。第4项的立法理由是,该规定是保护行政机关的契约相对方国民的规定,防止行政机关利用

① 《联邦德国行政程序法》,载[德]平特纳:《德国普通行政法》,朱林译,中国政法大学出版社1999年版,第241页。

其优越地位与国民约定第 56 条不允许的对待给付。① 放松对替代行政决定的行政契约要求,不为法律优位原则所容许。②

《联邦行政程序法》第 59 条第 2 款规定的特点是,无效事由由法律限定地列举,且比行政决定的无效事由更多。对于前者,已可从前述对待行政协议无效的立场上得到说明。对于后者,法案的提出理由作出如下的说明:

> 与行政决定的无效原因相比扩张了公法契约的无效原因,这是对契约绝对拘束性原则与行政活动合法性原则进行衡量的结果。在行政机关可以废止具有相应内容的行政决定时,如果契约当事人始终能请求废止契约,则与契约的本质相悖。如此也危及契约的存续。另外,国民与行政有意利用公法契约(有时是有意共谋)而违反法律规定,也与有秩序的国家状态不合。考虑到这两点,草案规定了几个狭窄限定的特别无效要件。只有在这些情况下,行政与国民之间达成的合意才被置于无效这种重大保留之下。对于其他所有情况明确的是,即便行政决定具有相应内容违法,该违法性也不影响公法契约的有效性。③

行政协议可以适用行政决定无效的一般标准,但还可以有自身的特别标准,因为行政协议中的合意性有可能会冲击依法律行政原理,给公益、相对人乃至第三人利益造成不当侵害,需要得到进一步的约束。在我国的法律和行政法规层面,和解合同、双务合同的相应缔结条件还付之阙如,这要由立法者来规定。和解合同、双务合同的无效标准问题要作为法解释问题处理,还有不小的难度。

三、行政协议无效与合同无效标准的准用

行政协议也是一种合同,也应遵循合同的基本准则。学界一般认为,在判断行政协议无效时,可以准用民事合同无效标准。④《行政协议审

---

① 石井昇『行政契約の理論と手続』(弘文堂,1987 年)172-174 頁;岸本太樹「行政契約の法理論(4)」北大法学論集 53 巻 1 号(2002 年)120 頁参照。

② 亦可参见本书第三章四(三)1“和解合同与法律优位”部分。

③ 石井昇『行政契約の理論と手続』(弘文堂,1987 年)169 頁。

④ 参见陈无风:《行政协议诉讼:现状与展望》,载《清华法学》2015 年第 4 期。

理规定》第 12 条第 2 款明确规定:“人民法院可以适用民事法律规范确认行政协议无效。”

(一)准用合同无效标准的肯定

实践中,法院常用两套标准——《行政诉讼法》第 75 条和民法上的无效规定(原《合同法》第 52 条或者《民法典》第 153 条、第 154 条)——交替审查行政协议是否无效。例如,在吴某诉太和县城关镇人民政府等行政协议案中,安徽省高级人民法院认为,“行政协议属于行政行为的一种,对行政协议效力的判断应当适用行政诉讼法关于无效行政行为的规定……行政协议区别于一般的行政行为,兼具行政与合同的双重特征,对行政协议效力的判断可以适用相关民事法律规范的规定”。① 法院审查后认为,案件中“不存在重大且明显违法情形”,也“不存在受胁迫签订协议情况,故涉案补偿安置协议的签订应系吴某真实意思表示,且协议内容亦不违反法律、行政法规的强制性规定”。所以,确认该协议无效的诉讼请求不能成立。

民法规定的列举较《行政诉讼法》第 75 条更为具体,但在内容上大致仅相当于采取了重大性标准。在判断行政协议无效上,单独适用或否定式并用《行政诉讼法》第 75 条(既不符合民法标准也不符合行政诉讼法标准)或许比单独适用民法规定更加严格,将限缩行政协议的无效范围。

对比《行政协议审理规定》第 12 条第 1 款和第 2 款可以发现,存在行政行为无效情形者“应当”确认行政协议无效,法院“可以”适用民事法律规范确认行政协议无效。最高人民法院认为,“行政协议作为一种特殊的行政行为,兼具‘行政性’和‘合同性’……人民法院在审理行政协议效力认定的案件时,首先要根据行政诉讼法规定的无效情形进行审查,此外,还要遵从相关民事法律规范对于合同效力认定的规定”。② 也就是说,按照《行政协议审理规定》的规定,行政行为无效标准优先适用。

(二)民法规定的限定准用?

德国《联邦行政程序法》第 59 条第 1 款规定,“因准用民法典规定而生无效性的,公法契约无效”。这是关于行政契约的一般无效事由。被准用民法规范具体有行为无能力(第 104/105 条),内心保留(第 116 条),通谋虚伪表示(第 117 条),错误、欺诈、胁迫(第 119/120/123 条),要式行为

① 安徽省高级人民法院(2016)皖行终 501 号行政判决书,2016 年 11 月 8 日。

② 濮阳市华龙区华隆天然气有限公司因濮阳华润燃气有限公司诉河南省濮阳市城市管理局、河南省濮阳市人民政府确认行政协议无效再审案,载《最高人民法院公报》2022 年第 5 期。

(第125条),客观性原始不能(第306条),违反善良风俗(第138条)等。最具争议的是《德国民法典》第134条("除基于法律发生其他效果外,违反法律禁止规定的法律行为无效"①)的准用可能性。如果广泛认可,那么《联邦行政程序法》第59条限定列举无效原因的立法意图就变得没有意义。因而,只能作限定解释,但标准不一、考虑因素不同,就会有不同结论。如此一来,该法第59条就没有实现全面列举无效事由的目标。"总体上还不存在将民法典第134条适用于违法行政合同的明确趋势。"②学理上主张,"应当区分不同的违法情况作不同的对待,其中主要考虑禁止性规范的法律目的。《联邦行政程序法》第59条规定的目的是使严重违法的行政契约无效。只有在存在有关契约内容及其后果的硬性禁止性规定,并且规范的目的是通过无效实现公共利益时,违法才构成无效理由"。③ 当然,《联邦行政程序法》第59条规定的无效事由是违反禁止性规定,而非所有强制性规定,与我国的效力性强制性规定相当。

回顾我国原《合同法》第52条的具体规定:

> 有下列情形之一的,合同无效:
> (一)一方以欺诈、胁迫的手段订立合同,损害国家利益;
> (二)恶意串通,损害国家、集体或者第三人利益;
> (三)以合法形式掩盖非法目的;
> (四)损害社会公共利益;
> (五)违反法律、行政法规的强制性规定。

《民法典》第一编第六章的民事法律行为无效规定:

> 第153条　违反法律、行政法规的强制性规定的民事法律行为无效。但是,该强制性规定不导致该民事法律行为无效的除外。
> 违背公序良俗的民事法律行为无效。
> 第154条　行为人与相对人恶意串通,损害他人合法权益的民事

① 《德国民法典》(第2版),陈卫佐译注,法律出版社2006年版,第46页。
② 参见[德]哈特穆特·毛雷尔:《行政法学总论》,高家伟译,法律出版社2000年版,第373-375页。
③ [德]汉斯·J.沃尔夫、奥托·巴霍夫、罗尔夫·施托贝尔:《行政法》(第2卷),高家伟译,商务印书馆2002年版,第160页。

法律行为无效。

在行政协议中,作为行政协议相对方只可能存在“欺诈”作为,不可能作出“胁迫”行政机关的行为。按照《民法典》的规定,欺诈、胁迫已属于可撤销问题。“恶意串通”要求合同双方当事人非法勾结,并有损害国家、集体或者第三人利益之故意和行为,强调了行政机关的“主观故意”,这不仅在现实中非常罕见,也难以得到证据证明。① 不过,现实中却“罕见”地出现了这样的确认无效判决。在石某诉成都市双流区黄龙溪镇政府未按照约定履行拆迁补偿协议案中,被告为保证拆迁进度,满足了原告的超标补偿要求,将一个拆迁补偿项目拆分为四个。但之后被告拒绝履行协议,在法院亲自证明了相关违法事实的存在。法院判决认为,“原、被告双方签订的四份拆迁补偿协议违背了客观真实,虚增了补偿内容和对象,损害了国家利益”,根据合同法的规定,应认定为无效。②

适用相对明确的是“违反法律、行政法规的强制性规定”。③ 对于行政协议的无效根据是否也限于“法律、行政法规”,有学者持否定态度。只要是合法有效的规范,且具有实质拘束力,从行政法的角度就不能简单地置之不理。行政主体进行行政协议行为时,不得违反各层级规范中的强制性规范。④ 国家对于民事合同的契约自由较为尊重,只能由法律和行政法规予以规范。但行政机关就无法获得这样的对待。行政机关以行政协议的方式履行行政任务,能否仅仅以法律和行政法规为根据判断其是否无效,不能说不是一大疑问。当然,这里存在一个前提性的权限问题,即什么样的法可以设定有关行政协议效力的强制性规定。目前我国还不存在这样的明确规则。从发挥行政协议功能、防止不当干预的角度而言,沿用民法上规定的立法权限,即仅限于法律和行政法规也是妥当的。至于规章,仅可在确定公共利益时发挥辅助性的说明作用。也就是说,虽然不违反法律和行政法规的强制性规定,但可能因违反规章而被认定为违背公序

① 参见梁凤云:《行政协议案件适用合同法的问题》,载《中国法律评论》2017 年第 1 期。

② 四川省成都市龙泉驿区人民法院(2016)川 0112 行初 66 号行政判决书,2016 年 12 月 29 日。

③ 针对“法律、行政法规”,最高人民法院《关于适用〈中华人民共和国合同法〉若干问题的解释(一)》第 4 条曾进一步明确指出,“合同法实施以后,人民法院确认合同无效,应当以全国人大及其常委会制定的法律和国务院制定的行政法规为依据,不得以地方性法规、行政规章为依据”。

④ 参见江必新:《行政协议的司法审查》,载《人民司法(应用)》2016 年第 34 期。

良俗,进而被认定为无效。①

为了更好地发挥合同的作用、保障意思自治,《民法典》第 153 条第 1 款将“不导致该民事法律行为无效”的强制性规定排除在外,该条款中法律、行政法规的强制性规定仅为效力性强制性规定。② 但对于效力性强制性规定的认定,在理论上仍然争讼纷纷。面对如此局面,对于可否将此准用于行政协议的无效判断,有行政法学者认为,不应对强制性规定再作区分。理由在于,行政协议签订的目的本身在于实现行政管理目的,一旦协议签订僭越既有的管理性规范,就无法与整体行政管理秩序相容,此时仍承认其效力,难免不符合行政实践的需求。对于强制性规范的判断,首先要看规范目的或规范所保护的利益。用于判断合法性的规范本身必须是保护具有一定重要性的公益或私益的规范,即客观上具有显著重要意义的规范。如果协议效力无法平衡保护的法益,或者所保护的法益较轻,违反该规范的协议通常不认定为无效,该规范也不属于强制性规定。总体上而言,强制性规定的范围不能过窄。③ 但在行政审判实务中,有法院认为,“对行政协议效力的审查可准用合同法等民事法律规定”,而合同法规定的强制性规定,系指效力性强制性规定。“违反法律法规的强制性规定构成无效的情形一般指法律、行政法规明确规定违反了此类强制规范将导致合同无效或者合同不成立,或者如果允许合同继续履行,将损害国家利益、社会公共利益等基本法律秩序或社会秩序的情形。如果合同继续履行影

① 有时,法院会将违反规章认定为损害公共利益、违背公序良俗。例如,在一起民事案件中,最高人民法院认为,违反行政规章一般不影响合同效力,但违反行政规章签订租赁合同,约定将经鉴定机构鉴定存在严重结构隐患,或将造成重大安全事故的应当尽快拆除的危房出租用于经营酒店,危及不特定公众人身及财产安全的,属于损害社会公共利益、违背公序良俗的行为,应当依法认定租赁合同无效。参见饶某礼与江西省监狱管理局物资供应站等房屋租赁合同纠纷案,载《最高人民法院公报》2022 年第 6 期。在一起行政案件中,某城市垃圾处理的特许经营协议违反了《基础设施和公用事业特许经营管理办法》(部门规章)规定的公开竞争选择特许经营者程序,一审法院认为,一旦撤销,不仅会影响现在经营者已获权益,而且会影响城市居民生活垃圾的统一管理,损害区域内公共利益,进而作出了确认违法的情势判决(这是常见的理由和处理方式);二审法院则认为,“对于公用事业或其他依法应以公平竞争方式选择缔约人缔结的行政协议,却未按公平竞争方式缔约的,除判决确认无效或撤销该行政协议可能危及公共安全等少数例外情形之外,如只要形成既定事实,就采用确认违法的方式实际保留该行政协议的效力,必将产生制度上的缺口,严重损害市场秩序及总体上的公共利益”,进而认定该行政协议无效。参见灌云中孚环保科技有限公司诉灌云县人民政府等撤销政府特许经营协议纠纷案,载《最高人民法院公报》2023 年第 11 期。

② 最高人民法院《关于适用〈中华人民共和国合同法〉若干问题的解释(二)》(法释〔2009〕5 号)第 14 条曾将“合同法第五十二条第(五)项规定的‘强制性规定’”明确限定解释为“效力性强制性规定”。

③ 参见江必新:《行政协议的司法审查》,载《人民司法(应用)》2016 年第 34 期。

响的仅仅是特定人的个别利益,则一般不构成违反效力性强制性规定。”① 从理论上而言,既然是在认定无效,自然应是根据效力的相关规则来进行,强制性规定不宜扩大为与效力无关的强制性规定。迄今的实务也都是突出了效力性强制性规定,包括最高人民法院的行政裁定。② 但是,在认定法律规范是否为效力性强制性规定时,并不简单,需要考虑规范的目的、内容、保障手段以及可能的影响等。③

四、行政协议无效的司法认定

与德国情况不同的是,我国是在《行政诉讼法》里首次出现了行政“协议”的法律概念及其审查规定,2023 年《行政复议法》首次使用了“行政协议”概念并作出审查规定,并没有类似德国的行政协议实体法规定。在缺乏事前规则的情况下,法院能否有一定的认定和处理空间呢?

(一)依法律行政与其他价值的具体衡量

我国《行政诉讼法》第 78 条规定,“被告不依法履行、未按照约定履行或者违法变更、解除本法第十二条第一款第十一项规定的协议的,人民法院判决被告承担继续履行、采取补救措施或者赔偿损失等责任”。“被告变更、解除本法第十二条第一款第十一项规定的协议合法,但未依法给予补偿的,人民法院判决给予补偿。”法律关心的内容是履行、变更、解除协议的行为。在我国有一种倾向,既然行政协议案件中有行政行为的存在,那么按照行政行为的司法审查方式进行审查即可,④而对于协议内

---

① 张某林、张某诉北京市门头沟区人民政府房屋征收补偿安置协议案,北京市第一中级人民法院(2016)京 01 行终 861 号行政判决书,2016 年 11 月 8 日。

② 在牛某民等 165 人诉陕西省商洛市国土资源局行政协议案中,最高人民法院指出:“本案中被诉征地协议虽存在征地协议文本不规范、社区负责人代替所划分的工作组代表人在协议附件签名及补偿费用未及时支付等瑕疵,但该协议系根据商洛市政府审批同意并依法公告的《西街片区旧城改造项目土地征收补偿实施方案》签订,协议内容并未违反法律、行政法规的效力性强制性规定,且不存在欺诈、胁迫、恶意串通、损害国家、集体、社会公共利益等情形。”最高人民法院(2016)最高法行申 3486 号行政裁定书,2016 年 12 月 15 日。

③ 最高人民法院《关于适用〈中华人民共和国民法典〉合同编通则若干问题的解释》第 16 条就反映了在认定非效力性强制性规定中的复杂性,除了考虑能否通过承担行政责任或者刑事责任实现强制性规定的立法目的外,还要考虑违反强制性规定对社会公共秩序的影响程度、强制性规定的目的是保护公益还是私益、当事人能否审查合同违反强制性规定、可否事后补正订立合同违反强制性规定的瑕疵等因素。

④ 参见韩宁:《行政协议行为司法审查规则研究》,载《浙江学刊》2018 年第 3 期。在日本,“行政上的契约是行政的行为,但有关的争议却由法律关系诉讼来解决,这也是确立了的法原则”。“当然,在第三人争讼契约时,因难以认可法律关系诉讼,存在论及撤销诉讼容许性的余地。”芝池義一「抗告訴訟と法律関係訴訟」磯部力ほか編『行政法の新構想Ⅲ行政救済法』(有斐閣,2008 年)42 頁参照。

容的审查等则未予关注。[①] 但是，在审查行政协议行为是否违法时，行政协议是否合法有效，常常是审查的前提问题。例如，在黄某桂诉常德市市政公用事业管理局违法解除行政协议案中，两审法院均首先审查了行政协议的效力，然后再审查常德市市政公用事业管理局单方解除行为的违法性。[②] 法院有权审查认定行政协议的无效，这是行政协议案件的应有内容。

从德国行政协议无效的立法、学说及实践已然明了，行政协议的无效是一个十分复杂的难题。在行政协议的无效认定中，充斥着依法律行政原理与契约严守原则、法律优位原则与法安定性原则之间的矛盾。存在值得保护的信赖时，法安定性原则优于依法律行政原理。反之，例如，相对方明知违法而与行政机关签订协议，则不存在值得保护的信赖，法安定性原则应当让位于依法律行政原理。确定在什么情况下行政协议无效，对行政协议的类型化处理具有重要意义。只是囿于我国尚缺乏行政协议的一般性实体法规定，法院在类型化处理上作用有限。

相较于行政协议自身的特有无效标准主要还是立法问题而言，适用行政行为无效标准、准用合同法无效标准则主要是解释问题。在准用合同法无效标准上，日本学者田中二郎指出，“公法上的契约以公法效果的发生为目的，其自身具有公共性质，因而，不能原封不动地适用仅从当事人利害调整角度规定的私法规定……而必须从保护公共福利的角度予以特别的考虑”。[③] 我国学者也认为，“当私法契约无效规则与行政行为无效规则发生冲突时，应当优先适用行政行为的相关规则，只有如此，方与行政契约的本质属性相合”。[④]

在效力性强制性规定的认定上，最高人民法院在《关于当前形势下审理民商事合同纠纷案件若干问题的指导意见》（法发〔2009〕40 号）第 15、16 条指出，正确理解、识别和适用“‘违反法律、行政法规的强制性规定’，关系到民商事合同的效力维护以及市场交易的安全和稳定”。人民

① 有法院甚至认为，根据《行政诉讼法》第 12 条第 1 款第 11 项规定，“并非所有与行政协议有关的案件一律属于行政诉讼受案范围，只有存在行政机关的行为符合行政诉讼法中明确列举的‘不依法履行、未按照约定履行’或者‘违法变更、解除’的情形时，才属行政诉讼受案范围”。但该意见被二审法院纠正过来。参见罗某哉诉铜仁市碧江区房屋征收补偿安置办公室房屋征收补偿安置协议案，贵州省铜仁市中级人民法院（2018）黔 06 行终 15 号行政裁定书，2018 年 3 月 28 日。

② 参见湖南省常德市中级人民法院（2016）湘 07 行终 175 号行政判决书，2017 年 1 月 9 日。

③ 杨建顺：《日本行政法通论》，中国法制出版社 1998 年版，第 523 页。

④ 步兵：《论行政契约之效力状态》，载《法学评论》2006 年第 4 期。

法院应当综合法律法规的意旨,权衡相互冲突的权益,诸如权益的种类、交易安全以及其所规制的对象等,综合认定强制性规定的类型。如果强制性规范规制的是合同行为本身,即只要该合同行为发生就会绝对地损害国家利益或者社会公共利益的,人民法院应当认定合同无效。这种做法的实质就是通过“具体价值衡量说”来认定规定是否属于效力性强制性规定,进而认定合同是否无效。在行政行为无效的认定上,虽然重大且明显违法是法定标准,但其实质是个案中具体的价值衡量。① 这在行政协议的无效认定中也是可资借鉴的。在梁某峰诉岳阳县长湖乡人民政府土地房屋征收补偿协议违法案中,针对房屋土地征收补偿协议的效力,法院从不具有主体资格、违反行政协议目的、违反效力性强制性规定三个方面,综合判断作出了无效认定。②

(二)无效行政协议的处理

行政协议无效,也就不产生任何法律效果,其所设定的任何义务、授予的任何法律地位均归于消灭。《民法典》第157条规定,民事法律行为无效后,行为人因该行为取得的财产,应当予以返还;不能返还或者没有必要返还的,应当折价补偿。有过错的一方应当赔偿对方由此所受到的损失;各方都有过错的,应当各自承担相应的责任。法律另有规定的,依照其规定。《行政诉讼法》第76条还规定,人民法院判决确认无效的,可以同时判决责令被告采取补救措施;给原告造成损失的,依法判决被告承担赔偿责任。相应地,《行政协议审理规定》第15条规定,行政协议无效后,当事人因行政协议取得的财产,人民法院应当判决予以返还;不能返还的,判决折价补偿。因被告的原因导致行政协议被确认无效或者被撤销,可以同时判决责令被告采取补救措施;给原告造成损失的,人民法院应当判决被告予以赔偿。

---

① 参见王贵松:《行政行为无效的认定》,载《法学研究》2018年第6期。

② 法院认为,首先,根据2004年《土地管理法》第46条第1款之规定,国家征收土地的,依照法定程序批准后,由县级以上地方人民政府予以公告并组织实施。被告长湖乡政府不具有签订房屋土地征收协议补偿的主体资格,故长湖乡政府无权以自身名义征收原告梁某峰的房屋和其房屋所占土地。其次,原、被告签订《房屋买卖协议》是基于建设乡村社会客运站的需要,但被告在将原告的房屋改造后从未作客运站使用,使协议根本目的未能实现,侵害了原告在签订《房屋买卖协议》时对于支持公益建设的信赖利益。最后,根据2004年《土地管理法》第10条之规定,农民集体所有的土地属于村农民集体所有,该条规定系效力性强制性规定。原告梁某峰的房屋所占土地为集体所有,那么原告房屋的买卖应仅限于本村集体组织成员,而长湖乡政府非原告所在村集体组织成员。所以原、被告之间签订的《房屋买卖协议》应当确认无效。参见湖南省岳阳县人民法院(2017)湘0621行初62号行政判决书,2018年2月1日。

在德国,《联邦行政程序法》第59条第3款还规定了部分无效的情形:“契约部分无效的,其全部无效;但如可认定删除无效部分,契约仍可订立的,不在此限。”①如果行政协议的内容不具有可分性,或者没有无效部分就不可能缔约者,则整体无效。在德国州一级立法(《史莱斯维希-荷尔斯坦因州行政程序法》第126条第3款)中还出现了一种折中的解决办法,即可以在契约签订后一个月内主张无效(Unwirksamkeit)。这种无效性结果上相当于一种附期限的撤销权或者撤回权。② 如此就形成了与行政行为瑕疵论相同的阶段构造,即合法的契约、违法但能要求失效的契约、无效(Nichtigkeit)的契约三阶段模式。③ 在我国,虽然行政诉讼法没有作出规定,但依据《民法典》第156条,“民事法律行为部分无效,不影响其他部分效力的,其他部分仍然有效”,这也可以准用于行政协议的无效认定上。

---

① 当然,也有学者对于部分无效提出质疑:“在行政契约中不论是和解条件或双务给付内容,若有沦为无效者,整体契约其实即无缔结之可能。例如:在计划契约或开发契约中,若行政机关承诺尽速协助变更原土地使用分区管制条款被认为违反法令上之强制规定而归于无效时,其他契约条款其实根本没有存在之可能性,盖其前提要件(土地使用目的变更)不存在,则根本无法进行土地开发之后续作业。”参见林明锵:《行政契约》,载翁岳生编:《行政法》(上册),中国法制出版社2009年版,第756页。

② 参见[德]哈特穆特·毛雷尔:《行政法学总论》,高家伟译,法律出版社2000年版,第379页。当然,有学者认为,如果将私法中有关合同签订的规则(如缔约过失)合理地适用到行政合同中,那么该规定就是多余的。参见[德]汉斯·J.沃尔夫、奥托·巴霍夫、罗尔夫·施托贝尔:《行政法》(第2卷),高家伟译,商务印书馆2002年版,第159页。

③ 大橋洋一「行政契約の比較法的考察」法政研究58巻4号(1992年)127頁参照。

结语:依法律行政原理与中国行政法

如今,谈论依法律行政原理,与传统的依法律行政原理已有很大差别。第一,人民与国家的关系不再是臣民与君主的隶属关系,而是人民是国家的主人,国家权力源自人民。第二,议会与行政的关系不是议会辅佐君主(行政)、议会和君主相互争夺权限的关系,而是协作监督关系。人大和行政机关的关系就是授权、执行、监督的关系。第三,法律不再是仅问形式,而不问实质。法律必须符合宪法,而且有专门制度保障法律的合宪性。第四,过去仅仅谈法律与行政之间的关系,然而如今,在此之外,还重视地方人大的法规与行政之间的关系。

作为行政法的基本原理,依法律行政原理适合当今中国的政体,体现着中国行政法的基础构造,它可以从根本上确定法治行政的方向,从基础上推进法治政府的建设,进而完成法治国家的重点任务。人大制度对法律与行政的关系已经作出了基本安排,相应的制度设计也应当自觉地契合依法律行政原理,如此才能形成融贯性的体系,才能保持制度的合力。行政自身有其能动性和自主性,也拥有一定的自主领域。但是,全国人大作为最高国家权力机关,行政机关作为国家权力机关的执行机关,行政方面基本的建章立制应当由法律完成,行政应当服从于法律,贯彻法律的要求,如此才合乎宪法对人大与行政机关之间关系的基本要求。法律对行政的适当控制,法律与行政的适当距离,是建设社会主义法治国家的重要保障。

作为依法律行政原理的基本内容,法律优位原则、法律保留原则从不同角度规范了法律与行政的关系,确保法律高于行政,在立法、具体行为、组织制度等方面确保行政在一定程度上执行法律,而非任由行政自由行事。这些原则都有其各自独有的作用领域和效果。不过,作为法律原则,这些原则是可能有重合之处的。存在法律时,而且法律属于根据规范时,就符合法律保留原则的要求。如果行政机关作出某行为,违反了该法律的要求,就既不符合法律优位原则,也不符合法律保留原则。① 但如果不存在法律时,问题就仅为是否符合法律保留原则的问题。行政立法的法律保留原则(法律的法规创造力原则)和具体行为的法律保留原则同样存在重叠之处。在具体行为需要法律授权方可作出时,行政就不能以行政法规或规章为依据。如果行政以行政法规或规章为依据作出需要法律授权的行为,则违反法律保留原则,同时也因为该行政法规或规章没有法律的根据而违反法律的法规创造力原则。在法律的法规创造力原则就法律与行政立法作出权限分配之后,如果该事项与行政的具体行为相关,也可以倒推该事项需要法律的授权。

或许我们还可以发现,坚持依法律行政原理,无论对于行政立法、具体行为、行政组织的法律保留等持何种立场,都有助于行政法思维的形成。我们时常会被问,什么是行政法的问题?依法律行政原理可成为解答这一问题的抓手。行政法的问题大致有三个分析步骤:第一步是广义法律保留问题,追问某行政规范或行政行为是否有法律根据,是否需要法律授权。这是制定行政规范或作出行政行为的容许性问题。第二步是法律优位问题,追问某行政规范或行政行为是否违反法律,这是形式合法律性问题。第三步是实质合法性问题,追问行政规范或行政行为符合法律的形式规定之后是否就合法自由了。这种三阶段分析法可以清楚地呈现行政法的问题所在。当然,依法律行政原理主要是前两步的问题,第三步也表明依法律行政原理存在一定限度。依法律行政原理是行政法的基础原理,但不是全部原理,甚至也不是最高原理。

相对于我国现今的行政法治现状而言,毋庸置疑,中国要实现依法律行政,还有很长的路需要走,中国行政法及其制度环境还有很多不适合依法律行政原理的地方。要在中国实现依法律行政原理,尚需要若干配套机制。首先,需要加强法律自身的建设。一方面需要缩短法律的民主正当性链条,全国人大代表应逐步实现直接选举产生,进而使全国人大与选民的

---

① 举例而言,《城乡规划法》第 68 条规定:城乡规划主管部门作出责令停止建设或者限期拆除的决定后,当事人不停止建设或者逾期不拆除的,建设工程所在地县级以上地方人民政府可以责成有关部门采取查封施工现场、强制拆除等措施。在一起案件中,城管局作出限期拆除决定,市政府责成城管局实施强制拆除。法院认为:"基于对物权的保护,行政机关对于建筑物是否具有强制拆除权属于法律保留事项。"《城乡规划法》第 68 条规定,"授权行政机关具有强拆权,依据该规定,有关部门采取强制措施必须以规划主管部门作出限期拆除决定和县级以上人民政府的责成为前提条件"。参见王某余诉兴化市城市管理行政执法局行政强制案,江苏省泰州市海陵区人民法院(2016)苏 1202 行初 53 号行政裁定书,2016 年 5 月 30 日。后续需要判断的只是行政的活动是否符合《城乡规划法》第 68 条的规定而已。

距离更近,能更准确及时地反映人民的意志和利益。另一方面需要提升法律供给的能力,不仅应在机制上实现公开审议、常年集会,还应在机构上实现提升立法能力的改革。其次,切实保障法院的宪法地位,加强法院对违反法律的审查。一方面需要加强对行政行为的合法律性审查,另一方面也要加强行政规范(包括行政法规、规章和行政规范性文件)的合法律性审查。要维护法律的权威,就必须加强法院的地位。没有事后的行政救济和司法审查,依法律行政原理就会失去常态性的保障。凡接受法律的规范者,均应接受司法的审查。最后,观念上确立法律的权威。在用语上应当注意区分"法"与"法律",在学术上也应抛弃"职权立法"的概念,真正尊崇宪法和法律,维护宪法和法律的权威。

依法律行政原理与行政救济原理共同构筑了传统行政法的基础,为法治行政提供支撑。一方面,在人大制度之下,地方人大的地方性法规与全国人大的法律具有类似的功能,故而,不仅仅要坚持依法律行政原理,同时也要遵守依地方性法规行政原理。另一方面,传统的依法律行政原理主要服务于权利保障,而且主要致力于自由权的保障。但在现代行政法中,依法律行政原理的功能也在拓展,不仅服务于私人合法权益的保护,也服务于公共利益的维护。对于私人合法权益部分,依法律行政原理尚可借助于主观争讼制度得到保障,而对于公共利益部分,依法律行政原理则需要借助于客观争讼制度得到保障。概言之,与依法律行政原理相适应,中国行政法应当具有复合构造,既要遵守全国人大法律的要求,也要发挥地方性法规的作用,既能保障私人的合法权益,也能维护公共利益,这将是中国当代行政法的发展方向。如图 2 所示。

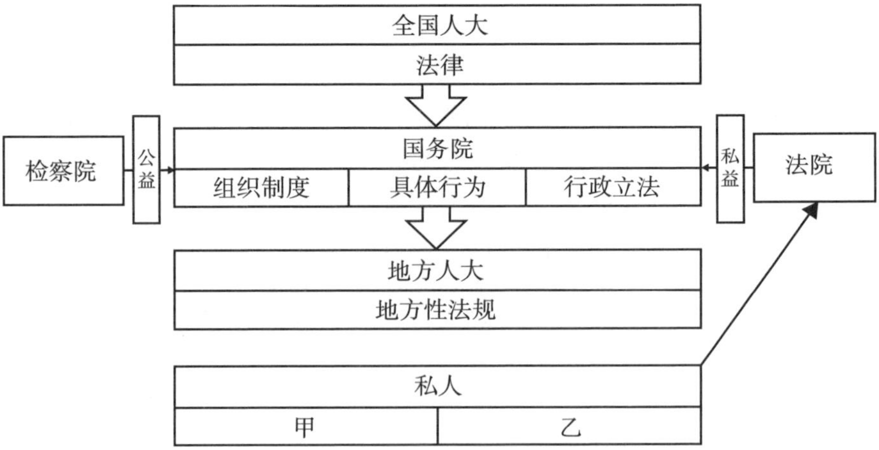

图 2　中国行政法的基本格局

附录:法治主义在日本的继受与展开

日本“二战”前继受的是德国式法治国家观,“二战”后却受到美国法的强烈影响,“二战”前法治国家观继受过程中的歧见、“二战”后两大法系法治观的碰撞与协调,又如何反馈于概念、制度以至整个体制的认知和探索,把握其间学说的演变和论争,将是一件饶有意味的工作。

一、日本对法治国家的早期理解

日本在明治时期(1868—1912 年)取法欧美,学习西方的政治和宪法,并将德国逐步确立为主要的学习对象,建立了君主立宪政体。德国式法治国家观也正在这时传入日本。

(一)法治国家的相关译介

明治时期之前,日本就已存在“法治”一词,但对应的却是从中国传入的传统法治思想。但“法治国”是新词,日本最早何时使用该词难以断定,但作为德语 Rechtsstaat 的翻译出现于明治时期,则并无异议。1876 年在翻译布伦奇利(Bluntschli)的国家学时,是用表音文字片假名(レヒツスタート)表示 Rechtsstaat 的,也就是说未予翻译。1882 年,法治国作为译语出现,但当时几乎不为人所知。1882 年至 1883 年,伊藤博文一行赴德国、奥地利调查宪法,在听取莫塞(A. Mosse)等人的讲义时仍以片假名表示。但 1885 年勒斯勒尔(H. Roesler)和莫塞等人作为法律顾问参与明治宪法制定,在其答疑记录中已屡屡出现法治国一词。1889 年明治宪法成立时,法治国一词至少在学术上已经成立。当时的德国,法治国与立宪国同义,至少密不可分。因而在日本的德国型立宪国家化的过程中,自然继受了法治国一词。但此时法治国尚未被作为概念来使用。①

有趣的是,Rechtsstaat 并未被直译为“法(Rechts)国(Staat)”,而是“法治国”。在明治时期,对于“法治国”一词有两种读法,相应地也存在两种理解:一是“法—治国”,也就是法与治国的结合。例如,江木衷在 1885 年翻译勒斯勒尔的《社会行政法论》时,将 Rechtsstaat 翻译成法治国,将

---

① 高田敏『法治国家観の展開——法治主義の普遍化的近代化と現代化』(有斐閣,2013 年)352-353 頁参照。到昭和时期(1926—1989 年),“法治—国家”开始出现,法治国=法治国家。参见前揭书,第 360 页。

Polizestaat 则翻译成“警察治国”。[①] 显然,这是在治国的意义上来把握“法治国”的。二是“法治—国”,也就是实行法治的国家。木下周一在 1882 年翻译《国权论》时采用的就是这一理解。[②] 在理解法治国上,“法—治国”更为实质,“法治—国”更为形式。在传统上,从儒教上理解治国的倾向强烈,治国又与安民等词联系在一起。这两种不同的理解对应着两种不同的来源,即源自中国儒家传统和源自西欧,特别是德国法治国的传统。进入 20 世纪后,“治国”一词逐渐退出,日本学界将法治国理解为“法治—国”,[③]西欧立宪主义的法治观念得以确立。这时的法治意味着依据法进行统治,因而法治国是指依据法进行统治的国家。

1889 年,曾留学德国 6 年的穗积八束[④]提出了一个并无对应德语的概念,即“法治主义”。所谓“法治主义”,即法治国的原理,它显然是以“法治”一词为逻辑前提,并非源于“法—治国”的观念。穗积八束认为,法治国是指这样一个国体,它将法律作为最高权力,限制君主及政府的行为,臣民只有义务去服从依据法律的主权者。[⑤] 至于为什么需要“法治主义”这种日本式的造词,有学者认为可能有三点理由:第一,日本存在着天皇主权的表面性立宪主义,其实是天皇治国而非法治国;第二,以其为前提,法治主义的提法是德国帝制下理论的增幅性反映;第三,将法治的后缀由“国”改作“主义”,也就将法治国概念从宪法原则降为行政法原理。[⑥]

(二)法治国家的早期论争

法治国渐渐从译语变成了实际使用的概念,学说上的法治国也是德国通说中的法治国概念。在大正时期(1912—1926 年),法治主义的概念也确立起来。与德国一样,日本的法治国家也是意味着采用法治行政的国家,亦即:法治国家原理=法治主义=法治行政原理。如果采用了法治行政及其担保制度(行政裁判、国家赔偿),就视为具备了法治国家的要件。[⑦] 奥托·迈耶的法律的支配(法律的法规创造力、法律优位和法律保留)是法治行政的核心原理,也经由美浓部达吉 1903 年的翻译介绍已渐渐广为人知。

---

① [德]K. F. Hermann Roesler(江木衷訳)『社会行政法論』(警视厅,1885 年)97、142 頁参照。

② [德]Schulze-Gävernitz(木下周一訳)『国権論』(第 2 号)(独逸学協会,1882 年 3 月)12-14 頁参照。

③ 高田敏『法治国家観の展開』(有斐閣,2013 年)374 頁参照。

④ 穗积八束(1860—1912 年),宪法学者,原东京大学教授。

⑤ 穂積八束「法治主義ヲ難ス」上杉慎吉編『穂積八束博士論文集』(有斐閣,1913 年)186-192 頁(初出国家学会雜誌 3 巻 33 号,1889 年)参照。

⑥ 元山健「法治主義と法の支配」杉原泰雄編『憲法学の基礎概念 I 』(勁草書房,1983 年)246 頁参照。

⑦ 高田敏『法治国家観の展開』(有斐閣,2013 年)358-359 頁参照。

在实定法上，明治宪法第二章“臣民权利义务”规定，国家限制臣民的权利自由，必须根据法律进行。对此，存在两种理解，一是以穗积八束、上杉慎吉①为代表的国权学派认为，宪法中明确要求“根据法律规定”“在法律范围内”等的条款应当制定法律，亦即将宪法的规定理解为立法事项的列举。二是以美浓部达吉②、佐佐木惣一③为代表的民权学派认为，没有法律根据就不得侵害臣民的权利自由，凡侵害者须由法律规定，而不限于宪法已明确列举者，亦即将明治宪法第二章理解为侵害保留的确立。明治宪法采用了法律与敕令的二元立法构造，规定了独立于法律的紧急敕令（第8条）和独立命令（第9条）。没有法律，也可以根据紧急敕令、独立命令行使行政权。而明治宪法第5条也规定，“天皇依帝国议会之协赞，行使立法权”。但这里的“法”究竟是形式意义上的“法律”，还是实质意义上的立法（包括命令）存在争议。如果这些命令也属于立法事项，也要经议会协赞辅佐而制定，那也能在形式上贯彻法治主义和民主主义。明治前期的通说是国权学派的主张，即需要议会协赞辅佐的只是形式意义的法律，而明治后期的通说是民权学派的主张，即认为应包括实质意义的立法。④ 这一论争的实质在于议会对行政权的控制范围和程度有多大。

“二战”后，渡边洋三⑤将明治宪法下的法治主义称之为“日本型形式性法治主义”。他认为，在天皇主权与臣民无权两大支柱上，日本型形式性法治主义以权力的自我约束形式展开。限制人民权利要以法律为根据的逻辑就必然转为有法律就能无限制地剥夺人民权利的逻辑。这种逻辑的转换已为现实的历史过程显示出来。在明治宪法下的日本，无法接纳英美型法治自不待言，连接纳德国型法治主义的理念也缺乏历史基础。⑥

（三）法治国家观的变异

日本进入昭和时期后，在准战时体制、战时体制下，国民的守法得到强调。在学术之外，法治国=国民的守法，有学者称之为“俗说”。这种俗说

---

① 上杉慎吉（1878—1929年），宪法学者，原东京大学教授，穗积八束的弟子。曾与美浓部达吉之间就天皇机关说展开激烈的“美浓部·上杉论争”。

② 美浓部达吉（1873—1948年），宪法学者、行政法学者，原东京大学教授，“二战”前东京学派的代表，日本近代宪法学和行政法学的开创者。

③ 佐佐木惣一（1878—1965年），宪法学者、行政法学者，原京都大学教授，“二战”前京都学派的代表。

④ 参见胡娟：《德国“法治国”思想在近代日本——以20世纪初民权学派与官僚学派的论争为中心》，载《中国政法大学学报》2008年第1期；鍋澤幸雄「行政法学から見た日本の近代化——法律による行政の原理の変遷」比較法学1巻1号(1964年)97-101頁。

⑤ 渡边洋三（1921—2006年），法社会学、宪法学者，原东京大学教授。

⑥ 渡辺洋三『現代国家と行政権』（東京大学出版会，1972年）50-51頁参照。

与学说的紧张关系一直存续到“二战”之后。① 1939 年，织田万提出严厉批评，守法义务应是对政府的要求，政府反过来对人民提出，是本末倒置。在源自德国的法治国家思想中，国家无论是作为财产主体还是权力主体，均应受法规的拘束。国家和人民处于法律上的关系中，两者共同在法规的拘束下互为权利义务主体，这是法治国家的本义，丝毫不存在国家纯以法规凌驾于人民之上的意味。他还指出，法治国家的思想与汉学中的刑名法术思想绝非等同，在各自原本的性质上实为水火不容。法治国家应视为立宪国的异名同质之物。在传入法治国家思想时，有人认为国家仅仅是法治国家还不够，尚需成为德治国家，甚至还撰有德治国论的著作。国家之上诚然有道德、经济、文化的种种规范，但法的规范应被当作一种特殊的存在。法治国家的思想不应被轻易地抹杀。发现这种重要的法规范是法学的任务，学者不应忘却自身的正当任务。②

二、“二战”后初期的法治主义与法的支配论争

“二战”后，日本在美国的直接干预下制定了新宪法，即《日本国宪法》。与此同时，“二战”前的《行政裁判法》及行政法院也于 1946 年底被废止，“二战”前法治行政的担保机制似乎轰然倒塌。但 1948 年《行政案件诉讼特例法》生效，1962 年《行政案件诉讼法》成立。《日本国宪法》是否采用了英美的“法治”（Rule of Law）③模式？法的支配与“二战”前的法治主义是什么关系？由此就产生了法治主义与法的支配论争，其代表者即为“辻・柳濑论争”。

（一）辻・柳濑论争

“二战”前的日本型形式性法治主义经美浓部达吉、佐佐木惣一等民权派学者阐释后也包含了一定的自由主义因素，虽然经历“二战”后重大宪法转折，但没有多大变化，社会上甚至没有感受到刚刚颁布的新宪法的

① 高田敏『法治国家観の展開』（有斐閣，2013 年）378–379 頁参照。

② 織田萬「法治國の思想」同『法と人』（春秋社，1943 年）47 頁以下（初出『丁酉倫理會倫理講演集』442 輯，1939 年）参照。

③ 对于英美的 Rule of Law，我国一般译为“法治”，但在本章中沿用日本“法的支配”的一般译法。理由有三：第一，译为“法治”无法与日本“二战”前的“法治主义”相区分；第二，日本学者在谈“法的支配”时也不限于英美式的 Rule of Law，还有法国式的 Rule of Law；第三，“法治”与“法的支配”能以相对简洁的概念大致区分思想的来源。

划时代意义。[①]例如，美浓部达吉在战后的著作中这样说道，“所谓法治主义（rule of law，Rechtsstaat），是指依据国家的统治权、规范人民的意志、规定其权利义务者仅立法权可得为之，行政权及司法权应仅根据法律的规定行使”[②]。美浓部达吉将 rule of law 和 Rechtsstaat 均视为法治主义，依然以法律为中心理解法治主义。当然，他也深刻指出：“旧宪法中的国民权利保障完全是基于法治政治的思想，规定国民享有无法律依据其自由不受侵犯的权利，进而排斥行政权专断的政治，但有了法律则应可设定任何限制……新宪法排斥这种法律万能主义的思想。”[③]

在日本，英美法上的 rule of law 一般被称为“法的支配”，其理论在“二战”后初期已被介绍到日本。[④] 其中，戴雪的近代“法的支配”理论最具代表性。其法的支配包括三个方面的内容：第一，法的优越，即人受法的支配，而不受其他专断权力的支配；第二，法的同一，即任何人均受同一之法的支配，服从同一法院的管辖；第三，法是具体的裁判的结果，而非抽象的法规范的结果。[⑤] 这一理论也是“辻·柳濑论争”的重要支撑点之一。

1952 年，辻清明[⑥]发表论文《法治行政与法的支配》，[⑦]对行政法学仍然在坚持使用的法治行政论提出批评。他在文章中首先引用了柳濑良干[⑧]在教科书中的说法，“法治主义原则的内容……要言之，行政对国民的权利义务要作出某种行为，必须限于法律已有规定的情形，而且按照法律的规定实施。要用其他的说法来说法治主义，那就是法律的支配，依法律行政，其理由即在于此”。辻清明认为，“法治主义”与“法的支配”在否定恣意的行政、保障公民权上均要求一切国家权力的行使必须依据一定的法规范。但从历史的角度来看，两者有重大差异。两者虽然共有“法”，但

---

① 家永三郎写道，这或许是因为其过早地接触美浓部达吉博士学说。美浓部达吉博士对于明治宪法进行了尽可能的立宪主义解释，并从中最大限度地发掘出民主主义的因素。而且在宪法颁布之前，“二战”前的治安立法已被全面废除，人们已事实上开始享有自由。没有认识到宪法中保障基本人权的划时代意义的人远不止其一人。参见［日］家永三郎：《家永三郎自传》，石晓军、刘燕、田园译，新星出版社 2005 年版，第 108-109 页。

② 美濃部達吉『日本国憲法原論』（有斐閣，1948 年）59 頁参照。

③ 美濃部達吉『日本国憲法原論』（有斐閣，1948 年）162-163 頁参照。

④ 其代表者是伊藤正己『法の支配』（有斐閣，1954 年）。顺便指出，在日本，英国法除在明治初期有过较大影响外，一直到“二战”结束均影响甚微。碧海純一＝伊藤正己＝村上淳一編『法学史』（東京大学出版会，1976 年）239-240 頁参照。

⑤ 伊藤正己『法の支配』（有斐閣，1954 年）3 頁以下［初出『英米法における「法の支配」』（日本評論社，1950 年）］参照。

⑥ 辻清明（1913—1991 年），行政学者、政治学者，原东京大学教授。

⑦ 辻清明「法治行政と法の支配」思想 337 号（1952 年）626 頁以下参照。

⑧ 柳濑良干（1905—1985 年），行政法学者，美浓部达吉的弟子，原东北大学教授。

"法"的内容与效力各异。法治行政中的"法"是抽象的国家规范,而法的支配中的"法"则是具体的社会规范的反映。《日本国宪法》符合的是后者。如果看不到其间的差异,就会"不顾新宪法毋庸赘言以法的支配原理为支柱之一,而去极力倡导日本以前的法治行政原理。若现在简单地从表面上的类似性即将两者同质化,则没有把握这一转换的真正意义,因而,只能使当下行政民主化的实际任务停滞下来"。辻清明认为,如果法治行政原理是明治宪法的象征,那么法的支配原理就是《日本国宪法》的代表。德国的奥托·迈耶是法治行政原理的代表,而英国的戴雪就是法的支配原理的代表。所谓法的支配,不仅表示权利不受行政权的侵犯,国家规范还必须与社会意志相一致。

柳濑良干在受到批评后迅速撰文予以辩解。① 他认为,自己遭受了不白之冤,法治行政与法的支配是两个不同的原理,至少他没有将两者等同视之。他讲的是"法律的支配"(Herrschaft des Gesetzes),而非"法的支配"。法治行政与法律的支配等同,大致与戴雪式法的支配论第一项内容相同,即排斥行政的专断恣意。它纯粹是形式上的原理,而与法律自身的内容和性质无涉。他认为,法的支配的大部分内容与其说是行政法的,毋宁说是宪法或立法政策论领域的原理,因而,在其行政法教科书中并未说及两者的异同。他认为,虽然行政法院已被废止,私法与行政法两个系统仍然存在,日本虽然或许多少继承了英美判例法的内容,但并没有继承判例法的形式。因此,至少戴雪式的法的支配论绝没有在日本现今宪法上得到采用。戴雪式的法的支配论既然不是客观的事实,那么就超出了以客观认识事实为己任的法律学的范畴,而进入了从一定价值立场出发的主观性实践性的立法政策论的领域。柳濑良干从纯粹法学的角度出发,将自己的论述限定于"法律的支配"层面,他在之后的著作中仍然坚持原先的说法。②

"辻·柳濑论争"本身在一个回合之后便告结束。但这一论争将日本行政法的基本原理雕刻出法的支配与法治主义的对立见解,在学界激起了很大的波纹。③ 明治宪法囿于天皇主权而在继受近代西欧立宪主义上存

---

① 柳瀬良幹「法治行政と法の支配—辻教授の所説について」同『憲法と地方自治』(有信堂,1954 年)141 頁以下(初出法律時報 24 巻 9 号,1952 年)参照。

② 柳瀬良幹「法治国家」『行政法講座　第一巻行政法序論』(有斐閣,1964)191 頁以下;同『行政法教科書』(有斐閣,1969 年)21 頁以下参照。

③ 今村成和「『法律による行政』と『法の支配』」同『人権論考』(有斐閣,1994 年)36 頁(初出『行政法の争点(新版)』1990 年)参照。

在内容的缺漏,这一场论争无疑是促进了这一意识的明确化。田中二郎① 指出:“过去的行政法在形式上大致立于法治主义原理之上,但实质的状态是,依法律行政原理被诸多例外所破坏,基本人权没有获得保障,没有救济之术。现行宪法及行政法的一个目标是实现完整意义上的法治主义。在日本,可谓毋宁要将重点置于尊重和保障十八、九世纪的公民自由上。”②

(二)辻·柳濑论争之后

在辻·柳濑论争之后,日本学界针对“法的支配”的内涵、《日本国宪法》究竟有没有采用法的支配等展开了研究。1958 年日本公法学会第 22 回以“法的支配”为主题,对法的支配、法的支配与行政法、法的支配与法治国家的关系等展开探讨。③ 但此后的对法的支配研究逐渐减少,进入了对法国、德国公法的真正研究时期,日本再次兴起了对德国行政法学的研究。④ 法的支配与法治主义论争大致以 1952 年至 1960 年为中心。这一阶段与日美媾和走向 1960 年安保体制的政治过程是重叠的,而且是经济高度发展、现代性行政权优越的真正开始时期。自 20 世纪 60 年代围绕福利国家而展开的论争登场之后,法的支配与法治主义论争便不再表面化。⑤ 而德国在“二战”后就自由法治国与社会法治国之间关系的论争,在日本虽有上演,但不甚激烈。⑥

无独有偶,昭和初期关于法治国家的俗说在“二战”之后再次发生在法的支配上。1952 年创立的日本法律家协会在其《法的支配与国民的自律精神》方针宣言中宣称,法律由国民亲自制定,国民受其拘束。国民基于这样的自觉而服从法律,就是“法的支配”,具备这种体制的国家就是“法治国”。不论公共机关还是个人,全体国民遵守法律就是“法的支配”。《法的支配》在 1958 年也成为该协会的机关刊物。与此相似,时任日本最高法院院长的横田喜三郎也认为,“现在的法的支配的任务不在于排除政府方面恣意的权力,而在于排除人民方面不守法,特别是部分集体性恣意

① 田中二郎(1906—1982 年),行政法学者,美浓部达吉的弟子,原东京大学教授、最高法院法官,“二战”后日本行政法学的奠基人。

② 田中二郎『行政法総論』(有斐閣,1957 年)190 頁参照。

③ 具体包括:鵜飼信成「法の支配」、杉村敏正「法の支配と行政法」、高田敏「近代における「法の支配」理論と「法治国」理論」等,刊登于《公法研究》第 20 号(1959 年)。

④ 山田幸男「イギリスにおける『法の支配』と行政法」覚道豊治ほか編『磯崎辰五郎先生喜寿記念現代における『法の支配』』(法律文化社,1979 年)15 頁参照。

⑤ 元山健「法治主義と法の支配」杉原泰雄編『憲法学の基礎概念Ⅰ』(勁草書房,1983 年)247 頁参照。

⑥ 囿于笔者的精力和能力,这里不作展开说明。其代表性著作有高田敏『社会的法治国の構成』(信山社,1993 年)等。

行使的实力和暴力”。这些说法被称为“守法的支配论”,受到了学界的诸多批判。① 杉村敏正严厉指出,日本法律家协会“对法的支配的定义,包含着对近代国家中‘法的支配’理念和本质的误解,是‘法的支配’的僭称。曲解‘法的支配’,将抵抗国家权力不当行使、尊重国民自由权利的‘法的支配’思想重心变位至此,这样的论说我闻所未闻”。②

三、当代改革时期的法的支配论争

在当代日本宪法学上,多数人像德国那样将法治主义理解为实质意义上的法治主义,并将法治主义与法的支配统一起来理解。③ 换言之,在“法律”受正义之法拘束上,日本公法学界对“法治主义”与“法的支配”的共性已形成共识。但在“法治主义”与“法的支配”的理论相对性之外,也有学者在历史和传统等方面对两者作出区分,④甚至要从法的支配中寻找《日本国宪法》的价值所在。由此,又展开了一场关于法的支配的内涵、意义的论争,其实质是在法合乎正义的前提下如何实现法治的论争。其代表者就是“佐藤·高桥论争”。其问题意识更多地源于日本近些年来的行政、司法改革动向。这次论争的主战场转到了宪法学界。

(一)佐藤·高桥论争

为了推进规制缓和、提高司法救济的实效性,“日本在20世纪90年代后半期开展了大规模的行政改革和司法改革。当时,其改革的文件中完全没有出现法治主义一词,易言之,并没有对法治主义展开批判,而是以无视法治主义概念的形式,强调了法的支配”。⑤ 而这场司法改革的理论主导

---

① 高田敏『法治国家観の展開』(有斐閣,2013年)637頁;元山健「法治主義と法の支配」杉原泰雄編『憲法学の基礎概念Ⅰ』(勁草書房,1983年)251-252頁参照。

② 杉村敏正「『法の支配』の現代的意義」同『法の支配と行政法』(有斐閣,1970年)94頁参照。

③ 代表者如芦部信喜认为,“二战”前的德国的法治主义或法治国家与法的支配至少在与民法立法过程的关系、法的意义上存在明显差别。但“二战”后的德国,基于纳粹的痛苦教训和反省,要求法律内容的正当性,采用了违宪审查制,按照宪法将内容不当的法律排除出去。在这一意义上,现在的德国,从“二战”前的形式法治国家转向实质法治国家,法治主义与英美法上所说的法的支配具有大致相同的意味。参见[日]芦部信喜:《宪法》(第6版),[日]高桥和之补订,林来梵、凌维慈、龙绚丽译,清华大学出版社2018年版,第15-16页。

④ 例如,藤田宙靖则认为,德国由形式法治国发展为实质法治国,可以看作德国依循过去法治国家原理而仍处在内在延长线上的现象,但这并不意味着《德国基本法》采用了历史和传统均不相同的英美法原理法的支配原则。这应可谓“二战”后德国公法学界的最大公约数见解。藤田宙靖「ドイツ人の観たアメリカ公法——『法治行政』と『法の支配』に関する備忘メモ」同『行政法の基礎理論』(有斐閣,2005年)139-140頁参照。

⑤ 塩野宏「法治主義と行政法」同『行政法概念の諸相』(有斐閣,2011年)141頁。中文版可参见《法治主义与行政法》,闫尔宝译,载《中山大学法律评论》第9卷第1辑,第115页。

者就是佐藤幸治①。1995年,他在有斐阁法学讲演会上发表了《"法的支配"意义的重新思考》演讲,1998年在此基础上形成了《自由的法秩序》长文,全面阐发其对法的支配的理解。他认为,"在《日本国宪法》成立当初象征着自由法秩序、大放光彩的'法的支配'一词渐渐地、进入20世纪50年代更是急速失去了光辉,而此间,'二战'前常用的'法治国家'一词得以复权。即使使用'法的支配'一词,也是在与'法治国家'一词互换使用"。②"要承认在历史过程中发生的'法治国家'与'法的支配'均为立宪主义的形态,具有共通之处,特别是所谓'实质性法治国家'或'社会法治国'与现代的'法的支配'有明显的接近倾向,但同时也要强调两者之间在法秩序形成观上存在不可无视的差别,不应通过概念的抽象化将两者轻易地融合在一起。"③

土井真一④将法治国家和法的支配的法秩序形成模式进行对比,将其分别称为"行政型秩序形成"和"司法型秩序形成"。法治国家原理的特质在于,要求法的一般性和统合性,形成法典主义。其中法的一般性在理念上意味着法的规范抽象性、普遍性,法的一般性与法的预见可能性、形式平等的观念相结合,进而与自由主义国家观密切相关。通过国民参与立法程序,法的一般性获得民主主义的正统性。它在认识论上与构成主义的法秩序观具有很强的亲和性。潘得克顿(Pandekten)体系是法典的体系,也是统治组织的体系。这种"垂直下降型秩序形成"中的整体性、组织性、能动性,与司法型秩序形成相比,与行政型秩序形成更为亲和。之所以在说明依法律行政原理之际使用法治国家原理,是因为法治国家原理是希望依法控制行政的原理,同时也内含着行政型秩序形成的逻辑。法治国家原理与行政型秩序形成的问题在于,法的一般性、抽象性是通过舍弃具体的差异来保障的,会产生过剩或过小涵摄的危险;重视公益的观念和秩序构成主体的优势地位;国家在积极实现国家目的、防止自由体系的失败的同时又产生了管理国家的危险。而法的支配的特质就在于通过判例形成法。通过判例形成法,原则上围绕当事人的具体权利义务关系进行,当事人通过辩论证明直接参与法的形成获得保障。它以英美的经验主义思考为背景,尊重基于现实中产生的具体事实而作出的判断。这种重视具体事实的构想,与事后处理型的法体系具有亲和性。与事前抑制有压制自由的危险

---

① 佐藤幸治(1937—),宪法学者,京都大学荣休教授。

② 佐藤幸治「自由の法秩序」『日本国憲法と『法の支配』』(有斐閣,2002年)43頁[初出佐藤幸治=初宿正典=大石真編『憲法五十年の展望Ⅱ 自由と秩序』(有斐閣,1998年)]。

③ 佐藤幸治「自由の法秩序」同『日本国憲法と『法の支配』』(有斐閣,2002年)61頁参照。

④ 土井真一(1966—),宪法学者,佐藤幸治的弟子,京都大学教授。

相比,事后处理型的法体系将禁止控制型法形成的机会抑制到必要的最小限度,同时使其适用过程透明化,较有维持自由活动领域的倾向。法的支配模式也有界限,它首先是以契约自由和私人自治为基础的自由主义秩序形成的界限;对于各种扩大化的科技和经济危险,尚需依存于事前抑制型的法体系;通过判例形成法也未必适合于积极形成广泛社会同意的体系。① 佐藤幸治对此归纳表示首肯,并认为,选择以何种秩序形成观为基轴,将决定着该国的法体系、法秩序的基本骨骼和特质。在《日本国宪法》下,佐藤幸治认为,司法型秩序形成具有优先性。②

佐藤幸治及土井真一所称的"行政型秩序形成"观的代表之一就是高桥和之③。高桥和之认为,"'法的支配'是'人的支配'的相对概念,旨在排除人随时的恣意支配,基于事前制定的法确保自由。要实现通过法的支配确保自由,第一,有必要制定保障自由的法(正法),第二,该法要得到忠实的适用和执行"。要实现法的忠实执行的要求,就要实行权力分立的原理;而要实现制定正法的要求,一个办法是在法律的制定上引入制衡的机制,另一个办法是在法律的制定上获得国民的同意,制定限制国民权利的法律时至少要获得代表国民的议会的同意,这是与国民主权原理互为表里关系的问题。④ 在国民主权的模式下,法的位阶构造作为法的支配制度化的逻辑得以形成,亦即法在与其制定机关的关联上分化成几种法的形式,在不同的法形式之间设定效力上的上下关系,下位法必须以上位法为根据,不得违反上位法。在《日本国宪法》上,基本上形成了"宪法→法律→命令(政令→府令省令,规则)"的位阶构造。较为重要的是,各种法形式对应不同的立法机关,将下位法作为上位法的"执行"来把握,法的制定机关与法的执行机关相分离。如此,由中立的法院来审查下位法是否违反上位法,可期待法的支配的实现。⑤ 在高桥和之之前,多是将法治国家与法的支配作为一对概念进行比较,而高桥和之则基于法的支配的多义性,从国民主权模式出发,⑥对法的支配作出上述新的解释。

高桥和之认为,佐藤幸治在与形成法秩序的关联上把握法的支配问

---

① 土井真一「法の支配と司法権——自由と自律的秩序形成のトポス」佐藤幸治=初宿正典=大石真編『憲法五十年の展望Ⅱ　自由と秩序』(有斐閣,1998年)102頁以下参照。

② 佐藤幸治『日本国憲法と『法の支配』』(有斐閣,2002年)261、60頁参照。

③ 高桥和之(1943—),宪法学者,东京大学荣休教授。

④ 高橋和之『立憲主義と日本国憲法』(有斐閣,2013年)24頁参照。

⑤ 高橋和之『立憲主義と日本国憲法』(有斐閣,2013年)387-388頁参照。

⑥ 高橋和之「法の支配の分析視座——比較憲法学のための枠組設定」法哲学年報(2005)101-104頁参照。

题,但高桥自身则将法的支配理解为与维持法秩序相关联的问题。佐藤幸治将司法型秩序形成与行政型秩序形成进行对比,却将立法型秩序形成置于一旁。按照佐藤幸治的理解,或许认为立法型和行政型都是垂直下降型,与司法型相对立,可将该对比归结于制定法主义与判例法主义的对比。但制定法主义却未必是垂直下降型的。若佐藤幸治的意图是以立法型为前提,在其框架内,再对比司法型与行政型,并以立宪君主政体模式来把握其中的行政型,则是极易理解的讨论。他将其归结于在立法的具体化上是以司法为中心还是以行政为中心的问题。过去的日本以行政为中心形成秩序,广泛容许事前规制和行政指导;而最近缓和规制,同时强化司法的功能。但高桥和之的框架则包含了立法型、司法型和行政型的所有秩序形成模式。至于应重视哪一种类型,基本上是立法政策的问题。[①] 问题在于为何司法型秩序形成模式要比国民主权型法秩序形成(立法型法秩序形成模式)更好。其实,两种法秩序形成模式既没有孰优孰劣的问题,也没有二者择一的问题。在法秩序的形成方法上,一方面存在以国民为出发点、国民在司法中形成法秩序的路线,另一方面也有国民通过国会形成法秩序的路线,即既有通过判例的,也有通过制定法的。两个方面如何进行适当的权衡才是问题所在。[②]

毛利透[③]在土井真一的概念定型化研究的启发下,考察了德国"二战"后宪法诉讼制度的现实影响,对日本放弃一般性法律的可能性提出质疑。一方面,如果违宪审查积极化,则可能引发法的不安定化;另一方面,要实现法的支配,尚需整顿司法制度。没有受害人不断提起诉讼,就无法在具体的各个判例中形成法的秩序。但这样做的成本高,引发的法的不安定性也让社会难以承受。而且,如果下级法院继续广泛适用最高法院判决的抽象论,轻视案件的区别,也无法形成逐案妥当解决的积累。[④] 这种基于日本现实的考虑实际上表达了对司法型法秩序形成模式在日本取得优势地位的忧虑。

面对来自高桥和之等学者的批评,土井真一也回应指出,可以将《日本国宪法》理解为构筑了动态对话体系的统治机构,让不同的法形成体系并立,期待其在各自适合的领域发挥功能,同时其紧张关系让两者的弊端最

---

① 高橋和之「司法制度の憲法的枠組:法の支配と司法権」公法研究 63 号(2001 年)14-15 頁参照。

② 高橋和之「法秩序形成における国会と裁判所の役割——松下理論の理解を中心に」北大法学論集 52 巻 3 号(2001 年)933、943-944 頁参照。

③ 毛利透(1967—),宪法学者,京都大学教授。

④ 毛利透「法治国家から法の支配へ——ドイツ憲法裁判の機能変化についての一仮説」法学論叢 156 巻 5・6 号(2005 年)351-352 頁参照。

小化,通过其冲突,国民创造出能动而贤明地行动的机会和条件。① 土井真一的这一回应也是其与佐藤幸治的一大差别所在。

至此,"佐藤·高桥论争"在总体上获得了一定共识,②但在行政与法律的关系、司法权的要件、附随性司法审查制等具体问题上仍然存在着尖锐的分歧。"佐藤·高桥论争"实质是一场关于统治机构构造的论争,带有根本性,也引发了诸多相关思考和具体论争。

(二)佐藤·高桥论争的周边

在"二战"后研究法治国家、法治主义、法治行政的学者中,高田敏③是不容忽视的。他将此作为其一生的研究课题,对德国式法治国家观的脉络、日本输入和展开的过程、社会法治国、法治国家与法的支配关系等诸多领域均有系统研究。他提倡和构筑"普遍化的法治主义",认为法治主义比法治国家更适合普遍化。普遍化的法治主义而非普遍的法治主义,具有实践哲学上的志向。人权在发展了的法治主义不仅拘束行政和司法,还拘束立法,还以实效性人权保障制度等为构成要素,换言之,实质的法治主义=普遍化的法治主义。如果需要在法治国家和法的支配之上找一个上位概念,那么,"法治主义"或某种应然状态的"普遍化的法治主义"是适合的。④

四、结语

日本就是这样一个既非大陆又非海洋的岛国,其法治主义在与中国传统的法治思想诀别的同时,却又时不时出现回归传统的论调;其法治主义虽然意在继受德国式法治国家观,但在明治时期缺乏全面继受的土壤。这才出现了法治国的不同译法,出现了民权学派与国权学派的论争,出现了学说对俗说的批判,才会在"二战"后着力回填自由民权的宪法根基。"二战"后,无论是传统的法治主义者还是新的法的支配论者,均承认两者在指向排除人治或国家权力的恣意行使方面具有共性。经过"辻·柳濑论争"后,对法治主义中"法"的良法属性形成新的共识,法治主义与法的支配的相对性获得多数认可。面对着优势行政权的确立和司法救济的萎靡不振,行政改革和司法改革着力推进。"佐藤·高桥论争"的双方基于各自

---

① 土井真一「立憲主義·法の支配·法治国家」法哲学年報(2005)38-40 頁参照。

② 藤田宙靖也认为,法治国家也好,法的支配也好,一般来看,各有其存在意义,如果都得到理想地实现,就无法说哪一个具有优越的价值。问题就归结于,在各种社会状况下,哪一个能更为有效地发挥功能。藤田宙靖「ドイツ人の観たアメリカ公法」同『行政法の基礎理論』(有斐閣,2005 年)161 頁参照。

③ 高田敏(1930—),行政法学者,大阪大学荣休教授。

④ 高田敏『法治国家観の展開』(有斐閣,2013 年)738 頁以下参照。

对法的支配的理解（一方源于英国，另一方源于法国），希望从法的支配中找到决定《日本国宪法》价值的因素，探索国家权力构造的应有状态。这是一个在共识基础上不断寻找新的共识的过程。这不是一个简单的概念之争，而是一次次在价值立场、实现路径上的具体较量。

事项索引

G

H

J

K

L

M

Q

R

Y

Z

初出一览

正文

1.《依法律行政原理的移植与嬗变》,载《法学研究》2015 年第 2 期。——本书第一章

2.《国务院的宪法地位》,载《中外法学》2021 年第 1 期。为人大复印资料《宪法学、行政法学》2021 年第 6 期全文转载。——本书第二章

3.《论行政法上的法律优位》,载《法学评论》2019 年第 1 期。为人大复印资料《宪法学、行政法学》2019 年第 5 期全文转载。——本书第三章

4.《论法律的法规创造力》,载《中国法学》2017 年第 1 期。为人大复印资料《法理学、法史学》2017 年第 9 期部分转载。——本书第四章

5.《行政活动法律保留的结构变迁》,载《中国法学》2021 年第 1 期。——本书第五章

6.《行政组织的法律保留》,载《法律科学》2023 年第 6 期;《〈国务院组织法〉的修订与新课题》,载《中国法治》2024 年第 5 期。——本书第六章

7.《地方性法规制定权限的界定方式》,载《法学》2024 年第 3 期。——本书第七章

8.《行政协议无效的认定》,载《北京航空航天大学学报(社会科学版)》2018 年第 5 期。——本书第八章

附录

1.《法治主义在日本的继受与展开》,载《交大法学》2014 年第 4 期。收录于莫纪宏、牟宪魁主编:《法治国家的法理——户波江二先生古稀祝贺论文集》,中国民主法制出版社 2018 年版,第 435—448 页。

后　　记

依法律行政原理是我继行政裁量理论之后又一个集中研究的主题。这一研究自第一篇文章发表至今已有十年光景，现在大致完成了框架性研究，可以做一个阶段性总结了。本书的多数内容都在杂志上发表过，收入本书时基本保持原样，只是稍作立法的更新、表述的订正，恢复了部分因篇幅限制而在发表时删去的内容，并对个别发表在后的批判稍作回应。整理成书，也让我再次从整体上作出思考，这些思考在一定程度上体现于新撰写的绪言和结语中。

如果说行政裁量还是一个相对微观的研究对象，依法律行政原理就是一个相对宏观的研究对象，上可直接承接近代立宪主义和当代中国宪法，下可直接指导行政法诸多制度设计。依法律行政原理可谓宪法与行政法的基础连接点。依法律行政原理所展现的国家权力格局和方法论意义，至少对于我自身的研究而言具有莫大的价值。这不是一个类似于行政裁量或者信赖保护原则那样的研究，而是涉及整个行政法的基础构造的理解。正是基于这一点考虑，我放弃了一贯简洁的标题“依法律行政原理”，听从大家建议，取了一个甚至带有冒号的书名，即“依法律行政：行政法的基础构造”。

在从事本书的研究时，自己深知，某些结论还很难实现，论证分析也未必为同行广泛接受。但值得欣慰的是，相比研究之初“依法律行政”还寂寂无闻，现在“依法律行政”已有一定“知名度”了。在依法律行政原理的主题之下还有很多有待展开的具体问题，还需要深入探讨和相互切磋，还需要在更大范围内形成共识。

在论文的写作过程中，杜强强教授、柳建龙教授给我的多数文章提过意见。在论文的发表过程中，各个杂志给予了专业的审稿意见和宝贵的发表机会。在国家社科基金后期资助项目的申请和结项时，先后得到过八份评审意见的指导。在本书初稿完成之后，2024 年 1 月 16 日下午，杜强强、张翔、赵宏、王锴、李忠夏、柳建龙六位教授又就书稿提出了宝贵意见。在整理成书出版上，得到了法律出版社教育分社的大力支持和细心编校，得到了中国人民大学法学院的帮助。在此一并致以深深的谢意。

有用还是无用,谁能说得清,总归是一种可能。依法行政已深入人心,依法律行政还会远吗?

王贵松

2024年9月23日